Hans Fink

Zu Gast beim König der Zeit

Gestalten aus Folklore, Geschichte und Literatur

Gießen

2025

Inhalt

.

.

Vorwort

Ein Erwachsener ist selten völlig allein. Von Schrecksekunden abgesehen geht es ihm gewöhnlich durch den Kopf, was der Vater, was die Mutter, was die Nachbarin übers Eck und was Physiklehrer Rudolf May unter vergleichbaren Umständen gesagt oder getan hätte. Das Bewusstsein eines jeden von uns begleitet eine Schar von Gestalten, deren Zusammensetzung sich von Individuum zu Individuum unterscheidet, abhängig von Kindheit – Schule – Freundeskreis – Lektüre – Kultur-Angebot. Im vorliegenden Buch werden achtzig Gestalten vorgestellt.

Meine Umschau begann bei den Märchen, Sagen und Comics, deren Helden sich dem Bewusstsein noch in der Kindheit einprägen. Dann zog ich das Brauchtum, Geschichte und Literatur in Betracht.

Schon im frühen 20. Jahrhundert ist die mündliche Überlieferung in Form von Märchen und Sagen auf einige Kernthemen zusammengeschrumpft. Diese werden nicht wie früher durch abendliches Erzählen vermittelt, sondern meist durch Filme oder Opern. Um dem Leser die Einordnung von Gestalten des Märchens und der Sage ins Universum der mündlichen Überlieferung zu erleichtern, habe ich Betrachtungen zu zwei Gruppen von Märchen vorangestellt.

Mehr als ein Dutzend Artikel beleuchten Gestalten der Geschichte von Alexander dem Großen bis Karl Marx. Was der Leser über sie weiß, wird durch Hintergrundinformationen ergänzt. Im Falle der Literatur nehmen die Kinderbücher viel Raum ein, weil ihre prägende Wirkung nicht oft genug vermerkt werden kann.

Alexander der Große ist eine Gestalt der Geschichte, doch wenn wir bedenken, dass er in Anekdoten, Sagen und Volksbüchern auftritt, ist er zugleich eine Gestalt der Folklore. – Johannes Faust war ein Arzt, Astrologe und Schwarzkünstler. Die Erinnerungen an ihn verdichteten sich zur Sage, und aus der Sage entstand ein Volksbuch. Dieselbe Sage hat Dichter, Schriftsteller und Komponisten zu erfolgreichen Werken angeregt. – Von König Matthias Corvinus, einer Gestalt aus Fleisch und Blut, wurden in Mittel- und Osteuropa noch vierhundert Jahre nach seinem Tod Anekdoten, Märchen, Sagen und mythische Geschichten erzählt.

Die Reihe der Beispiele lässt sich mit Marco Polo, Kaiserin Maria Theresia, Münchhausen und Zar Peter den Großen fortsetzen. Außerdem habe ich literarische Personen eingefügt, die sprichwörtlich sind: Odysseus, Romeo und Julia, Figaro, Pinocchio, Sherlock Holmes, Josef Schwejk.

So wie die hier versammelten Gestalten durch das in Nachschlagewerken übliche alphabetische Prinzip wie zufällig zusammentreffen, treten sie im Alltag, bedingt durch Dutzende nicht abgestimmte Abläufe, unerwartet nebeneinander.

Über sie kann man sich in einem Lexikon oder im Internet informieren. Das gilt auch für die Protagonisten von Märchen und Sagen, allerdings mit der Einschränkung, dass weder die ENZYKLOPÄDIE DES MÄRCHENS[1] noch WIKIPEDIA die Erkenntnisse von Wladimir Propp übernommen haben. Seit der Veröffentlichung von dessen Abhandlung über die historischen Wurzeln des Zaubermärchens[2] muss man nämlich zwischen Märchen unterscheiden, die erfunden worden sind, und Märchen, die sich aus Erinnerungen an aufgelassene Bräuche bildeten. Propp wieder war aus heutiger Sicht nicht auf der Höhe, weil seine Gewährsleute nur über Männerbünde, Männerhäuser und die Jugendweihe für Knaben berichteten, infolgedessen konnte er mit gutem Gewissen nur die männlichen Märchengestalten interpretieren. Im Falle der Hexe sowie der entführten Prinzessinnen hielt er sich zurück oder schlug wie bei Schneewittchen daneben. Die Forschungsberichte von Diedrich Westermann und Martin Gusinde haben ihn nicht erreicht.

Weil die Herausgeber der „Enzyklopädie des Märchens" die Ausführungen Propps zur archaischen Jugendweihe nicht ernst nahmen, vermochten sie sich zum Inhalt der Märchen, die in der archaischen Jugendweihe wurzeln, ebenso wenig sachlich zu äußern wie zum Inhalt der historisch jüngeren Sagen über Heinzelmännchen, Salige Fräulein und verwandte Gestalten. Diese zwei Gruppen von Überlieferungen hängen

---

[1]   ENZYKLOPÄDIE DES MÄRCHENS – ein Lexikon in 15 Bänden, veröffentlicht 1977-2015. An ihm wirkten rund 1.000 Autoren aus 80 Ländern mit.

[2]   VLADIMIR PROPP: Die historischen Wurzeln des Zaubermärchens. [Leningrad, 1946.] München und Wien: Hanser, 1987.

durch denselben Brauch zusammen, doch liegen zwischen ihrer Genese anderthalb Tausend Jahre.

Natürlich stellt sich die Frage nach einer Grenze. Soll man Herkules, Galileo Galilei, Graf Dracula, Konrad Duden, Conrad Röntgen, Rudolf Diesel und Kaiserin Sissi in Betracht ziehen? Herkules, der nationale Heros Griechenlands, vollbrachte zahlreiche Heldentaten und stiftete angeblich die Olympischen Spiele (776 v.Chr.). Allerdings sind die Umstände jener Heldentaten und die auf sie bezogenen Redensarten wie *den Augiasstall ausmisten* nur Personen verständlich, die eine sogenannte *klassische Bildung* besitzen, jeder andere muss in einem mythologischen Lexikon nachschlagen oder WIKIPEDIA zu Rate ziehen. – Von Galilei, dem Begründer der neueren Naturwissenschaft, gibt es nur eine einzige Anekdote. „Und sie bewegt sich doch!", soll der Professor gemurmelt haben, nachdem er seine Lehre vom heliozentrischen System, die vom Papst verboten worden war, im Prozess mit der Inquisition als „Irrtum" widerrufen hatte. Glaubwürdig ist jene Aussage nicht, denn mit der Inquisition war nicht zu spaßen: Erst 33 Jahre vorher, im Jahre 1600, war der Gelehrte Giordano Bruno auf Befehl der Inquisition in Rom verbrannt worden. – Der Name des Gymnasiallehrers Konrad Duden (1829-1911) fällt täglich vieltausendmal, denn die von ihm angeregten Rechtschreibregeln sind in fünf europäischen Staaten verbindlich. Mehr von ihm gehört nicht zum Allgemeinwissen. Dasselbe gilt für den Erfinder des Röntgen-Apparats, Conrad Röntgen (1845-1923), und für den Erfinder des Diesel-Motors, Rudolf Diesel (1858-1913). – Das Leben der Kaiserin von Österreich schließlich wurde zwar wiederholt mit namhaften Schauspielerinnen verfilmt, es gibt auch eine ihr gewidmete Oper, aber diese Werke sind nur die Reaktion auf die Sensationslust eines kleinen Teils der Bevölkerung.

Das massive Interesse für Graf Dracula jedoch ist trotz der widernatürlichen Handlung und der scheußlichen Einzelheiten ungebrochen.

Zahlreiche von mir verwendete Informationen stammen aus der Internet-Enzyklopädie WIKIPEDIA, die zum Unterschied von anderen Quellen auf dem neuesten Stand und deshalb unentbehrlich ist. Dies gilt insbesondere für die sogenannte *Rezeption*, d.h. für die Popularität, für das Ansehen der betreffenden Gestalt in Europa und in der Welt. Deshalb möchte ich mich bei den anonymen Mitarbeitern von WIKIPEDIA herzlich bedanken.

Hans Fink

Abkürzungen

AT – das von Antti Aarne verfasste und von Stith Thompson überarbeitete Verzeichnis der Märchentypen

KHM – „Kinder- und Hausmärchen" [der Brüder Grimm]

Erste Einführung:
Ein Exkurs zur Buschschule

Zahlreiche Märchen, unter ihnen so bekannte wie die von Aschenputtel, Dornröschen, Rapunzel und Schneewittchen, sind aus Erinnerungen an einen uralten Brauch entstanden. Ich habe diesen Brauch wiederholt beschrieben.[3]

Bis in die Späte Bronzezeit (1200-800 v.Chr.) war die Buschschule in Europa ein komplexer Prozess der Ausbildung aller Knaben und Mädchen zu vollwertigen Stammesmitgliedern. Sie weist zahlreiche Parallelen zu den Traditionen der Urbevölkerung Afrikas, Australiens, Neuguineas und Amerikas auf. In den Märchen wird sie bruchstückhaft und verzerrt dargestellt.

Der Sitz der Buschschule befand sich in einer kleinen Siedlung tief im Wald, die gleich den Dörfern von einem undurchdringlichen Dickicht umgeben war, ehemals in Norddeutschland als *Knick* und in Süddeutschland als *Gebück* bekannt. Mittelpunkt der Siedlung war ein außergewöhnlich großes Gebäude ohne Eingang zu ebener Erde, siehe das Grimm'sche Märchen „Rapunzel" (KHM 12, AT 310). Allem Anschein nach stand jenes Gebäude sowohl den Männern als auch den Frauen zur Verfügung. Marko Kuhsohn begegnet, während er den Quälgeist Ellenbart verfolgt, erst tanzenden alten Weibern, dann tanzenden Frauen, dann tanzenden Mädchen (Der alte Ellenbart[4], serbokroatisch, AT 511 A + 301 B). Auch manche Märchen des Typus AT 400 „Der Mann auf der Suche nach seiner verschwundenen Gattin" sind aufschlussreich: Hier werden im verwunschenen Schloss geschwärzte oder in Tiere verzauberte Mädchen von Jünglingen in den sogenannten *Qualnächten* erlöst.

---

[3]   Siehe: HANS FINK: Was einmal war. S. 95-163. – Meine Ur-Oma in der Buschschule. S. 7-39. – Im verwunschenen Schloss, im verbotenen Zimmer. S. 34-113. – Heinzelmännchen im Heuboden. – Wer wen heiratet. S. 29-51.

[4]   Der alte Ellenbart (AT 511 A + 301 B). In: URSULA ENDERLE (Hg.): Märchen der Völker Jugoslawiens. S. 363-377, hier S. 371-372.

Propp hat die Funktionen des großen Gebäudes (welches er wegen seiner lückenhaften Bibliografie nur als „Männerhaus" begriff) wie folgt beschrieben: Es ist ein Versammlungszentrum des Männerbundes. – Hier werden Masken und andere heilige Gegenstände des Stammes aufbewahrt. – Hier finden Tänze und Zeremonien statt. – Im Männerhaus wohnen die Absolventen der Jugendweihe bis zu ihrer Heirat. – Es dient als Unterkunft für Reisende.[5] In zwei Märchen wird die Funktion als Treffpunkt der Stammesältesten deutlich: Im französischen Märchen „Hachko"[6] (AT 650 A + 301) entdecken die drei Helden in der oberen Etage des verwunschenen Schlosses zwölf bärtige Greise, die um einen Tisch sitzen, halten sie für Dämonen und bringen sie um. – Im polnischen Märchen „Die Schmiedstochter und die schwarze Frau"[7] (AT 710) beobachtet die Heldin in einem Zimmer, dessen Tür sie nicht öffnen soll, eine Gruppe von zwölf Männern, die sich zu beraten scheinen. (In den verchristlichten Varianten des Märchentypus AT 710 wird das Mädchen von der Gottesmutter erzogen, in einer rumänischen Variante dagegen, sie heißt „Lüge nicht!", von der Fee Ilina, der mächtigsten der Feen.[8])

Verantwortlich für die Erziehung und Ausbildung der herangewachsenen Kinder waren der Stammeszauberer und die Stammeshexe, zugleich Leiter des Männerbundes bzw. Leiterin des Frauenbundes. Bei der handwerklichen Ausbildung wirkten die Fachleute des Stammes mit: der Fachmann für Steine – der Fachmann für Holz – der Fachmann für Erdarbeiten – der Fachmann für Brücken und Wehre – der Fachmann für Dammbauten – der Fachmann für Bewässerung – der Fachmann für Metallarbeiten. Den praktischen Teil der sexuellen Aufklärung übernahmen männliche und weibliche Absolventen der Buschschule aus dem ärmeren Teil der Bevölkerung, wie es scheint unter dem Druck des Stammes-

---

[5]   VLADIMIR PROPP: Die historischen Wurzeln des Zaubermärchens. S. 137-142.

[6]   Hachko (AT 650 A + 301). In: RÉ SOUPAULT (Hg.): Französische Märchen. S. 242-250, hier S. 249.

[7]   Die Schmiedstochter und die schwarze Frau (AT 710). In: SIGRID FRÜH (Hg.): Märchenreise durch Europa. S. 73-78, hier S. 76.

[8]   Nu minţi! (AT 710.) In: ION POP RETEGANUL: Poveşti ardeleneşti. S. 198-201.

zauberers und seiner Vertrauten, siehe die Märchen des Typus AT 425 C „Die Schöne und das Tier".

Der Leidensweg der Zöglinge begann während ihres Aufenthalts in der sogenannten *Initiationshütte*. Schreckgestalten verekelten ihnen die Speise oder entrissen ihnen das Essen; wer sich wehrte, wurde verprügelt – an den Haaren gezogen – zerkratzt – gewürgt – verbrüht – gefesselt – in ein Loch gesperrt – in den Rauch gehängt, siehe die Märchen vom Starken Hans und den geraubten Königstöchtern (AT 301 B). Man wollte ihre Sinne trüben, damit sie die Begegnung mit dem Tier-Ahnen, der sie angeblich verschlang und ausspie (Wolf, Schwein, Vogel, Schlange, Fisch), für wahr halten, ebenso den Ritus des zeitweiligen Todes und den Abstieg in die Unterwelt. Die Begegnung mit dem Tier-Ahnen, der den Knaben die Fähigkeiten eines großen Jägers verlieh, und das folgende kannibalische Mahl markierten die Aufnahme in den Stamm, damit verbunden war das Eintätowieren der Stammesmarken.

Die Verwandlung in einen Erwachsenen wurde durch das sogenannte *Öffnen der Sinne* eingeleitet. Zauberer und Hexe blendeten die Zöglinge mit einer ätzenden Flüssigkeit, betäubten sie durch fürchterliche Ohrfeigen und machten sie durch einen Stich in die Zunge zeitweilig sprachlos. (Die Erinnerung an die Beschneidung hat das europäische Märchen nicht bewahrt.[9]) Dann wurden sie mit einem Gift betäubt, daran erinnern der Apfel, von dem Schneewittchen kostet, sowie die Spindel, mit der Dornröschen sich verletzt. In der mündlichen Überlieferung lassen sich drei Formen der – imaginären – Umwandlung in einen Erwachsenen erkennen: (1) Zauberer und Hexe öffnen den Leib des Kandidaten und ersetzen Organe, z.B. die Leber. (2) Der Kandidat wird zerstückelt, das Fleisch durch Kochen von den Knochen gelöst und ersetzt. (3) Der Kandidat wird verbrannt.

Erstaunlicherweise hat sich die Erinnerung an die wohltuende Wirkung eines der oben genannten Verfahren in einigen Gebieten Böhmens bis in die Neuzeit erhalten, wo der Ritus in Form eines Heischegangs fortlebte. In Miletice bei Velvary etwa sind bis Mitte des 19. Jahrhunderts am Heiligen Abend zwei weibliche Masken aufgetreten,

---

[9]   VLADIMIR PROPP: Die historischen Wurzeln des Zaubermärchens. S. 87.

Peruchten genannt, welche an einem Burschen das Aufschneiden der Bauchhöhle und das Ersetzen der Gedärme durch Erbsenstroh mimten.[10] Es besteht ein kategorischer Unterschied zwischen dieser als wohltätig anerkannten Handlung und dem vergleichbaren Eingriff der mythischen Bercht, die ihren Opfern die Leibeshöhle mit Kehricht, Backsteinen, Flachs, Werg oder Erbsenstroh füllt. Auf die Schreckenszeit in der Initiationshütte folgte der als Mutprobe ausgegebene Abstieg in die Unterwelt. Die Zöglinge kletterten an einem Seil in einen Schacht, der in einen künstlich aufgeworfenen Hügel führte, am Schachtgrund stellte ein Stollen die Verbindung zur Außenwelt her. Dieser Tunnel kommt bei zwanzig Märchentypen unter verschiedenen Namen vor. Oft heißt er *Brunnen*. Am merkwürdigsten ist die Bezeichnung *Nabel der Erde (buricul pământului),* die man in etlichen rumänischen Märchen findet, weil im alten Griechenland das Wort *Nabel (omphalos)* eine geläufige Bezeichnung der Hades-Eingänge war und weil der Ort, an dem Persephone angeblich in die Unterwelt verschleppt wurde, *Nabel Siziliens (Umbilicus Siciliae)* heißt. Die Gehilfen des Zauberers erschreckten die Zöglinge durch unheimliche Geräusche, durch Wassergüsse, Rauch, Wespenschwärme, Schlangen und Ratten. Im mecklenburgischen Märchen „Der Drachentöter"[11] (AT 303 + 301 A) blecken Löwen die Zähne.[12]

In der europäischen Überlieferung bestehen gewöhnlich Knaben dieses traumatische Abenteuer, und damit bietet sie ein schiefes Bild, weil die Mädchen derselben Mutprobe unterworfen worden sind. Im niedersächsischen Märchen „Muschetier, Grenadier und Pumpedier"[13] (AT

---

[10] JOSEF HANIKA: „Bercht schlitzt den Bauch auf" – Rest eines Initiationsritus? S. 42-43.

[11] Der Drachentöter (AT 303 + 301 A). In: GOTTFRIED HENSSEN (Hg.): Mecklenburger erzählen. S. 21-24, hier S. 22.

[12] Unsere Märchen reichen zurück in eine Vergangenheit, als im Süden des Kontinents noch Löwen und Berberaffen lebten. Die letzten Bestände von Löwen wurden erst rund 200 v.Chr. ausgerottet. Zum Zweck der Mutprobe haben die Gehilfen des Zauberers zwei Löwenfelle ausgestopft.

[13] Muschetier, Grenadier und Pumpedier (AT 301). In: WILHELM BUSCH: Aus alter Zeit. S. 37-44, hier S. 38.

301) entführen drei Riesen drei Königstöchter und lassen sich an einem Seil tief in die Erde hinab. Vermutlich sind die Mädchen gleich den Knaben an einem Seil in die Tiefe geklettert. – Im holsteinischen Märchen „De witt Wulf" [14] (AT 425 A) verstellen der Heldin im gläsernen Berg Ottern und Schlangen den Weg. – Im sizilianischen Märchen „Vom Re Porco" [15] (AT 425 A) wandert sie vier Jahre, vier Monate und vier Tage unter der Erde. – Im Nenzen-Märchen „Der Quappfisch und die Prinzessin Marja"[16] (AT 425 A) versuchen Schreiende, Weinende, Singende und Lachende die Heldin abzulenken und aufzuhalten, in ihre Füße und in ihren Kopf pressen sich spitze Eisenzacken; völlig erschöpft und blutend erreicht sie den Ausgang.

Parallel zu der Vorstellung von einer Unterwelt unter dem Erdboden gab es im Alten Europa, und zwar bei den Samen und bei den Slawen, die Vorstellung von einem Totenreich am Grunde der Gewässer. Im serbischen Märchen „Das Kind und der Teufel"[17] (AT 325) springt die Zauberer-Gestalt mit dem Helden ins Wasser (wobei man sich vorstellen muss, dass der Stammeszauberer mit seinem Opfer an einer vom Publikum nicht einsehbaren Stelle auf das Ufer zurückkehrte). Angeblich weilten die Initianden bis zu ihrer Entlassung in der Tiefe des Wassers.

In der vermeintlichen Unterwelt galten die Zöglinge als gestorben und trugen zeitweilig Tier-Masken (entsprechend ihrem Totem), weil sich die Menschen nach ihrem Tod gemäß einer weltweit verbreiteten Vorstellung in Tiere verwandelten. Abweichend davon kommt in europäischen Märchen auch die Verwandlung in Pflanzen vor, man denke an das „Rätselmärchen" der Brüder Grimm (KHM 160), in dem drei Frauen

---

[14]   De witt Wulf (AT 425 A). In: WILHELM WISSER: Plattdeutsche Volksmärchen. Bd. 1, S. 266-274, hier S. 271.
[15]   Vom Re Porco (AT 425 A). In: LAURA GONZENBACH: Sicilianische Märchen. Erster Teil, S. 285-293, hier S. 289.
[16]   Der Quappfisch und die Prinzessin Marja (AT 425 A). In: E. POMERANZEWA (Hg.): Die Herrin des Feuers. S. 87-99, hier S. 94-95.
[17]   Das Kind und der Teufel (AT 325). In: WOLFGANG ESCHKER (Hg.): Serbische Märchen. S. 53-56, hier S. 54.

in Blumen verwandelt sind, und an das russische Märchen „Die Birke und die drei Falken"[18] (AT 400).

Den Unterricht in der Buschschule geben die europäischen Märchen insgesamt nur bruchstückhaft wieder. Man erkennt es am besten durch einen Vergleich mit dem Bericht von Martin Gusinde, der im Feuerland als Zögling an der Jugendweihe der Yámana teilnahm.[19] Auch der Bericht von Diedrich Westermann über die Ausbildung der Knaben und Mädchen bei den Kpelle in Liberia ist aufschlussreich. Ihm ist es gelungen, seinen Gesprächspartnern durch geschickt gestellte Fragen Geheimnisse zu entlocken.[20] Aus den europäischen Märchen erfahren wir nichts über Gebote und Verbote, Regeln der gegenseitigen Hilfe, Lieder und Tänze mit magischer Kraft, die Beziehungen zu anderen Stämmen. Nur ausnahmsweise wird der Unterricht direkt dargestellt wie im dänischen Märchen „Der Prinz und der Wassermann" (AT 314), wo der Held den Wassermann täglich begleiten muss, um ihm beim Säen und Pflanzen zu helfen, sodass er bald sehr geübt in der Gärtnerkunst ist.[21] Sehr viel öfter müssen wir aus den sogenannten *schweren Aufgaben* auf den Inhalt des Unterrichts schließen.

In der Buschschule lernten die Knaben und Mädchen u.a. wie man eine Hütte baut – wie man einen Wald rodet – wie man ein von Steinen übersätes, von Disteln überwuchertes Brachfeld in einen Acker verwandelt – wie man die Körner der Nutzpflanzen von Unkrautsamen trennt – wie man einen verlandeten Fischteich vom Schlamm säubert und neu mit Fischen besetzt – wie man eine Brücke baut. All diese Lernziele kommen in den Märchen in Form von schweren Aufgaben vor, wobei sämtliche Forderungen maßlos übertrieben sind. Der Held bzw. die Heldin soll allein eine Arbeit verrichten, die üblicherweise von einer Gruppe erledigt wird, überdies mit untauglichem Werkzeug und innerhalb eines Tages

---

[18]   Die Birke und die drei Falken (AT 400). In: ALEXANDER N. AFANASJEW: Russische Volksmärchen. Bd. 2, S. 647-648.

[19]   MARTIN GUSINDE: Die Jugendweihe. In: Ders.: Urmenschen im Feuerland. S. 260-292.

[20]   DIEDRICH WESTERMANN: Die Kpelle. S. 241-252; 256-264.

[21]   Der Prinz und der Wassermann (AT 314). In: HEINZ BARÜSKE (Hg.): Dänische Märchen. S. 187-190, hier S. 188.

oder einer Nacht. Zum Beispiel: Im Märchen soll nicht eine Hütte erbaut und eingerichtet werden, sondern ein Schloss. – Es soll nicht ein Baum gefällt werden, sondern ein ganzer Wald. – Es soll nicht ein Topf Körner ausgelesen werden, sondern tausend Säcke. – Die zu erbauende Brücke soll über das Meer führen und aus Kristall sein.

Der Held könnte die Aufträge des bösen Zauberers nicht bewältigen, wenn ihm dessen jüngste Tochter nicht heimlich mit ihren Hexenkünsten zu Hilfe käme. Manchmal bietet sie eine Schar von Geistern auf, in der wir die Gruppe von Zöglingen erkennen, so ist es in der rumänischen Überlieferung vom „Märchenprinzen und der Tochter des Nordostwinds"[22] (AT 313). Im karelischen Märchen „Der Bärenjunge"[23] (AT 425 A) ruft der Held ein Rudel Bären zu Hilfe, die sich im Nu in stattliche Burschen verwandeln und nach seinen Wünschen fragen. Analog dazu bietet der Held im belorussischen Märchen „Der Krebs als Zarensohn"[24] (AT 425 A) Fische und Krebse auf und erteilt ihnen Aufträge. Im sizilianischen Märchen „Von der Schwester des Muntifiuri"[25] (AT 403) kommt dem Helden eine Schar Mädchen zu Hilfe, als er über Nacht erst einen Springbrunnen errichten, dann einen Garten bepflanzen soll, in dem die Bäume und Blumen der ganzen Erde vertreten sind.

In den Varianten des Märchentypus AT 402 „Die Katze als Braut" beobachten wir, wie die als Äffinnen, Frösche, Mäuse oder Ratten maskierten Mädchen unter Anleitung einer Lehrerin spinnen, weben, nähen, backen, töpfern und schmieden.

---

[22]   Făt-Frumos şi fata Crivăţului [Der Märchenprinz und die Tochter des Nordostwinds] (AT 313). In: DUMITRU LAZĂR (Hg.): Fata din dafin [Das Mädchen aus dem Lorbeerbaum]. S. 121-143.

[23]   Der Bärenjunge (AT 425 A). In: ÉVA PAPP (Hg.): Der Bärenjunge. S. 5-17.

[24]   Der Krebs als Zarensohn (AT 425 A). In: L. G. BARAG (Hg.): Belorussische Volksmärchen. S. 253-264.

[25]   Von der Schwester des Muntifiuri (AT 403). In: LAURA GONZENBACH: Sicilianische Märchen. Erster Teil, S. 220-227. – Auch enthalten in: FELIX KARLINGER (Hg.): Italienische Volksmärchen. S. 196-204.

Mit Sicherheit lernten die Zöglinge auch tanzen wie in Afrika. In einigen Varianten des Märchentypus AT 306 „Die zertanzten Schuhe" treffen sich Mädchen aus mehreren Ortschaften nicht mit verwunschenen Prinzen oder mit Teufeln, sondern mit einer Frau, die sich durch den Besitz des Weltenspiegels[26] als Abbild der Stammeszauberin und Schulleiterin ausweist, um von ihr zu lernen. Es handelt sich um Tänze mit magischer Wirkung, wobei jeder falsche Schritt verhängnisvoll sein kann, aber davon erfahren wir nichts. In Afrika mussten die aus der Buschschule entlassenen Knaben und Mädchen nach ihrer Rückkehr ins Dorf vor der versammelten Dorfgemeinschaft eine Probe ihrer Tanzkunst geben, von deren Gelingen ihr Ruf abhing. Und siehe da, manche Varianten des Märchentypus AT 402 „Die Katze als Braut" haben diese Prüfung konserviert. Die Braut des Helden tritt vor die Gäste und tanzt, ganz gleich, ob sie vorher zu einer Maus, Fröschin, Bärin oder Äffin verzaubert war. Dieses Motiv kommt in Varianten vor, die von den Bretonen im Westen bis zu den Uiguren im Osten erzählt worden sind. In einer ukrainischen Variante lädt der Zar zum Tanz ein.

Da schritt sie mit Iwan-Zarewitsch zum Tanz, und als sie tanzte, berührte sie kaum die Erde, so leicht und so schön tanzte sie. [...][27]

Als Zeugnis erhielten die Absolventen einen kugelförmigen Gegenstand von der Größe eines Apfels und ein Tüchlein, die bei der Eheschließung vorgezeigt werden mussten. Diese zwei Gegenstände werden in zahlreichen Märchen im Vorfeld der Hochzeit erwähnt, allerdings nicht sachlich definiert.

Die Buschschule ist in zwei Wellen aus dem gesellschaftlichen Leben verschwunden: zuerst am Ausgang der Bronzezeit, dann im frühen Mittelalter. Meines Wissens wurden die Ursachen für diesen Vorgang

---

[26] Weltenspiegel – ein magisches Gerät in Form einer mit Wasser gefüllten und mit Pflanzenteilen sowie mit Kleintieren besetzten Schüssel. Aus deren Verhalten schloss der Zauberer auf die Zukunft.
[27] Die Zarentochter als Kröte (AT 402 + 400). In: P. V. LINTUR (Hg.): Ukrainische Volksmärchen. S. 94-102, hier S. 98.

bisher nicht untersucht. Vermutlich hängt er mit Veränderungen im wirtschaftlichen Leben zusammen.

Ursprünglich umfassten die Stämme gleichberechtigte Sippen von Jägern und Fischern, aber im Laufe der Jahrhunderte fand eine vertikale und eine horizontale Differenzierung statt. Deshalb dürften die Menschen auf die gemeinsame Erziehung ihrer Kinder verzichtet haben. Die Anfänge der vertikalen Differenzierung reichen weit zurück in die Vergangenheit. Das hat u.a. die Erforschung eines kupferzeitlichen Siedlungshügels in der Donautiefebene ergeben, der ab etwa 4600 v.Chr. mehr als drei Jahrhunderte lang bewohnt war. Er heißt *Măgura Gorgana* und befindet sich im Süden Rumäniens, bei dem Dorf *Pietrile,* nahe der Donau. Auf dem Hügel lebte eine Oberschicht in Häusern mit besonderer Ausstattung, zu der Jagdwaffen und bis zu 30 Zentimeter lange Feuersteinklingen gehörten, während sich rings um den Hügel eine viel ältere und bescheidener ausgestattete Außensiedlung befand.[28] Die horizontale Differenzierung durch Arbeitsteilung war schon innerhalb der sogenannten Donauzivilisation im 5. Jahrtausend v.Chr. ausgeprägt.[29] Deren Gesellschaft bestand aus Bauern, Webern, Töpfern, Schmieden und Händlern; die Tätigkeit der Schmiede setzt Bergarbeiter, der Handel entlang der Flusstäler Bootsbauer voraus. Viehzucht, Getreidebau und Metallverarbeitung ermöglichten die Akkumulation, die zu einer Spaltung in Arm und Reich führte, weil mangelnder Sachverstand oder Unwetter oder Krankheiten bei Teilen der Bevölkerung Verarmung und Elend bewirkten. Infolgedessen bildeten sich zwei Hauptklassen: Bauernschaft und Adel. Diese Spaltung ist einerseits in burgartigen Festungen greifbar, andererseits in den Grabbeigaben, die große Unterschiede aufweisen. Die Archäologen registrierten sie auf einem Gebiet, das sich vom Balkan über

---

[28]   RENATE NIMTZ-KÖSTER: High Society. Ein prähistorischer Siedlungshügel in Rumänien zeigt, wie die Kupferzeit vor 6500 Jahren die Menschheit veränderte. Es bildete sich die erste Klassengesellschaft der Weltgeschichte. In: DER SPIEGEL, Nr. 44/2013. S. 116-117.
[29]   HARALD HAARMANN: Das Rätsel der Donauzivilisation. S. 113-146.

die Slowakei und Böhmen bis Mittel- und Süddeutschland erstreckt, von der Iberischen Halbinsel über Frankreich bis zu den Britischen Inseln.[30]

Es liegt nahe, dass dieses Gebiet dem Areal entspricht, auf dem die Buschschule in der Späten Bronzezeit aus der sozialen Wirklichkeit verschwunden ist. Wir dürfen von einem ausgedehnten Areal sprechen, weil die Märchen zahlreiche voneinander abweichende Angaben zur Jugendweihe enthalten:

1. Wir unterscheiden drei Formen, was das Geschlecht der Teilnehmer betrifft, nämlich: ausschließlich Knaben (AT 451), ausschließlich Mädchen (AT 402) und die gemischte Gruppe (AT 301, 303 A, 313, 325).

2. Es zeichnen sich mehrere Möglichkeiten ab, wie der Initiand aus dem Elternhaus zur Initiationsstätte gelangte: Er wurde dem Schulleiter bzw. der Schulleiterin übergeben (AT 314, 325, 710). – Die Gruppe der Initianden folgte einer Tier-Maske (AT 303, 311, 313, 405); solche Masken verkörpern Hirsch, Fuchs, Kater, Schwein, Eule. – Man führte das Kind bis in die Nähe der Initiationsstätte, die letzte Wegstrecke bewältigte es allein (AT 502, 709 und rumänische Balladen, die Monica Brătulescu analysiert). – Der Initiand legte den Weg allein zurück (AT 313). – Die Schulleiterin griff sich das Mädchen mit Einverständnis der Eltern (AT 310). – Der Schulleiter und seine Gehilfen inszenierten eine Entführung der Mädchen (AT 301, 302).

3. Wir stellen fest, dass Knaben und Mädchen in manchen Fällen gleichzeitig an der Jugendweihe teilnahmen und als künftiges Ehepaar nach Hause zurückkehrten (AT 301 und 303 A), während der Knabe in anderen Fällen früher initiiert wurde als seine Braut oder an einem anderen Ort initiiert wurde, denn er holte sie von der Initiationsstätte ab (AT 402, 408, 409 A).

---

[30] ALBRECHT JOCKENHÖVEL: Bauern und Krieger, Künstler und Händler – Bronzezeitliche Gesellschaft. In: ALBRECHT JOCKENHÖVEL und WOLF KUBACH (Hg.): Bronzezeit in Deutschland. S. 45-47. – OTTO SCHERTLER: Die Kelten und ihre Vorfahren. S. 114-115.

4. Gemäß einer Vorstellung befanden sich die Initianden während der Ausbildungszeit unter dem Erdboden, gemäß einer anderen in der Tiefe eines Gewässers.

5. Der Tunnel im künstlich aufgeworfenen Hügel, der angeblich in die Unterwelt führte, weist zwei Profile auf: a) wie der Großbuchstabe [L] und b) wie ein Kellerhals.

6. Um die Körper der Initianden zu erneuern, haben Zauberer und Hexe a) sie rituell verbrannt und wiederbelebt oder b) sie rituell zerstückelt, gekocht und wiederbelebt oder c) rituell Organe ausgetauscht.

Eine derartige Vielfalt wäre auf einem kleinen Gebiet nicht möglich gewesen.

Parallel zur vertikalen Differenzierung dürfte sich der Männerbund – wie von Heinrich Schurtz und Hutton Webster bei den Naturvölkern beobachtet[31] – aus einer Vereinigung, der alle erwachsenen (lies: initiierten) Männer angehörten, in einen elitären Klub verwandelt haben, in den man sich einkaufen musste.

Als die traditionelle Buschschule sich überlebt hatte, richteten Sippen, die am Brauch festhalten wollten, für ihre Töchter Initiationshütten außerhalb des Dorfes ein, wo diese von einer Maske tanzen lernten und von einer Maske rituell defloriert wurden. Wir könnten die spärlichen Belege kaum deuten, wenn dieser Brauch nicht auch in Afrika beobachtet und ausführlich beschrieben worden wäre.[32]

Eine andere Möglichkeit, um den Brauch fortzusetzen, war die Initiation im Anwesen der Sippe. Im Falle der Knaben ist dieser Ausweg schwach belegt: Der Held heißt *Ascherich oder Aschenhans oder Aschen-*

---

[31] HEINRICH SCHURTZ: Altersklassen und Männerbünde. Eine Darstellung der Grundformen der Gesellschaft. Berlin: Reimer, 1902. – HUTTON WEBSTER: Primitive Secret Societies. A Study in Early Politics and Religion. [1908.] Second edition, revised. New York: Macmillan, 1932. Siehe die Kapitel VI und VII.

[32] EVA MAHONGO RAUTER: Das Mädchen lernt tanzen. Die weibliche Initiation bei den Luvale. In: MARIE-JOSÉ VAN DE LOO und MARGARETE REINHART (Hg.): Kinder. S. 348-365.

peter, weil er zum Unterschied von seinen Brüdern im Herdwinkel sitzt. Im Falle der Mädchen ist der Ausweg durch die Märchen von Aschenputtel (AT 510 A) belegt. Auch in diesem Fall ist eine sachliche Interpretation nur möglich, weil ein entsprechender Brauch beim Stamm der Ejagham beobachtet und beschrieben wurde, die zum Volk der Ekoi gehören und teils in Kamerun, teils in Nigeria leben.[33]

In Mitteleuropa hat sich der Brauch der archaischen Jugendweihe durch ungeklärte Umstände bis ins frühe Mittelalter erhalten, bis zur Verbreitung des Christentums. Mitteleuropa bedeutet Frankreich, die Benelux-Länder, Deutschland, Tschechien, die Slowakei, Österreich, die Schweiz und Südtirol. An den Brauch erinnern die Sagen über Heinzelmännchen, Salige Fräulein und verwandte Gestalten. Von der Verbreitung des Brauchs zeugt einerseits die Unzahl der Sagen, andererseits die Vielfalt der Bezeichnungen, die sich nach den Landesteilen, nach dem Aufenthaltsort der Protagonisten und nach ihren Hilfstätigkeiten unterscheiden.

Im Emsland nannte man die Helfer *Aulken,* in Osnabrück *Sgönaunken,* in Thüringen *Gupel, Heimchen, Zinselmännchen, Böhlersmännchen, Schlätzla* oder *Hütchen,* in der Lausitz *Lutken,* im Bayerischen Wald *Schrazen,* in Tirol *Orgen,* in den Ostalpen *Fänggen,* in der Schweiz *Schrätteli.* Nach dem tatsächlichen oder angeblichen Aufenthaltsort während der Jugendweihe heißen die Helfer im Märchen *Unterirdische, Erdmännlein, Seemännlein, Moosmännlein, Bergmännchen* bzw. *Erdweiblein, Seejungfrauen, Holzweibchen, Holzweiblein, Buschweibchen.* Aus anderen Bezeichnungen geht hervor, wie und wo sie sich nützlich machten: *Futtermännchen, Futterknecht, Buttermännchen, Dreschmännel, Kasmandl, Kasertörggelen, Sennenzwerg, Almlotterle* (Landwirtschaft); *Kohlenmandl* (Köhlerei); *Grubenmandl, Stollenmandl* (Bergbau); *Erzmännchen, Hüttenmännchen, Hüttenkobold* (Metall-gewinnung und -verarbeitung).

In der Ukraine und in Rumänien überlebte der Brauch in Form der Mädchen-Spinnstube bis ins 20. Jahrhundert. Die rumänische

---

[33]   UTE RÖSCHENTHALER: Die Kunst der Frauen. S. 57-63.

Mädchen-Spinnstube hat Monica Brătulescu in einer 23 Seiten starken Studie beschrieben, die 1978 in Bukarest veröffentlicht wurde. An einer Stelle vermerkt sie Überschneidungen mit Riten der Naturvölker.[34] Die ukrainische Mädchen-Spinnstube hat Bohdan Georg Mykytiuk in einer Monografie beschrieben, die primär von den Andreasbräuchen handelt. Sie wurde 1979 in Wiesbaden veröffentlicht und umfasst 340 Seiten.[35]

Seit ihrer Entstehung vor 3.000 Jahren, im Laufe von 120 Generationen, haben sich die Märchen von der Buschschule stark verändert: Die Erzähler glichen die Lebensumstände der Helden beständig ihren eigenen Lebensumständen an. – Sie übersprangen unverständliche Einzelheiten oder deuteten sie um. – Die Abbilder von Stammeszauberer und Stammeshexe, Urheber der grausamen Behandlung in der Initiationshütte, wandelten sich oft zum Gegner des Helden, dann tritt er zum Kampf gegen sie an und bringt sie um.

Diese Entwicklung war nicht frei von Widersprüchen. Betrachten wir beispielsweise die Tierahnen. Als Verschlinger tritt ein Wolf oder ein Schwein in Erscheinung, eine Schlange, ein Vogel oder ein großer Fisch bzw. ein Wal.

Im Rotkäppchen-Märchen (KHM 26, AT 333) ist aus dem Wolf ein Untier geworden, es wird getötet.

Auch aus dem Schwein ist ein Untier geworden, welches den Helden vernichten will, es wird getötet, und zwar von dem zauberkräftigen Schmied, der mit dem Helden verbündet ist (Greuceanu[36], rumänisch; Das zweiköpfige Roß[37], litauisch; beide AT 300 A).

---

[34]   MONICA BRĂTULESCU: Ceata feminină [Die Mädchen-Schar]. Siehe S. 51.

[35]   BOHDAN GEORG MYKYTIUK: Die ukrainischen Andreasbräuche und verwandtes Brauchtum.

[36]   Greuceanu (AT 300 A). In: PETRE ISPIRESCU: Legende sau basmele românilor. Bd. 1, S. 203-213, hier S. 210. Siehe auch: SIGRID FRÜH (Hg.): Der goldene Held Dragan. In: Dies: Das Zauberpferd. S. 93-97, hier S. 96-97.

[37]   Das zweiköpfige Roß (AT 300 A). In: BRONISLAVA KERBE-LYTE (Hg.): Litauische Volksmärchen. S. 33-39, hier S. 38-39.

Der Schlangenkönig verleiht dem Helden, weil der seinen Sohn vor dem Tod gerettet hat, die Kenntnis der Tiersprache, indem er ihn verschlingt und ausspeit (Das Schlangenkind[38], rumänisch aus der Walachei, AT 670). Aus den meisten Varianten des Märchentypus AT 670 „Die Tiersprache" ist dieses Motiv verschwunden. In einem deutschen Märchen aus Siebenbürgen schenkt der Schlangenkönig dem Helden ein Zauberpferd (Der Knabe und die Schlange[39], AT 531).

Der [Riesen-]Vogel verschlingt den Helden aus Dankbarkeit, weil der seine Jungen gerettet hat, und als er ihn ausspeit, ist jener schmuck wie ein Königssohn (Das Männchen Sonderbar[40], deutsch aus dem historischen Vorpommern, AT 301 A; Held Dunca, der Trunkenbold[41], rumänisch aus Siebenbürgen, AT 301 A; Der starke Hans[42], deutsch aus Siebenbürgen, AT 511 A + 301).

Die Heldin des Märchentypus „AT 403 „Die weiße und die schwarze Braut" wird in mehreren Varianten ins Wasser gestoßen und von einem Fisch, Hai oder Wal verschlungen. Um sie zu retten, muss man jenes Tier töten (Von Sabedda und ihrem Brüderchen[43], sizilianisch,

---

[38]   Puiul de şarpe (AT 670). In: B. P. HAŞDEU: Literatură populară. S. 266-267.

[39]   Der Knabe und die Schlange (AT 531). In: JOSEF HALTRICH: Sächsische Volksmärchen aus Siebenbürgen. S. 97-105, hier S. 98-99. Siehe auch: SIGRID FRÜH (Hg.): Das Zauberpferd. In: Dies.: Das Zauberpferd. S. 11-18, hier S. 12-13.

[40]   Das Männchen Sonderbar (AT 301 A). In: SIEGFRIED ARMIN NEUMANN (Hg.): Volksmärchen aus dem historischen Vorpommern. S. 16-28, hier S. 27-28.

[41]   Dunca viteazul, băutoriul ţărei (AT 301 A). In: BOGDAN PETRICEICU HAŞDEU: Omul de flori. S. 24-33, hier S. 30-31.

[42]   Der starke Hans (AT 511 A + 301). In: JOSEF HALTRICH: Sächsische Volksmärchen aus Siebenbürgen. S. 81-87, hier S 86.

[43]   Von Sabedda und ihrem Brüderchen (AT 403). In: LAURA GONZENBACH: Sicilianische Märchen. Erster Teil, S. 315-319, hier S. 318.

AT 450 + 403; Das Mädchen mit dem Hirschbruder[44], rumänisch aus Muntenien, AT 450 + 403). In einem komplexen ukrainischen Märchen wird der Held von einem Wal verschluckt und lebt ein Jahr lang im Walbauch, bis Jäger das Tier erschießen und zerteilen (Iwan Hatnichtsan und sein Bruder[45]).

Zweite Einführung:
Die ungleichen Stiefschwestern

Ähnlich den Märchen von der Buschschule waren die Märchen „vom guten und vom schlechten Mädchen" (AT 480) einst weit verbreitet – ihr Verbreitungsgebiet reichte vom Atlantischen Ozean bis zum Stillen Ozean und dehnte sich nach der Entdeckung der Neuen Welt auf Lateinamerika aus. Die Erklärung für den Erfolg des Märchentypus liegt in der gemeinverständlichen pädagogischen Aussage. Er umfasst eine Unmenge von Texten. Bei aller Verschiedenheit der Einzelheiten weist ihre Fabel eine einfache Struktur auf: Zwei Personen werden nacheinander mit denselben Umständen, mit denselben Aufgaben konfrontiert – die eine verhält sich richtig und wird belohnt, die andere verhält sich falsch und wird bestraft. Die positive Heldin ... ist höflich, barmherzig, hilfsbereit, fleißig und bescheiden, die negative ist in allem ihr Gegenteil, manchmal auch eine Betrügerin. Zuweilen ist die Anweisung des jeweiligen Dienstherrn widersinnig, um das Mädchen zu prüfen, und die positive Heldin ist verständig genug, sie nicht zu befolgen bzw. das Gegenteil zu tun.

Bei den Protagonisten handelt es sich gewöhnlich, aber nicht immer, um zwei Stiefschwestern. Im schlesischen Märchen „Tones und Hans"[46] sind es zwei Brüder, ebenso im slowakischen Märchen „Der

---

44   Fata cu frate cerb (AT 403). In: B. P. HAŞDEU: Literatură populară. S. 238-241, hier S. 241.

45   Iwan Hatnichtsan und sein Bruder. In: DAS FLIEGENDE SCHIFF. S. 269-286, hier S. 269-270.

46   Tones und Hans (AT 480). In: WILL-ERICH PEUCKERT (Hg.): Schlesische Kinder- und Hausmärchen. S. 68-72.

König der Zeit"[47], im griechischen Märchen „Die Katzen"[48] sind es zwei benachbarte Frauen, und es gibt noch mehr Kombinationen.

Die Instanz, die das gute Mädchen belohnt bzw. das schlechte bestraft, ist eine jenseitige Gestalt. Die Jenseitsgestalten sind von Märchen zu Märchen verschieden, ein wahres Panoptikum, das gilt für Europa und trifft auch auf Asien und Afrika zu. Beginnen wir mit **Europa.** Als Jenseitsgestalten treten auf: eine alte Frau oder ein alter Mann – Frau Holle – die Baba Jaga – eine Hexe oder ein Zauberer – eine Fee – eine Nixe, Nymphe oder Vila – eine Riesin oder ein Riese – ein Männlein, Zwerg oder Erdmännchen – ein wilder Mann oder der Thürschemann – ein Trollweib oder ein Troll – ein Drache – die Mammadràa (d.h. Drachenmutter, spezifisch für Sizilien) – dankbare Tiere – der Wind – die Jahreszeiten bzw. die Monate und der König der Zeit – die Geister der zwölf Nächte (genannt *Lykokantzaren,* spezifisch für Griechenland) – ein alter kranker Mann im Himmel – ein Schneedämon – ein Totenkopf.

Nach der Verbreitung des Christentums wurden die heidnischen Jenseitsgestalten durch Gestalten der christlichen Legende ersetzt: durch Gottvater, Christus, die Himmelskönigin, durch Heilige und Apostel.

Werfen wir einen Blick auf **Asien** und **Afrika.** In Syrien ist die Jenseitsgestalt eine Ghula (Die Stiefmutter[49]) – in Georgien die Mutter eines Dews (Das Lumpenmägdlein[50]) – in Persien ein Dîw (Stirnmöndlein[51]) – in Indonesien eine Riesin (Weißzwiebelchen und Rotzwiebel-

---

[47]   Der König der Zeit (AT 480). In: BOŽENA NĚMCOVÁ: Der König der Zeit. S. 17-20.

[48]   Die Katzen (AT 480). Siehe: GEORGIOS A. MEGAS: Die Katzen. In: Ders.: Begegnung der Völker im Märchen. Unveröffentlichte Quellen. Bd. 3. Griechenland – Deutschland. S. 50-52.

[49]   Die Stiefmutter (AT 480 + 510 A + 408). In: UWE KUHR (Hg.): Arabische Märchen aus Syrien. S. 208-211.

[50]   Das Lumpenmägdlein (AT 480). In: DER SCHLANGEN-KNABE. S. 154-157.

[51]   Stirnmöndlein (AT 480 + 510 A). In: ARTHUR CHRISTENSEN (Hg.): Persische Märchen. S. 69-75.

chen[52]). – Bei den berberischen Bewohnern Nordwest-Algeriens ist es Fricha, die Tochter des Glücks (Fricha und die beiden kleinen Mädchen[53]) – bei den Wolof in Senegal Ginneh, eine Art Fee (Hammat und Mandiaye[54]) – bei den Kpelle in Liberia ein Krokodil (Die Tochter der guten und die der eifersüchtigen Frau[55]) oder ein Waldteufel (Das Kind der guten und das der eifersüchtigen Frau[56]) – bei den Yoruba in Nigeria ein Geist aus dem Totenreich (Die Palmölverkäuferin[57]) – bei den Dschugga-Negern im Gebiet des Kilimandscharo die Geisteralte (Die Pforten der Unterwelt[58]) – in Lesotho der Flusskönig, d.h. ein Krokodil[59].

Bei den Arakanesen in Burma erscheint in dieser Funktion eine Schar weißer Krähen (Das Dorf der weißen Krähen[60]).

Der US-amerikanische Folklorist Warren Everett Roberts (1924-1999) hat 600 Varianten des Typus AT 480 untersucht und die Akteure, ihr Verhältnis zueinander, ihre Motivation, ihre Aufgaben, die Belohnungen und Strafen etc. in einem klassisch gewordenen Werk systematisch geordnet, es heißt „The Tale oft the Kind and the Unkind Girls. Aa-Th

---

[52]   Weißzwiebelchen und Rotzwiebelchen (AT 480). In: RENATE und HANSHEINRICH LÖDEL (Hg.): Aryo Menak heiratet eine Himmelsfee. S. 101-104.

[53]   Fricha und die beiden kleinen Mädchen (AT 480). In: CARL MEINHOF (Hg.): Afrikanische Märchen. S. 282-285.

[54]   Hammat und Mandiaye (AT 480). In: ULLA SCHILD (Hg.): Westafrikanische Märchen. S. 89-95.

[55]   Die Tochter der guten und die der eifersüchtigen Frau (AT 480). In: DIEDRICH WESTERMANN: Die Kpelle. S. 410-413.

[56]   Das Kind der guten und das der eifersüchtigen Frau (AT 480). In: DIEDRICH WESTERMANN: Die Kpelle. S. 413-414.

[57]   Die Palmölverkäuferin (AT 480) In: ULLA SCHILD (Hg.): Westafrikanische Märchen. S. 149-152.

[58]   Die Pforten der Unterwelt (AT 480). In: BRUNO GUTMANN: Volksbuch der Wadschagga-Sagen. S. 104-105.

[59]   JAN KNAPPERT: Lexikon der afrikanischen Mythologie. S. 175-176.

[60]   Das Dorf der weißen Krähen (AT 480). In: ANNEMARIE ESCHE (Hg.): Märchen der Völker Burmas. S. 194-199.

480 and related Tales" [Das Märchen vom guten und vom schlechten Mädchen. Aa-Th 480 und verwandte Märchen] und wurde 1958 beim Verlag de Gruyter in Westberlin veröffentlicht.

Im Zentrum Europas hat sich die ursprüngliche Fabel, bei der das gute Mädchen von der Jenseitsgestalt mit einem Glückwunsch entlassen wurde, aus mir unbekannten Gründen weiterentwickelt. Im slowakischen Märchen „Goldmarie"[61] soll das gute Mädchen elf Zimmer fegen, aber das zwölfte nicht betreten. Es entdeckt im zwölften Zimmer eine Tonne mit Gold, badet in dieser Tonne und muss dann flüchten. Ähnlich im niedersächsischen Märchen „Die böse Stiefmutter"[62] und im siebenbürgisch-sächsischen Märchen „Die beiden Mädchen und die Hexe"[63]. Auch in einem Alpenmärchen aus Lundenburg an der niederösterreichisch-mährischen Grenze – „Die zwei Schwestern"[64] – muss das gute Mädchen fliehen, weil es heimlich die in den Töpfen eingesperrten armen Seelen entlassen hat. Die Brüder Grimm zitieren in ihren Originalanmerkungen eine vergleichbare Fassung aus der Schwalm-Gegend. Hier geht das gutmütige Mädchen gleich in die Kammer, wo alles voll von goldenen Sachen ist, zieht ein goldenes Kleid an und flieht damit.[65]

In Mitteleuropa verbreitet ist die Variante mit der Stieftochter, die zur Winterzeit erst um Veilchen, dann um Erdbeeren, dann um Äpfel in den Wald geschickt wird. Dort trifft sie zwölf Männer, die um ein Feuer sitzen, das sind die zwölf Monate. Ihr zuliebe tauschen sie die Plätze, erst nimmt der März, dann der Juni, dann einer der älteren Monate den Vorsitz ein, und das Mädchen kann seinen Korb mit Veilchen, mit Erdbeeren

---

[61]   Goldmarie (AT 480). In: PAVOL DOBŠINSKÝ: Slowakische Märchen. S. 211-221.

[62]   Die böse Stiefmutter (AT 480). In: WILHELM BUSCH: Aus alter Zeit. S. 22-25.

[63]   Die beiden Mädchen und die Hexe (AT 480). In: JOSEF HALTRICH: Sächsische Volksmärchen aus Siebenbürgen. S. 181-184.

[64]   Die zwei Schwestern (AT 480). In: THEODOR VERNALEKEN: Alpenmärchen. S. 114-118.

[65]   Frau Holle. In: GRIMM, BRÜDER GRIMM: Kinder- und Hausmärchen. Bd. 3. S. 40-44, hier S. 40-41.

bzw. mit Äpfeln füllen.[66] Aber es gibt auch andere Varianten. Bei der im Folgenden zitierten sind die Protagonisten zwei ungleiche Brüder: ein reicher, gottloser, und ein armer, rechtschaffener, der in seiner Verzweiflung, nachdem jener ihm die Tür gewiesen hat, als er um ein Stück Brot bat, zum Glasberg wandert, wo angeblich ohne Unterlass ein Feuer brennt.

Schon von weitem sah er auf dem Glasberg ein mächtiges Feuer brennen, und rund um das Feuer saßen zwölf Männer. Als er die Männer bemerkte, hielt er an, denn er wusste nicht, ob sie böse oder gut waren. Was sollst du dich fürchten, dachte er, auch dort ist der liebe Gott mit dir. Und so ging er schnurstracks aufs Feuer zu. Wie er nun hinkam, blieb er stehen, verbeugte sich, grüßte und bat: „Liebe Leute, habt Erbarmen mit mir, ich bin ein armer Mensch, niemand sieht sich nach mir um, ich habe nicht einmal ein Feuer. Erlaubt mir, daß ich mich bei eurem Feuer wärme." Die Männer blickten ihn an, und einer von ihnen sprach mit ernster Stimme: „Setze dich, mein Sohn, zu uns und wärme dich bei einem von uns." Er setzte sich zu ihnen, wärmte sich an ihrem Feuer, doch da sie alle schwiegen, hatte er nicht den Mut, etwas zu sagen. Aber er bemerkte wohl, daß sie der Reihe nach ihre Plätze wechselten; so kamen sie rings um das Feuer, und als jeder wieder auf demselben Platz saß, auf dem er vorher gesessen hatte, als der Arme gekommen war, da erhob sich inmitten des Feuers ein alter Mann mit einem weißen Bart und einem kahlen Kopf und sprach zu dem Armen: „Lieber Mann, vergeude da nicht dein Leben, sondern gehe heim, sei fleißig und nähre dich tapfer. Nimm von dieser Kohle, wir verbrauchen sie doch alle." Nach diesen Worten verschwand der Alte. Die zwölf erhoben sich von ihren Sitzen, füllten dem Armen einen Sack voller Kohle, hoben ihn auf dessen Schulter und befahlen ihm, nach Hause zu gehen. Der Arme bedankte sich schön, doch bei sich dachte er, ob die Kohlen ihm den Sack nicht durchbrennen würden und wie er sie am besten nach Hause brächte; aber er fühlte keine

---

[66]   Die zwölf Monate (AT 480): In: BOŽENA NĚMCOVÁ: Der König der Zeit. S. 65-72. – Auch enthalten in: PAVOL DOBŠINSKÝ: Slowakische Märchen. S. 204-210. – Enthalten ferner in: VIERA GAŠPARÍKOVÁ: Slowakische Volksmärchen. S. 61-70.

Hitze, und die Last war ihm so leicht, als hätte er Federn geladen. Er freute sich, daß er nun wenigstens eine warme Hütte, wenn schon nichts anderes, haben würde. Kaum war er zu Hause angelangt, schüttelte er die Kohlen neben den Herd; doch welch Wunder! Jedes Kohlenstück, jeder Funken verwandelte sich sogleich in ein Goldstück! Der Arme wusste vor Freude nicht, was er tun sollte, er glaubte seinen Augen nicht, daß ihm all dieser Reichtum gehören sollte. Im Stillen dankte er den guten Leuten, die ihn von aller Not befreit hatten.[67]

---

[67]   Der König der Zeit (AT 480). In: BOŽENA NĚMCOVÁ: Der König der Zeit. S. 17-20, hier S. 18. – Siehe auch: PAVOL DOBŠINSKÝ: Der verwunschene Wald. S. 29-34.

Alexander der Große

Er schuf das erste bekannte Großreich der Geschichte – es reichte vom Balkan bis Indien. Ursprünglich hatte er das griechische Heer gegen den Erbfeind Persien geführt, aber dann, nach mehreren erfolgreichen Schlachten, überschritt er das gewaltige Hindukusch-Gebirge Richtung Indien und kämpfte sogar gegen einen König, der über Kriegselefanten verfügte. Er gelangte bis zum Fluss Hyphasis im heutigen Pakistan, wo ihn sein vom Kampf gegen andere indische Fürsten und von der Regenzeit zermürbtes Heer zum Rückzug zwang.

Beeindruckt von der Kultur und von der Verwaltung des Persischen Reiches strebte Alexander der Große (356-323 v.Chr.) eine Aussöhnung, ja sogar eine Verschmelzung der Makedonen und Griechen mit den Persern an, was die Griechen schockierte, weil für sie schon ihre makedonischen Herren *Barbaren* waren, d.h. Fremde. Er ließ sich davon nicht beirren, sondern führte das persische Hofzeremoniell ein und nahm zahlreiche Perser in seine Streitkräfte auf.

Alexander starb (vermutlich an Malaria), als er 33 Jahre alt war. Sein Traum von der Weltherrschaft war noch lange nicht verwirklicht, denn er wollte auch die Halbinsel Arabien unterwerfen und die Schifffahrtswege sichern. Sofort nach seinem Tod brach zwischen den sogenannten *Diadochen* (d.h. Nachfolgern), die aus dem Kreis seiner Generäle und Leibwächter stammten, ein schrecklicher Krieg aus. Schließlich entstanden drei Reiche: Makedonien nebst Teilen Griechenlands – Vorderasien – Ägypten.

Erst eine Generation nach Alexanders Tod blühten Wirtschaft und Kultur in den von ihm eroberten Gebieten wieder auf. Zahlreiche Griechen zogen in die dort befindlichen Städte, wobei das Griechische sich als Weltsprache etablierte. Dabei entstand die heute unter dem Namen *Hellenismus* bekannte Kultur, die auch auf die Römer abfärbte, als sie Vorderasien und Ägypten eroberten.[68]

---

[68]   HELMUT UHLIG: Alexander der Große und die Handelswege der hellenistischen Welt. In: Ders.: Die Seidenstraße. S. 85-92.

An Alexander den Großen erinnert der Name der von ihm gegründeten ägyptischen Hafenstadt Alexandria, wo er bestattet wurde. Alexandria war die Hauptstadt des Ptolemäischen Reiches, bis zur Eroberung durch die Römer eines der politisch und wirtschaftlich mächtigsten Länder der hellenistischen Welt. Sie verdankte ihre Stellung der günstigen Lage am Schnittpunkt der Handelswege zwischen Asien, Arabien, Afrika und dem Mittelmeer-gebiet.[69]

Von diesem König handeln zahlreiche Anekdoten. Seine Feldzüge schildern Sagen, aus denen ab dem 10. Jahrhundert die teils in Prosa verfassten, teils gereimten Alexander-Romane entstanden. Sie waren über ganz Europa verbreitet.

Nachdem Alexander der Große auf dem Isthmus zum Anführer aller Griechen ausgerufen worden war, erschienen viele Staatsmänner und Philosophen bei ihm, um ihm ihre Aufwartung zu machen. Nur Diogenes[70] zog es vor, auf dem Markt zu bleiben, wo er sich der Länge nach in die Sonne gelegt hatte. Alexander suchte ihn deshalb persönlich auf und fragte ihn, ob er ihm nicht einen Gefallen erweisen könne.

„Geh mir aus der Sonne", gähnte Diogenes den König an und wälzte sich träge auf die andere Seite, ohne Alexander weiter zu beachten.

„Wahrlich", rief dieser, vom Gleichmut des Philosophen überrascht, „wenn ich nicht Alexander wäre, möchte ich Diogenes sein."[71]

Es lebte einmal ein Zar; sein Name war Alexander von Makedonien. Das ist lange, lange her, so lange, daß weder unsere Großväter noch unsere Urgroßväter, noch unsere Ururgroßväter, noch unsere Urahnen sich an ihn erinnern können. Dieser Zar war unter allen Recken der größte: Niemand auf der Welt konnte ihn besiegen. Er liebte den

---

[69]   WERNER EKSCHMITT: Der Leuchtturm von Alexandria. In: Ders.: Die sieben Weltwunder. S. 183-197.

[70]   Diogenes – ein Philosoph aus der Schule der Kyniker, die Bedürfnislosigkeit predigten.

[71]   RUDOLF WALTER LANG: Zeiten und Menschen im Spiegel der Anekdote. S. 33.

Krieg und den Kampf, und in seinem Heer war jeder Krieger ein Recke. Gegen wen immer Zar Alexander von Makedonien in den Krieg zog, den besiegte er. Und so unterwarf er sich alle Reiche der Erde. Endlich kam er bis an das Ende der Welt, dort sah er Völkerstämme, vor denen er, so mutig er auch war, sich über alle Maßen entsetzte: sie waren blutrünstiger als reißende Tiere und aßen Menschenfleisch; manche von ihnen hatten nur ein Auge, das saß mitten auf der Stirn, andere hatten drei Augen; manche von ihnen hatten nur ein einziges Bein, andre aber hatten drei Beine und liefen so schnell, wie ein Pfeil fliegt. Der Name dieser Völker war Gog und Magog.

Zar Alexander von Makedonien ließ sich von diesen wunderlichen Völkerstämmen nicht einschüchtern und zog gegen sie zu Felde. Ob er nun lange gegen sie kämpfte oder nicht lange – das ist nicht bekannt, aber die wunderlichen Völkerstämme bekamen es mit der Angst zu tun und nahmen vor ihm Reißaus. Er verfolgte sie, jagte ihnen immer weiter nach und trieb sie schließlich in solche Einöden, Schlünde und unwegsame Gebirge, daß man es nicht im Märchen erzählen und nicht mit der Feder beschreiben kann. Dort verbargen sie sich vor dem Zaren Alexander von Makedonien. Und was tat Zar Alexander? Er ließ von einem Berg zum anderen einen steinernen Bogen bauen und darauf Posaunen aufstellen. Dann kehrte er in sein Land zurück. Wenn der Wind bläst, geben diese Posaunen einen furchterregenden Ton; die wunderlichen Völkerstämme, die darunter wohnen, rufen: „Oh, das ist Alexander von Makedonien, er lebt noch!" Die Völkerstämme Gog und Magog leben heute noch in großer Angst vor Alexander und werden ihre Einöden erst vor dem Jüngsten Gericht verlassen.[72]

Ali Baba

Der scherzhafte Spruch „Sesam, öffne dich!" stammt aus dem Märchen „Ali Baba und die vierzig Räuber", das zu den bekanntesten Märchen der

---

[72] Die Sage von Alexander von Makedonien. In: ALEXANDER N. AFANASJEW: Russische Volksmärchen. Bd. 2, S. 771-772.

arabischen Sammlung „1001 Nacht" gehört.[73] Ein armer Holzhacker beobachtet, wie eine Räuberbande den Zugang zu ihrem Schatzversteck mit einer Zauberformel öffnet und schließt; er merkt sich die Worte und bedient sich. Die aufmerksam gewordenen Räuber wollen sich rächen, doch ihre Pläne werden von der klugen Sklavin Morgiane vereitelt. Zuletzt erdolcht sie den Hauptmann, der als Kaufmann verkleidet bei Ali Baba zu Besuch ist.

Vor rund 250 Jahren wurde die Sammlung „1001 Nacht" von Johann Heinrich Voß aus dem Französischen ins Deutsche übersetzt; seine Fassung, sechs Bände, gelangte 1782-1785 an die Öffentlichkeit. Als die Brüder Grimm mit ihrer Sammeltätigkeit begannen, erreichte sie eine Überlieferung aus dem Münsterland, die mit dem Märchen von Ali Baba übereinstimmt, allerdings beschränkt sie sich auf die Hälfte der uns bekannten Handlung. Sie haben diese Überlieferung unter dem Titel „Simeliberg" (KHM 142) in die „Kinder- und Hausmärchen" aufgenommen. In Deutschland zirkulierten mehrere Varianten.

Von der Sammlung „1001 Nacht" liegen heute Übersetzungen in viele Sprachen der Welt vor. Das Märchen von Ali Baba wurde wiederholt dramatisiert und verfilmt (so in Großbritannien – in den USA – in der Türkei – in der Sowjetunion). 1954 drehte Jacques Becker einen Film mit Fernandel als Ali Baba und Samia Gabal als Morgiane.

Anne Frank

Sie stellte sich vor, Journalistin, Schriftstellerin zu werden[74], und offenbar verfügte sie über die erforderlichen Voraussetzungen: vielseitig interessiert und schon mit 13 Jahren belesen – eine gute Beobachterin mit Einfühlungsvermögen – um eine objektive, selbstkritische Einschätzung bemüht – mit Humor und Ironie begabt. Was belegt die Qualität ihres Tagesbuchs besser als der Umstand, dass seine Authentizität wiederholt

---

[73]   Ali Baba und die vierzig Räuber. In: 1001 NACHT. S. 385-417.
[74]   Siehe die Tagebucheintragungen vom 29. März 1944, 5. April 1944, 11. Mai 1944.

bezweifelt worden ist, bis das niederländische Justizministerium sie 1968 bestätigte.

Anne Frank (1929-1945) war die jüngere Tochter des jüdischen Frankfurter Geschäftsmannes Otto Frank (1889-1980). Der Triumph des Nationalsozialismus veranlasste die Familie Frank, Deutschland zu verlassen; sie übersiedelte 1933 nach Amsterdam, wo Otto Frank die Leitung einer Filiale der Kölner Firma „Opekta" übernahm, die mit Geliermitteln handelte. 1938 gründete er mit dem aus Osnabrück geflohenen Fleischer Hermann van Pels eine zweite Firma, die Gewürze verkaufte.

In Amsterdam verlief das Leben der Familie Frank zunächst normal, die Töchter gingen zur Schule und eigneten sich die holländische Sprache an. Aber dann, im Mai 1940, marschierten deutsche Truppen ein. Weil es nicht mehr möglich war, das Land zu verlassen, versteckte sich die Familie im Juli 1942 im Hinterhaus des Gebäudes Prinsengracht 263, wo sich der Sitz der Filiale sowie deren Lager befanden. Mit ihr versteckte sich die dreiköpfige Familie van Pels, und im November desselben Jahres gesellte sich der ältliche Zahnarzt Fritz Pfeffer zu der Gruppe. Pro forma wurde die Filiale dann von zwei Angestellten geführt. Die Untergetauchten wurden heimlich von Angestellten versorgt.

Miep und Bep hatten die extrem schwierige Aufgabe, Lebensmittel zu besorgen. Acht Menschen zu ernähren, während die meisten Konsumgüter rationiert waren, stellte hohe Ansprüche. Sie mußten in verschiedenen Geschäften einkaufen, denn es hätte Verdacht erregen können, wenn sie große Mengen in einem Geschäft gekauft hätten. Herr Gies und Herr Kleimann erwarben auf dem Schwarzmarkt Lebensmittelkarten für uns, und als uns das Geld knapp wurde, verkauften sie einen Teil unserer Schmuckstücke. Herr Kugler verkaufte auch Gewürze, ohne dies in die Bücher einzutragen, was uns half, unsere Bedürfnisse zu finanzieren. All diese Tätigkeiten waren riskant, und unsere Helfer mußten stets vorsichtig sein, um nicht von Kollaborateuren oder Spitzeln in die Falle gelockt zu werden. Außer Lebensmitteln brauchten wir in unseren fünfundzwanzig Monaten im Versteck zahlreiche andere Gegenstände, etwa

Toilettenartikel, Medikamente, Kleidung für die wachsenden Kinder etc.,
sowie Bücher und andere Materialien, um uns zu beschäftigen.[75]

Anne Frank, beim Abtauchen dreizehn Jahre alt, schildert in ihrem weltberühmten Tagebuch den zermürbenden Alltag im Versteck, ihr
Heranwachsen zur Frau und das Erlebnis der ersten Liebe. Das Tagebuch
beginnt mit dem 12. Juni 1942, die letzte Eintragung stammt vom 1. August 1944. Am 4. August wurden die Untergetauchten verhaftet.

Das Schicksal hat Anne und ihre Schwester Margot ins KZ Bergen-Belsen verschlagen, dort sind sie im Spätwinter 1945 an Typhus gestorben. Von den acht Schicksalsgefährten hat nur Otto Frank überlebt.
Ihm hat seine Buchhalterin Miep (Hermine) Gies nach Kriegsende das
von ihr gefundene und aufbewahrte Tagebuch übergeben.

Anne selbst hatte vor, ihr Tagebuch nach dem Krieg zu veröffentlichen und zu diesem Zweck eine zweite Fassung vorbereitet. Ihr Vater
überarbeitete diese Fassung und veröffentlichte den von ihm redigierten
Text 1947 in Holland unter dem Titel „Het Achterhuis" („Das Hinterhaus"). Nach und nach wurde das Tagebuch in alle Weltsprachen und in
viele andere übersetzt, es wurde für die Bühne bearbeitet und verfilmt.
„Für uns", heißt es im Klappentext der vom Fischer-Verlag herausgebrachten Fassung, „ist und bleibt es das eindringlichste und bewegendste
Dokument der Judenverfolgung im Nationalsozialismus."[76]

Sooft ich an Anne Frank denke, erinnere ich mich an drei jüdische
Kollegen in der Redaktion der Tageszeitung „Neuer Weg"[77]: an Berta

---

[75]   Otto Frank in einem Brief an Yad Vashem. In: CAROL ANN
LEE: Otto Franks Geheimnis. S. 119-120.

Yad Vashem – Gedenk- und Forschungsstelle in Jerusalem zur
Erinnerung an die Opfer des Holocaust.

[76]   Siehe: ANNE FRANK TAGEBUCH. Frankfurt am Main, 1991.

[77]   „Neuer Weg" – in Bukarest redigierte Tageszeitung (1949-1992).
Sie wurde von der Regierung finanziert und von der Presseabteilung des
Zentralkomitees der Rumänischen Kommunistischen Partei zensuriert.
Ihr Auftrag war, die deutsche Minderheit für die Verwirklichung des Sozialismus aufzubieten. Die Machthaber konnten nicht vorhersehen und

Sommer und Joachim Austerlitz, die vor dem Naziterror aus Deutschland nach Rumänien geflohen sind, wo sie den Krieg unter kümmerlichen Verhältnissen überlebten, sowie an Vita Zahler, die im KZ Auschwitz interniert war. – Ich erinnere mich an meinen langjährigen Bürokollegen Ferdinand Koch aus Hatzfeld (rumänisch: *Jimbolia*), dessen Vater sich verstecken musste, als die Wehrmacht im Oktober 1940 in Rumänien einmarschierte, weil er einen von den Nazis verfemten politischen Standpunkt vertrat. Als er sich zu früh aus dem Versteck herwagte, hat man ihn erkannt und verpfiffen, er wurde erschossen. – Meine eigene Mutter wurde im Januar 1945, als Rumänien von der Roten Armee besetzt war, von Verwandten mit rumänischem Namen verborgen und verbrachte zehn Monate im Versteck, damit sie nicht, weil sie Deutsche war, zur Zwangsarbeit in die Sowjetunion verschleppt wird, wie es auf Stalins Befehl mit mehr als 70.000 Rumäniendeutschen geschehen ist. Von diesen kehrten etwa 15 Prozent (denn genau weiß es keiner) nicht zu ihren Familien zurück. Acht meiner späteren Kolleginnen und Kollegen in der Redaktion des „Neuen Wegs" waren verschleppt.

Arminius und Boudicca

In Deutschland ist der Cheruskerfürst Arminius (eingedeutscht *Hermann*) so populär wie in England die keltische Königin Boudicca. Arminius war etwa 26 Jahre alt, als die von ihm geführten Verbände im Jahre 9 n.Chr. drei römische Legionen überfielen und aufrieben, die sich unter dem Kommando des Statthalters Varus auf dem Weg in ihr Winterquartier befanden. Durch diesen Sieg vereitelte er den Plan des Varus, bis an die Weser im Cheruskerland vorzurücken. Boudicca führte in den Jahren 60 und 61 n.Chr. einen Aufstand der keltischen Stämme der Icener und der Trinovanten an. Er war durch das Verhalten der Römer – Vertrags-

---

nicht vermeiden, dass diese Zeitung den Kontakt zwischen deutschen Intellektuellen herstellt, die in verschiedenen Landesteilen lebten, einschließlich den Kontakt zwischen den Lehrkräften der deutschsprachigen Schulen.

bruch, Raub, Misshandlungen, Vergewaltigungen – provoziert worden. Der Aufstand scheiterte.

Nach der Varus-Schlacht eroberten die Germanen praktisch alle römischen Kastelle im rechtsrheinischen Germanien. Im Gegenzug haben die römischen Truppen unter dem Kommando des Tiberius ab dem Jahr 10 n.Chr. weite Teile Germaniens verwüstet. Der Krieg fand in den Jahren 14 bis 16 n.Chr. seine Fortsetzung, als Arminius eine Koalition germanischer Stämme anführte. Der hartnäckige germanische Widerstand nebst hohen Verlusten veranlasste den zum Kaiser aufgerückten Tiberius schließlich, auf weitere Eroberungen zu verzichten.

Arminius wurde im Jahre 21 n.Chr. von Verwandten ermordet.

Ab der zweiten Hälfte des 18. Jahrhunderts, zu einer Zeit, als Deutschland in Kleinstaaten zersplittert war, entwickelte sich die an Arminius angelehnte Gestalt *Hermann der Cherusker* zu einer nationalen Symbolfigur. Dieser Auffassung entspricht das von Ernst von Bandel gebaute Hermannsdenkmal auf der Grotenburg bei Detmold im Teutoburger Wald, vollendet 1875. Das kann man bei WIKIPEDIA nachlesen.

Im späten 20. Jahrhundert erhielt die Verehrung einen Riss, weil Teile der Forschung in Arminius den Anführer von germanischen Hilfstruppen in römischen Diensten sehen. Zudem gilt nicht mehr der Teutoburger Wald als Ort der Varus-Schlacht, sondern das Dorf Kalkriese im Landkreis Osnabrück (seit 1974 Ortsteil von Bramsche), wo man ab 1989 bei Ausgrabungen zahlreiche römische Münzen und militärische Ausrüstungsgegenstände gefunden hat. Seit dem Jahre 2001 können die Grabungsfunde in einem Museum besichtigt werden. Kalkriese liegt 80 Kilometer nordwestlich vom Hermannsdenkmal.[78]

Aschenputtel

Als die Buschschule nicht mehr fortgesetzt wurde, gab es Sippen, die am althergebrachten Brauch der Jugendweihe festhielten. Sie veranstalteten diese im Gehöft der Hausgenossenschaft, allerdings in vereinfachter

---

[78] Eine Reise um den Globus. Kalkriese. In: GEO EPOCHE Nr. 100. S. 12-27, hier S. 23-26. – Fundregion Kalkriese. In: WIKIPEDIA.

Form. Daran erinnern die Märchen des Typus AT 510 A „Aschenputtel". Sie haben sich bis Irland im Westen, bis Hinterindien und Japan im Osten verbreitet. Allerdings weisen sie zahlreiche Abweichungen auf, woran wahrscheinlich der Umstand schuld ist, dass die Spätform des Brauchs seltener war als die Urform – und die Erinnerungen an sie deshalb anfälliger waren für Entstellungen.

Zwei uns bekannte Motive sind gut vertreten: die Absonderung der Initiandin und die Schwärzung mit Asche und Ruß zur Andeutung des zeitweiligen Todes. Keine Stammesmarken – kein Austausch von Organen – keine Begegnung mit dem Tier-Ahnen. In der Grimm'schen Variante (KHM 21) muss das Mädchen Linsen aus der Asche lesen, so die Erinnerung an eine Übung der Initianden, die die Körner von Nutzpflanzen aus einem Gemisch mit Unkrautsamen aussortieren sollten. In etlichen Fassungen erwählt sich der Königssohn seine Braut während eines zu diesem Zweck veranstalteten Balls, und die Teilnahme am Ball setzt Tanzkünste voraus, aber in den mir bekannten Varianten ist von einem Tanzunterricht keine Rede.

Im langen Prozess der Überlieferung hat der Ritus eine Umwertung erfahren. Während er ursprünglich als Auszeichnung galt, als der Zoll, der zu entrichten ist, um in die Welt der Erwachsenen aufzusteigen, erscheinen seine Elemente im Märchen als Formen der Unterdrückung und Gehässigkeit.

Beim Stamm der Ejagham, der teils in Kamerun, teils in Nigeria lebt und zum Volk der Ekoi gehört, war noch in der nahen Vergangenheit die individuelle Jugendweihe für Mädchen üblich, sogar in mehreren Formen. Die älteste Tochter erhielt eine Ausbildung, die bis zu drei Jahren dauern konnte, je nach dem Vermögen der Eltern. In dieser Ausbildung spielte der Tanzunterricht eine Rolle. Beim abschließenden Fest tanzte sie vor der Dorfgemeinschaft und nachher in anderen Dörfern.[79]

Manche uns bekannte Motive finden sich auch in Märchen, die bei geografisch weit entfernt lebenden Völkern aufgezeichnet wurden. Im Folgenden eine Probe aus Afrika.

---

[79]   UTE RÖSCHENTHALER: Die Kunst der Frauen. S. 57-63.

Die Fulani aus Mali erzählen sich, dass eine Mutter zu einem Baobab-Baum ging, als sie spürte, dass ihr Ende nahte; sie bat ihn, ihrer einsamen Tochter zu helfen. Der Baum konnte sprechen und antwortete: „Bei der Gnade Gottes! Ich werde deinem Kind helfen." Die Mutter starb, und ihre Tochter ging jeden Abend zu dem Baum. Er ließ eine Frucht herunterfallen, die das Mädchen aß, so dass es leben konnte, denn die Stiefmutter gab ihm nichts zu essen. Die Stiefmutter überredete sogar ihren Mann, den Baum fällen zu lassen. An jenem Abend weinte das Mädchen auf dem Haufen Brennholz, den die Holzfäller zurückgelassen hatten. Als es ein Holzscheit hochhob, wurde dieses zu Käse, den es aß, und so lebte es weiter. Die Stiefmutter ließ das Holz verbrennen, aber als das Mädchen Tränen in die Asche vergoss, bemerkte es, dass sich die Asche in Zucker verwandelt hatte, sodass es weiterleben konnte, indem es die Asche aß. Es fand eine unbeschädigte Frucht und entschied sich, wegzugehen und woanders zu leben. An einem weitentfernten Flussufer pflanzte es die Frucht ein. Bald wuchs ein neuer Baobab-Baum heran, der das Mädchen mit seinen Früchten ernährte, bis eines Tages ein Prinz sein Pferd an diesem Ufer tränkte und sich in das Mädchen verliebte.[80]

Asterix

So wie der Geografie-Unterricht an Frankreichs Schulen vom Radrennen „Tour de France" profitiert, kommt dem Geschichts-Unterricht die Comic-Serie „Asterix" zugute. Diese Serie wird sogar im Fremdsprachen-Unterricht verwendet – die größte Ehre, die einer Comic-Serie in unserem Nachbarland widerfahren kann. Doch ihre Wirkung geht weit über die Landesgrenzen hinaus, denn die seit 1959 veröffentlichten Bände wurden in 107 Sprachen wie auch in etliche Dialekte übersetzt und wiederholt mit Starschauspielern verfilmt.

Der wichtigste Schauplatz der Handlung ist ein gallisches Dorf um 50 v.Chr. Es liegt in der Aremorica, d.h. in der heutigen Bretagne. Während schon ganz Gallien von den Truppen Julius Cäsars erobert worden ist, leisten dessen Bewohner verbissen und erfolgreich Widerstand.

---

[80] JAN KNAPPERT: Lexikon der afrikanischen Mythologie. S. 58.

Ihr Druide Miraculix kann einen Zaubertrank zubereiten, der den Kämpfern fantastische Kräfte verleiht.

Die Gallier gehörten zu den Kelten. Von uns Europäern haben viele keltisches Blut, denn die keltischen Stämme, mit der Urbevölkerung vermischte Einwanderer aus dem Osten, waren einst über einen bedeutenden Teil des Kontinents verbreitet. Im westlichen Europa wurden sie nach Julius Cäsars Eroberungen im Gallischen Krieg romanisiert. In Mitteleuropa wurden sie durch die vorrückenden germanischen Völker germanisiert.

Die Hauptgestalten der Serie sind zwei unzertrennliche Freunde: der kleinwüchsige, schmächtige, aber listige Krieger Asterix und der grobschlächtige, verfressene und etwas dümmliche Obelix, der sich im Alltag mit der Herstellung von Hinkelsteinen beschäftigt. Der Schauplatz der Handlung wechselt wiederholt: Die Helden gelangen nach Rom, sie nehmen in Griechenland an den Olympischen Spielen teil, sie gelangen nach Spanien, nach Britannien, zu den Germanen und sogar nach Ägypten.

Diese Serie wurde von zwei Journalisten lanciert: René Goscinny (1926-1977) als Autor sowie Albert Uderzo (1927-2020) als Mitautor und Illustrator. Inzwischen bringen andere Autoren und Zeichner die Fortsetzungen heraus. Ursprünglich erschienen die Geschichten als Fortsetzungen im Comic-Magazin „Pilote" und in Albenform im Verlag Dargaud. Bisher umfasst die Serie 40 Alben.

Die Asterix-Geschichten glänzen durch eine endlose Reihe von Karikaturen auf bekannte Politiker, durch Anspielungen auf berühmte Werke der bildenden Kunst und der Literatur wie auch durch berühmte Zitate. Beide Autoren haben stets jeden politischen Hintergedanken dementiert und betont, dass sie ausschließlich unterhalten wollen. Wenn sie vermeintliche Eigenheiten einer Nation aufs Korn nehmen, wird nicht jene Nation lächerlich gemacht, sondern das Vorurteil der Franzosen.

Im Laufe der Jahre sind den Autoren wiederholt Fehler in Form von Anachronismen unterlaufen, aber auch diese regen dazu an, mit den Schulkindern über die historische Wirklichkeit zu sprechen. Die Gallier nährten sich vom Ackerbau, nicht von der Jagd. – Der Dorfhäuptling Majestix überlegt, ob er den Kartoffelbau einführen soll, obwohl die Kartoffel in Europa erst nach der Entdeckung Amerikas bekannt geworden ist.

– Dieser Häuptling wird wiederholt auf einem Schild stehend herumgetragen, was eine germanische Sitte war. – Die alten Gallier trugen keine Gürtel, sondern Hosenträger. – Sie hatten keine Zöpfe, sondern schmierten ihr Haar mit einer Art Nassgel aus Kalkwasser ein, von dem es blonder und fettiger wurde. – Obelix stellt gewerbsmäßig Hinkelsteine her, dabei stammten solche Kunstwerke aus einer älteren historischen Epoche. – Die römischen Soldaten zogen ihre Sandalen nicht über den nackten Fuß, denn sie haben Socken getragen. – Die schwarze Flagge der Seeräuber kam erst im 17. Jahrhundert in Gebrauch.[81]

Seit 1989 existiert in der 30 Kilometer nördlich von Paris gelegenen Gemeinde Plailly ein Astérix-Freizeitpark.

Bär, Dachs und Gans

Bis ins 20. Jahrhundert galt der 2. Februar als ein *Lostag:* Vom Wetter, das an diesem Tag herrschte, schloss man auf die folgenden Monate. Die Sorge um das Wetter wird von zahlreichen an den 2. Februar gebundenen Redensarten bestätigt, wobei der Tag *Lichtmess* heißt, was darauf zurückgeht, dass in der Katholischen Kirche an diesem Tag die Kerzenweihe (oder *Lichterweihe*) vollzogen wurde. Zum Beispiel:

Lichtmess trüb – ist dem Bauern lieb.
Lichtmess im Klee – Ostern im Schnee.
Lichtmess im Schnee – Palm[sonn]tag im Klee.
Gibt's an Lichtmess Sonnenschein, wird's ein spätes Frühjahr sein.

Ist's zu Lichtmess hell und rein,
wird ein langer Winter sein.
Wenn es aber stürmt und schneit,
ist der Frühling nicht mehr weit.

---

81   Siehe den Artikel „Asterix" in WIKIPEDIA sowie die Artikel „Asterix 1" und „Asterix 2" in: WALTER KRÄMER und GÖTZ TRENKLER: Lexikon der populären Irrtümer. S. 32.

Die Basken sagten: *„Lichtmess kalt – guter Winter; Lichtmess warm – Winter nach Ostern."*

Die Italiener sagten: *„Lichtmess mit Schnee – sind wir aus dem Winter; Lichtmess mit Sonne – sind wir immer noch darin."*

Vor allem die Bauern und die Hirten verfolgten alle Anzeichen für das künftige Wetter mit größter Aufmerksamkeit.

Grund zur Freude:
Lichtmess hell und klar, bringt ein gutes Bienenjahr.
Fällt auf Lichtmess Sonnenschein, wird der Flachs sehr lang und fein.
Wenn Lichtmess trüb und windstill war, so gibt's ein gutes Weinjahr.

Grund zur Sorge:
Auf Lichtmess sieht der Schäfer lieber den Wolf im Stall als die Sonne [am Himmel].
Scheint auf Lichtmess die Sonne auf den Mist, schließe der Bauer das Futter in der Kist'.
(Denn zu Lichtmess durfte erst die Hälfte des Futters verbraucht sein, sonst reichte es nicht bis zur Ernte.)

Den Kindern wurde erzählt, dass an diesem Tag der Bär aus seinem Winterschlaf erwacht und aus seiner Höhle schlüpft. Er ist vom langen Hungern geschwächt. Deshalb erschrickt er, wenn die Sonne scheint, vor seinem eigenen Schatten und verkriecht sich bald wieder. Dann dauert der Winter noch sechs Wochen. So war es in einigen Teilen Deutschlands, in Frankreich und in England. In anderen Teilen Deutschlands und in Polen erzählte man dasselbe vom Dachs. In der böhmischen Folklore kamen beide Tiere vor, außerdem pflegte man zu sagen: *„Schwimmt zu Hromnice die Gans auf dem Wasser, läuft sie zu Ostern über Eis."*

Blaubart

Vom Nimbus des Stammeszauberers, der den Männerbund leitete und für die Jugendweihe verantwortlich war, ist in der Überlieferung nicht viel geblieben. Beim Märchentypus AT 301 „Die drei geraubten Königstöchter", wo er als Riese oder als Drache auftritt, besiegt ihn der Starke Hans, der sich in die Unterwelt begeben hat, um die Königstöchter zu retten. – Beim Märchentypus AT 325 „Der Zauberer und sein Schüler" wird sein Abbild im Zauberwettkampf überwunden. – Beim Märchentypus AT 311 „Von der Schwester gerettet" schließlich wird er von der jüngsten Schwester überlistet wie bei KHM 46 „Fitchers Vogel".

In den Varianten des Typus AT 311 haben die späteren Erzähler drei nicht mehr verstandene Dinge zusammengeworfen: a) dass der Stammeszauberer die Mädchen rituell entjungferte (daher die vielen Frauen); – b) dass die Zöglinge der Buschschule an einem rituellen kannibalischen Mahl teilnahmen, welches ihre Aufnahme in den Stamm besiegelte; – c) dass Zauberer und Hexe die Initianden betäubten und dann, als diese bewusstlos im Gras lagen wie Steine, angeblich ihren Unterleib öffneten und Organe austauschten.

Der Märchentypus AT 311 war weit verbreitet: von Portugal und Frankreich im Westen bis Persien und Turkmenistan im Osten, von Sizilien und Griechenland im Süden bis Karelien und Island im Norden. Mit spanischen Auswanderern gelangte er nach Mexiko. Der Unhold erscheint u.a. als Hexenmeister, Riese, Ritter, Gutsherr, Drache, Wassergeist, Zwerg, Maure, Dew, Hundskopf oder Bär. In den verchristlichten Varianten erscheint er als Teufel, und in diesem Fall lodert im verbotenen Zimmer das Feuer der Hölle.

In der Regel überwindet die jüngste Schwester den Unhold durch List, aber in der rätoromanischen Fassung „Das Blutei"[82] schlägt sie ihm mit einem Schwert den Kopf ab. In einer anderen rätoromanischen Fassung ist der Unhold ein Zwerg, der das ganze Tal terrorisiert; er hält viele Männer gefangen, die für ihn arbeiten müssen: Schneider, Schuster,

---

[82]   Das Blutei (AT 311). In: URSULA BRUNOLD-BIGLER (Hg.): Die drei Winde. S. 231-232.

Metzger und Hausknechte. Die jüngere Schwester und die Gefangenen fallen gemeinsam über den Unhold her und machen ihm den Garaus (Das wilde Männlein[83]). Es stellt sich die Frage, wer mit den Gefangenen gemeint ist.

Blaubarts dämonisches und sadistisches Wesen hat nicht wenige Schriftsteller, Komponisten und Regisseure zu Bearbeitungen bzw. zu Opern, Ballettaufführungen, Dramen und Spielfilmen angeregt. Von diesem Märchen ausgehende literarische Werke verfassten Ludwig Tieck, Maurice Maeterlinck, Anatole France, Alfred Döbler und Peter Rühmkorf. Den Stoff zu einer Oper verarbeitet haben Jacques Offenbach, Béla Bartok und Franz Hummel. Den ersten Spielfilm drehte Georges Méliès 1901 in Frankreich. Heute gibt es sogar einschlägige Computerspiele.

Der Fliegende Holländer

Im 17. Jahrhundert stiegen die Niederlande zur zeitweilig größten europäischen Handels- und Seemacht auf. Die Sage vom Fliegenden Holländer (womit ein Segelschiff gemeint ist) stammt aus jener Zeit. Zu ihrer Entstehung haben Geisterschiffe und Phantomschiffe beigetragen, dazu die zeitweilige Dominanz der Niederländer im Ostindien-Handel und die für Segelschiffe höchst schwierigen Verhältnisse am Kap der Guten Hoffnung, dort, wo sich von 1652 bis 1806 eine niederländische Kolonie befand.

Ein Geisterschiff trieb ziellos auf dem Meer, sei es, dass die Mannschaft an einer Krankheit gestorben war, sei es, dass sie das Schiff aufgegeben hatte. Solche Schiffe wurden gemieden wie die Pest. Als Ursache des Unglücks vermuteten gläubige Zeitgenossen ein Vergehen gegen Gott. Phantomschiffe durch Luftspiegelungen treten gehäuft dort auf, wo eine kalte Meeresströmung auf eine warme trifft und damit kalte und warme Luftmassen aufeinanderstoßen, wie es am Kap der Fall ist. Dort stößt der kalte Benguela-Strom aus dem Südatlantik auf den warmen Agulhas-Strom des Indischen Ozeans. Von Mai bis Oktober herrscht

---

[83] Das wilde Männlein (AT 311). In: LEZA UFFER (Hg.): Rätoromanische Märchen. S. 179-187.

Regenzeit, von Oktober bis April wehen tückische Winde, was die Segelschiffe zu zermürbendem Kreuzen zwang. Zusätzlich sorgte der steil aufragende tausend Meter hohe Tafelberg für Schwierigkeiten, weil er gefährliche Fallböen erzeugte.

Es ist möglich, dass Heinrich Heine das erste Schauspiel zum Thema gesehen hat: „The Flying Dutchman" von Edward Fitzball, welches am 1. Januar 1827 in London uraufgeführt wurde. Denn der Held seines satirischen Romans „Aus den Memoiren des Herren von Schnabelewopski" (1834) erlebt in Amsterdam eine in der Sage wurzelnde Theateraufführung und fasst deren Inhalt zusammen. Damit hat Heine das Thema in die deutsche Literatur eingeführt. Aus diesem Roman hat Richard Wagner sich zu seiner Oper inspiriert.

„ [...] Es ist die Geschichte von dem verwünschten Schiffe, das nie in den Hafen gelangen kann, und jetzt schon seit undenklicher Zeit auf dem Meere herumfährt. Begegnet es einem anderen Fahrzeuge, so kommen einige von der unheimlichen Mannschaft, in einem Boote, herangefahren, und bitten ein Paket Briefe gefälligst mitzunehmen. Diese Briefe muss man an den Mastbaum festnageln, sonst widerfährt dem Schiffe ein Unglück, besonders wenn keine Bibel an Bord oder kein Hufeisen am Fockmast befindlich ist. Die Briefe sind immer an Menschen adressiert, die man gar nicht kennt, oder die längst verstorben, so daß zuweilen der späte Enkel einen Liebesbrief in Empfang nimmt, der an seine Urgroßmutter gerichtet ist, die schon seit hundert Jahr im Grabe liegt. Jenes hölzerne Gespenst, jenes grauenhafte Schiff, führt seinen Namen von seinem Kapitän, einem Holländer, der einst bei allen Teufeln geschworen, daß er irgendein Vorgebirge, dessen Namen mir entfallen, trotz des heftigsten Sturms, der eben wehte, umschiffen wolle, und sollte er auch bis zum Jüngsten Tage segeln müssen. Der Teufel hat ihn beim Wort gefasst, er muß bis zum Jüngsten Tage auf dem Meere herumirren, es sei denn, daß er durch die Treue eines Weibes erlöst werde. Der Teufel, so dumm wie er ist, glaubt nicht an Weibertreue, und erlaubte daher dem verwünschten Kapitän alle sieben Jahre einmal ans Land zu steigen, und zu

heuraten, und bei dieser Gelegenheit seine Erlösung zu betreiben.
[...]"[84]

Richard Wagner verfasste seine Oper unter dem Eindruck einer stürmischen Schiffsreise und nach der Lektüre von Heines Roman. Er verlegte die Handlung an den Schauplatz seiner Erlebnisse, nämlich nach Sandwike an der norwegischen Südküste.

Fitzball und Wagner sind nur zwei Namen von vielen – die Sage vom Fliegenden Holländer hat zahlreiche Dichter und Schriftsteller zu Theaterstücken, Erzählungen, Romanen, Balladen und Versepen angeregt.

Der hl. Nikolaus

Am Abend des 5. Dezember war es so weit – bald musste er kommen. Jeder hätte ihn erkannt: ein alter Mann mit Pelzmantel und einem Sack voller Äpfel und Nüsse nebst einer versilberten Rute. Wenn er eintraf, sagten die Kinder ein Gedicht auf, sie versprachen, im nächsten Jahr brav zu sein, dann ging der hl. Nikolaus weiter. So habe ich es in meiner frühen Kindheit gleich nach dem Zweiten Weltkrieg in Temeswar erlebt, wo der Brauch unter den Katholiken verbreitet war. Der gütige Mann wurde vom *Krampus* begleitet, einem Teufelchen mit schwarzem Zottelpelz und Hörnern (wenn's hoch kam, auch von einem Engel mit Flügeln und langem blondem Haar).

Ich war längst erwachsen und begann mich mit Volkskunde zu beschäftigen, als ich erfuhr, dass wenige Dinge auf der Welt so vielfältig sind wie der Nikolausbrauch im Abendland.

Die christliche Legende vom mildtätigen Bischof in Kleinasien hatte sich teils mit alten Erntebräuchen verbunden, teils mit Relikten der archaischen Jugendweihe. Dazu gehörte die Drohung, dass ein als schlimm ausgewiesenes Kind im Sack fortgetragen wird, wie man es in

---

[84]   HEINRICH HEINE: Aus den Memoiren des Herren von Schnabelewopski. Frankfurt am Main: Insel, 1976. S. 60-61.

den Alpenländern auch praktizierte. In Bayern spielte die *Butzenbercht* eine Rolle.

Der Gabenbringer konnte männlich, aber auch weiblich sein. – Er bewegte sich auf einem Schimmel fort und gelangte angeblich durch den Schornstein ins Haus. – Anstelle einer Gestalt konnte eine ganze Schar auftreten, deren Mitglieder trugen Masken oder Hörner, sie waren berußt, steckten in einem Fell oder in einer Umhüllung aus Getreide- oder Erbsenstroh oder aus Weidenruten. – Zu den Gaben zählten außer Äpfeln und anderen Herbstfrüchten auch Gebildbrote (in Gestalt von einem Ross, Schwein, Hahn, Huhn oder Hasen, von einem Menschen oder von einem Dämon).

Eine Abweichung bestand darin, dass die Gabe nicht von einer Maske gebracht, sondern von den Kindern erheischt wurde, wie es beim *Niklas-Singen* in Bremen der Fall war: Dort gingen jeweils drei Kinder, von denen immer eins schwarz und zwei weiß gekleidet waren, von Tür zu Tür und sagten einen Spruch auf, worauf sie je nach dem besuchten Haus oder Geschäft Kuchen, Äpfel, Seife oder Schuhwichse erhielten. Der Spruch lautete:

> *Nikolaus, de gode Mann,*
> *kloppt an alle Dören an,*
> *klene Kinner schenkt er wat,*
> *grote Kinner steckt er in Sack.*
> *Halli, halli, hallo,*
> *so geit's no Bremen to.*

Der Osterhase

Wenn die Familie über einen Garten verfügte, pflegten vormals die Erwachsenen am Ostermorgen eine Art Nest mit Eiern zu füllen, die angeblich der Osterhase gelegt hatte. Sobald die Kinder angekleidet waren, begaben sie sich unter Anteilnahme der Eltern und Großeltern auf die Suche. Dieser Brauch ist mit Sicherheit weit mehr als 300 Jahre alt, denn er wird durch die Dissertation des Frankfurter Arztes Johannes Richier bestätigt, der 1682 promovierte. Seine Dissertation heißt „De ovis paschalibus – von Oster-Eyern".

Der Brauch war in Oberdeutschland, in der Pfalz, im Elsass und in einigen Teilen von Westfalen üblich. Durch Auswanderer gelangte er einerseits über den Großen Teich in die Vereinigten Staaten von Amerika, andererseits in das von den Habsburgern besiedelte Banat, wo ich ihn als Kind in etwas abgeänderter Form erlebte. Bei uns in Temeswar waren die Eier gefärbt: rot, gelb, grün oder blau, unser Osterhase verfügte nämlich über eine geheimnisvolle Werkstatt. Bei angenehmem Wetter versteckte er die Eier im Garten, sonst richteten wir Kinder im Vorzimmer Nester her; angeblich blieb dann die Tür zum Hof nachtsüber offen.

In anderen Teilen von Westfalen war es der *Osterfuchs,* der die Eier brachte, im fränkischen Thüringen der *Storch,* in Oberbayern und Böhmen der *Hahn* und mancherorts in der Schweiz der *Kuckuck.* Vereinzelt war es auch der *Kranich* und der *Auerhahn.* Fantastisch ist die Vorstellung, dass die Kirchenglocken, die angeblich am Gründonnerstag nach Rom flogen, bei ihrer Rückkehr in der Osternacht die Eier von dort mitbrachten.

Völlig anders bei den Ostslawen, etwa bei den Ukrainern, die nichts von einem Eierbringer wussten. In der Woche vor Ostern pflegten die Mütter und die herangewachsenen Mädchen spät abends, wenn die Kinder schon schliefen, kunstvoll Eier zu bemalen. Die ließ man am Ostersonntag in der Kirche segnen, dann wurden sie an Kinder, Verwandte und Freunde verschenkt, auch an die Toten auf dem Friedhof. Weil diesen Eiern eine besondere Kraft innewohnte, legte man eines zu den Bienenkörben und eines zum Vieh in den Stall, damit es fruchtbar sei.

Laut einer ukrainischen Legende hängt das Schicksal der ganzen Welt von diesem Brauch ab. Solange man ihn pflegt, können die bösen Mächte nicht überhandnehmen.

Der Rattenfänger von Hameln

Die Sage wurde in mehr als dreißig Sprachen übersetzt, sie soll einer Milliarde Menschen bekannt sein. Man erzählt sie auch in fernen Ländern wie Australien, Japan und die USA, sie gehört sogar zum Lesestoff der

Schulen. Was die Berühmtheit angeht, kann Hameln es mit Pisa und Venedig aufnehmen. Die jährlichen Einnahmen durch den Tourismus betragen mehr als 50 Millionen Euro, was 2.300 Arbeitsplätzen entspricht. Obwohl die Stadt im Jahre 2024 nur 60.000 Einwohner zählte, verfügte sie über 37 Hotels und 22 Pensionen. Im Jahre 2023 wurden mehr als 271.000 Übernachtungen verbucht.

Bei Lichte besehen stimmt von der Sage, die so viele Menschen fasziniert, keine Silbe.

1. Die Datierung auf das Jahr 1284 beruht nicht auf einer geschriebenen Chronik. Sie geht auf das Spätmittelalter zurück; der älteste Bericht hierzu stammt aus der Zeit zwischen 1430 und 1450.

2. Die zwei Teile der Sage, die ursprünglich selbstständig zirkulierten, wurden durch den Arzt Johannes Weier in einem 1566 veröffentlichten Werk zusammengefügt, wahrscheinlich unter dem Einfluss anderer Überlieferungen mit ähnlichem Verlauf.

3. Zwar nehmen Ratten Pfeifentöne wahr, reagieren aber nicht auf sie. Die Pfeife, mit der man die Ratten angeblich aus der Stadt lockte, erweist sich bei näherer Betrachtung als ein Märchenmotiv – sie ist mit magischen Werkzeugen oder Wünscheldingen aus mehreren bekannten Märchen vergleichbar. Wir erinnern uns: Der Held verfügt über ein Feuerzeug, dem drei Hunde gehorchen. – Der Held besitzt eine Pfeife, die hundert ihm anvertraute Hasen zusammenruft. – Der Held besitzt eine Geige, die alle zum Tanzen zwingt.

4. Weil diese Nager ausgezeichnet schwimmen und tauchen, können die Hamelner Ratten nicht in der Weser ersoffen sein. Dieser Eckstein der Sage dokumentiert eine erstaunliche Ignoranz betreffend Tiere, die nicht zum Nutzvieh gehören. Sie steht in auffälligem Gegensatz zu den reichen Kenntnissen von Goethes Sekretär Johann Peter Eckermann über die Singvögel.[85]

---

[85] GOETHES GESPRÄCHE MIT ECKERMANN [am 26. September 1827]. S. 355-359.

5. Als möglichen historischen Hintergrund für den Auszug von 130 „Stadtkindern" haben mehrere Forscher die mittelalterliche Ostkolonisation angenommen, die Siebenbürgen einschließt, doch wurden dort keine Belege gefunden. Bisher ließen sich nur im heutigern Bundesland Brandenburg Ortsnamen aus der Hamelner Region lokalisieren, und zwar in der Prignitz und in der Uckermark.

6. Schließlich kann es nicht sein, dass der Pfeifer mit seinem Gefolge von dannen zog, während die Erwachsenen in der Kirche waren. Wenn Kolonisten gemeint sind, war sicher alles, was laufen konnte, beim Auszug zugegen. Wenn aber Initianden gemeint sind, die am heidnischen Ritus der Jugendweihe teilnehmen sollten, dann ereignete sich der Vorfall zu einer Zeit, als es noch keine Kirchen gab.

Das einzige Motiv, mit dem die Forscher bisher nichts anzufangen wussten, genauer, mit dem sich noch kein Forscher abgegeben hat, ist der Berg bzw. die Höhle, in der die Kinder verschwinden. Übrigens kommt dieses Detail auch in verwandten Sagen vor, die man in Hessen und in Brandenburg aufzeichnete. In der Hamelner Sage ist es der Poppenberg (Die Kinder zu Hameln[86]), in der hessischen der Tannenberg bei Lorsch (Die Zauberpfeife[87]), in der brandenburgischen der Marienberg bei Brandenburg (Leiermann entführt Kinder[88]). Auch im Tiroler

---

[86] Die Kinder zu Hameln. In: BRÜDER GRIMM (Hg.): Deutsche Sagen. S. 249-251. – Auch enthalten in: HEINZ RÖLLEKE (Hg.): Das große deutsche Sagenbuch. S. 263-265.

[87] Die Zauberpfeife. In: JOHANN WILHELM WOLF: Hessische Sagen. S. 11-13. – Auch enthalten in: HANS DOBBERTIN: Quellensammlung zur Hamelner Rattenfängersage. S. 127-129.

[88] Leiermann entführt Kinder. In: ADALBERT KUHN und WILHELM SCHWARTZ: Norddeutsche Sagen, Märchen und Gebräuche. S. 89-90. – Auch enthalten in: HANS DOBBERTIN (Hg.): Quellensammlung zur Hamelner Rattenfängersage. S. 127.

Märchen „Der Stinkkäfer"[89] gerät der Held, als er mit anderen Kindern, „die noch nicht gesegnet waren", einem Pfeifer nachläuft, in einen Berg. Dieses Motiv führt zum Verständnis der Geschichte.

Die Historiker haben sich darauf versteift, einen Hintergrund ausfindig zu machen, der mit der Jahreszahl 1284 in Zusammenhang gebracht werden kann. Auf den Gedanken, dass der Sage ein Brauch zugrunde liegen könnte, sind sie nicht gekommen. Bei näherer Betrachtung erweist sich die Sage als Konglomerat. Sie verbindet vage Erinnerungen an einen archaischen Initiationsritus zum einen mit vagen Erinnerungen an den Auszug von Jugendlichen im Kontext der Ostkolonisation, zum anderen mit Märchenmotiven. Der Pfeifer, der die Kinder aus der Stadt führt, „die noch nicht gesegnet waren" und das Verschwinden im Berg hängen mit dem Ritus zusammen.

Relikte des Ritus waren die spätherbstlichen Schreckgestalten, die in ganz Mitteleuropa bis ins 20. Jahrhundert aufgetreten sind und angeblich die unartigen Kinder wegführten. Sie waren teil männlich, teils weiblich. Der Pfeifer, der die Kinder aus Hameln wegführte, passt in diese Gesellschaft. Es kann kein Zufall sein, dass die Sagen von hilfreichen Zwergen des Typus Heinzelmännchen, in denen wir Abbilder der Initianden erkennen, ebenfalls über ganz Mitteleuropa verbreitet waren.

Was mit den Kindern geschehen sollte, kam in den Vorstellungen von der bauchaufschlitzenden Bercht zum Ausdruck, die in Kärnten, Steiermark, Salzburg, Bayern, Thüringen, Böhmen und Mähren als mythische Gestalt bekannt war. Sie würde ihnen den Bauch aufschneiden, die Gedärme herausnehmen und dafür Kehricht, Backsteine, Flachs, Werg oder Erbsenstroh hineinstecken.[90] Josef Hanika zitiert ethnografische Parallelen in Neuguinea, Australien, Westafrika und Melanesien. Bei den Marind-anim auf Neuguinea legte angeblich der riesenhafte Geist Sosom den Novizen anstelle der Gedärme junge Kokosnüsse in den Bauch. Bei den Urabunna in Australien nahm angeblich der Geist

---

[89]   Der Stinkkäfer. In: PAUL ZAUNERT (Hg.): Deutsche Märchen seit Grimm. Bd. 2, S. 21-25.
[90]   JOSEF HANIKA: „Bercht schlitzt den Bauch auf" – Rest eines Initiationsritus? In: HELMUT PREIDEL (Hg.): STIFTER-JAHRBUCH. 2. Jg. S. 39-53, hier S. 47-48.

Witurna die Gedärme heraus und legte andere hinein.[91] Das geschah dort zum Wohle der Initianden. Am qualitativen Unterschied merken wir, dass die europäischen Überlieferungen, die sich auf den Austausch der Organe beziehen, von der Umwertung des Ritus betroffen worden sind: Aus der Zauberer-Gestalt, die dem Initianden eine Wohltat erweist, ist ein Dämon geworden, der die Kinder zugrunde richtet.

Das gilt auch für manche Märchen, die viel älter sind als die Sagen von der bauchaufschlitzenden Bercht und sich auf denselben Initiationsvorgang beziehen. Sie stammen aus der Späten Bronzezeit. In zwei rumänischen Varianten wird der Vorgang unmissverständlich dargestellt. Die Hexe versteckt das Herz des älteren Bruders in einem hohlen Baum und legt ein Stück faulen Holzes an dessen Stelle (Die beiden Jäger[92], aus Siebenbürgen, AT 303). – Die Hexe schneidet Verea den Bauch auf, entfernt die Eingeweide, nimmt das Herz und die Lungen heraus und ersetzt sie durch faules Holz (Der Märchenprinz und Held Verea[93], aus Bessarabien, AT 321 + 303 + 513 A).

Diese Argumente für den Initiationsritus als Hintergrund der Hamelner Sage werden durch Überlieferungen über hilfreiche Zwerge mit Bezug auf Ortschaften in der näheren und weiteren Umgebung von Hameln bekräftigt.

Die Zwerge vom Nackenberg, einer kleinen Erhebung unweit der Landwehrschenke bei Rickingen, halfen den Bauern beim Säen, Mähen und Dreschen. Ihre liebste Beschäftigung fanden sie zur Zeit der Heuernte. Früh nach Tag und Tau warfen sie die Heuhaufen auseinander, noch ehe die Bauern sich einstellten. Auch das Wenden des Heues am Tage und das Zusammenharken am Abend besorgten sie oft. Ebenso leisteten sie den Holzfahrern in den nahen Wäldern Hilfe. Darum hatte sie

---

91   Ebd., S. 47-48. Mit Berufung auf OTTO ZERRIES: Das Schwirrholz. S. 74 bzw. 102.

92   Die beiden Jäger. In: FRANZ OBERT: Rumänische Märchen und Sagen aus Siebenbürgen. S. 451.

93   Făt-Frumos şi Verea Viteazul. In: GRIGORE BOTEZATU: Făt-Frumos şi Soarele. [Der Märchenprinz und die Sonne]. S. 205-222.

jedermann gern (Die Zwerge am Nackenberge[94], aus Hannover). – In Rheinsberge bei Scheuen brachten die Zwerge den pflügenden Bauern das Morgenbrot, nämlich einen Topf mit Grütze, und setzten ihn am Rande des Feldes nieder (Die Zwerge bei Scheuen[95], aus der Lüneburger Heide). – Auf Ifkers Erbe in der Bauernschaft Havixbeck haben sich die Erdmännchen in alter Zeit am Abend an den Herd gesetzt und gewärmt, in der Nacht aber haben sie alle Arbeit, die zum folgenden Tag vorbereitet war, fertig gemacht (Erdmänkes ziehen ab[96], aus dem Münsterland). – Als einmal Maurer beim Sachsenstein im Harz Steine brachen, boten sich Zwerge an, die Arbeit über Nacht zu erledigen, wenn sie dafür Brot bekommen (Die Zwerge vom Sachsenstein[97]). – Zu Ilsenburg im Harz sagten die Schmiede den Zwergen, am Abend, was sie fertig machen sollten (Die Nahrungsgeister vom Alten-Brak[98]). – In der Gegend von Osnabrück kneteten die Sgönaunken den am Abend eingesäuerten Teig (Die Sgönaunken[99]).

---

[94]   Die Zwerge am Nackenberge. In: WILL-ERICH PEUCKERT (Hg.): Niedersächsische Sagen. Bd. 4, S. 441.

[95]   Die Zwerge bei Scheuen. In: WILL-ERICH PEUCKERT (Hg.): Niedersächsische Sagen. Bd. 4, S. 421.

[96]   Erdmänkes ziehen ab. In: ADALKBERT KUHN: Sagen, Gebräuche und Märchen aus Wetsfalen […]. Bd. 1, S. 95.

[97]   Die Zwerge vom Sachsenstein. In: HEINRICH PRÖHLE: Harzsagen. S. 190-192, hier S. 191. – Auch enthalten in. JOHANN GEORG THEODOR GRÄSSE (Hg.): Sagenbuch des Preußischen Staats. Bd. 1, S. 589-590.

[98]   Die Nahrungsgeister vom Alten-Brak. In: HEINRICH PRÖHLE: Unterharzische Sagen. S. 9-10, hier S. 10 (Nr. 30).

[99]   Die Sgönaunken. In: ADALBERT KUHN: Sagen, Gebräuche und Märchen aus Westfalen […]. Bd. 1, S. 63-75, hier S. 73.

Eingesäuert bedeutet, dass die Hausfrau den Teig rechtzeitig mit einem Brocken Sauerteig vermengt hat, damit er [durch Kohlendioxid] aufgelockert wird. Den Sauerteig hat man in der Vergangenheit aus Weizen- oder Roggenmehl hergestellt, das man mit Wasser verrührte und zugedeckt etwa zwei Tage stehen ließ.

Der Starke Hans

Laut Ulf Diederichs ist dieser Held in ganz Mitteleuropa bekannt[100] – doch er ist (oder vielmehr war) von Portugal bis Sibirien und noch weiter bekannt, wenn auch nicht unter demselben Namen. Gelegentlich, meint Ulf Diederichs, ist solch ein Starkhans übernatürlichen Ursprungs wie der norwegische Murmel-Ei oder der provenzalische Bären-Jan – aber auch damit liegt er neben der Spur, denn jener übernatürliche Ursprung ist die Regel. Bei näherer Betrachtung stellen wir fest, dass es sich um mehr oder weniger entstellte Ahnensagen handelt, ausgehend vom Totem der Sippe: Der Held wird als Sohn eines Tiers vorgestellt oder als Spross einer Pflanze oder als Abkömmling einer Naturerscheinung wie Felsen, Wasser und Wind. Im Falle der Tiere war der Urahn ursprünglich ein weibliches Wesen – eine Bärin, Auerochsen-Kuh, Wölfin oder Wildgans. In den rumänischen Märchen „Der Sohn des Schafs"[101] und „Prinz Stutensohn"[102] wie auch im russischen Märchen „Sturmrecke Iwan Kuhsohn"[103] hat sich die ursprüngliche Vorstellung erhalten. [Das rumänische Wort *oaie* bezeichnet ein weibliches Tier.] Später fanden verschiedene Umdeutungen statt. Der Recke Siegfried z.B. ist der Sohn einer Königin, die nach seiner Geburt stirbt, und wird von einer Hirschkuh großgezogen.

Ein Beispiel für die Vorstellung von einer mythischen Ahnfrau sind die Chanten (oder Ostjaken) in der westsibirischen Taiga. Bei ihnen leitete die Phratrie Por ihre Herkunft von einer Bärin ab, die Phratrie Mos

---

[100]   ULF DIEDERICHS: Who's who im Märchen. S. 323-324.
[101]   Fiuţul oii (AT 650 A + 301). In: ION POP RETEGANUL: Poveşti ardeleneşti. S. 125-131, hier S. 127.
[102]   Prinz Stutensohn (AT 650 A + 301). In: ION CREANGĂ.: Prinz Stutensohn. S. 87-105, hier S. 87.
[103]   Sturmrecke Iwan Kuhsohn (AT 300 A + 507 A). In: ALEXANDER N. AFANASJEW: Russische Volksmärchen. Bd. 1, S. 197-214, hier S. 198-199.

von einer Frosch-Frau. Sie befolgten das Exogamie-Gebot bis ins 20. Jahrhundert.[104]

Die Erzählforscher haben die Überlieferungen vom Starken Hans zum Märchentypus AT 650 A zusammengefasst. Die ENZYKLOPÄDIE DES MÄRCHENS definiert den Typus fälschlich als Schwankmärchen.[105]

In der Regel geht der Märchentypus AT 650 A über in den Typus AT 301 „Die drei geraubten Königstöchter" und bildet so den Typus AT 301 B. Im Grunde handeln die Märchen dieses Typus vom Aufenthalt in der Buschschule, doch wird dieser Aufenthalt aus einer Distanz von 3.000 Jahren geschildert: mit Riesen oder Drachen als Gegnern – mit Abenteuern in einer Welt unter dem Erdboden – mit Feiglingen und Verrätern. Der Starke Hans dringt kühn in die Unterwelt vor, befreit die geraubten Prinzessinnen und bestraft zuletzt die wortbrüchigen Gefährten. Er vermählt sich mit der jüngsten Prinzessin und erlangt die Königswürde.

Die Märchen des Typus AT 301 sind nach der Späten Bronzezeit entstanden, nachdem die Buschschule aus der sozialen Wirklichkeit verschwunden war. Dieser Umstand könnte die Erklärung für das Zusammenwachsen mit den Märchen vom Starken Hans sein, der sich einen „eisernen" Stab schmiedet (bzw. schmieden lässt), womit eine Waffe in Form einer Keule gemeint ist. Selbstverständlich war diese nicht aus Eisen, sondern aus Bronze. Beginnend mit der Späten Bronzezeit wurde die Keule durch das Schwert ersetzt.

Vom Aufenthalt des Helden in einer Schmiede, wo er den Amboss in den Grund schlägt, ist längst nicht in allen Varianten die Rede. Vielleicht äußerte sich in diesem Motiv ursprünglich der Stolz eines Stammes auf die Kunst der Metallbearbeitung.

---

[104] SOJA SOKOLOWA: Das Land Jugorien. S. 51, 117, 130, 182.
[105] HARLINDA LOX: Starker Hans. In: ENZYKLOPÄDIE DES MÄRCHENS. Bd. 12, Spalten 1179-1185, hier Spalte 1179.

Der Wasserdrache

Jener Brauch, dem Flussgott im Frühjahr ein Mädchen zu opfern, damit er eine reiche Ernte gewähre, liegt unendlich weit zurück. Es hätte keinen Sinn, den Wasserdrachen in diesem Buch zu erwähnen, wenn der Drachenkampf nicht parallel zu den Märchen und Sagen auch ein verbreitetes Motiv der kirchlichen Umzüge und der Volksschauspiele in Bayern, Südtirol, Frankreich und Belgien gewesen wäre. Laut Hans Moser ist fast allen Umzügen in Frankreich die Entstehungssage gemeinsam, wonach ein Drache durch das Zerreißen von Flussufern eine furchtbare Überschwemmung und fiebrige Krankheiten über eine Stadt gebracht hat.[106]

Laut Propp kommt das Motiv, dem Drachen ein Mädchen zu opfern, in den klassischen Agrarländern vor: im alten Mexiko, in Ägypten, in Indien, in China sowie in geringerem Maße in Griechenland.[107] Jan Knappert zufolge war es auch in der westafrikanischen Folklore verbreitet, in den Überlieferungen der Völker im Tschad, in Burkina, Faso, Niger und Mali.[108] Das wird von Leo Frobenius bestätigt (Drachenmythe Senegambiens[109]).

Aus dem Nahen Osten gelangte das Märchen vom Drachentöter (AT 300) auf verschlungenen Pfaden ins westliche Europa.[110] Im Laufe dieser Transaktion hat es sich verändert. In Europa gebietet der Drache

---

[106]   HANS MOSER: Der Drachenkampf in Umzügen und Spielen. In: BAYERISCHER HEIMATSCHUTZ. 30. Jahrgang. München, 1934. S. 45-59, hier S. 55.

[107]   VLADIMIR PROPP: Die historischen Wurzeln des Zaubermärchens. S. 326.

[108]   JAN KNAPPERT: Lexikon der afrikanischen Mythologie. S. 87-88.

[109]   Drachenmythe Senegambiens (AT 300). In: LEO FROBENIUS: Das Zeitalter des Sonnengottes. Bd. 1, S. 120-123.

[110]   WALDEMAR LIUNGMAN: Der Drachentöter. In: Ders.: Die schwedischen Volksmärchen. S. 38-43, hier S. 42. – LUTZ RÖHRICH: Drache, Drachenkampf, Drachentöter. In: ENZYKLOPÄDIE DES MÄRCHENS. Bd. 3, Spalten 787-820, hier Spalte 802.

nicht über einen Wasserlauf, sondern sperrt einen Brunnen. Es gibt auch Varianten ohne Brunnen wie das Grimm'sche Märchen „Die zwei Brüder" (KHM 60). In einem Märchen aus dem Tessin mutierte der Drache zum Riesen, in einem Märchen aus der Steiermark zum Teufel (Der Kampf mit dem Riesen[111]; Von den drei Hunden[112]).

Propp geht kurz auf die Umstände ein, die zum Verzicht auf den schrecklichen Brauch führten:

[...] Derartige Opferungen geraten zweifellos bald in Widerspruch zu entwickelten Formen des Ackerbaus und den ihnen entsprechenden Formen des gesellschaftlichen Lebens und der Familienbeziehungen und ebenso zu den Formen der Religion, die schon Götter hervorzubringen beginnt. Mit dem Aufkommen des Eigentums an Grund und Boden entsteht eine besondere neue Form familiärer Beziehungen. Die elterliche Liebe festigt sich und nimmt zu und erlaubt die Opferung eines Kindes nicht. Die Sympathien, die ursprünglich dem mächtigen Geist gehören, der die Ernte schickt, gehen auf das unglückliche Opfer über. Wenn dieses Opfer aus den Reihen der Feinde dargebracht wird, denen ein Tribut auferlegt ist, so ist dies ein Anzeichen für beginnendes Mitleid mit dem Opfer. Doch dessen ungeachtet kann der Ritus manchmal lange Zeit nicht von innen heraus beseitigt werden. Da aber kommt ein Fremdling und befreit das Mädchen. In der Blütezeit dieses Rituals wäre er als Gottloser, der den lebenswichtigsten Interessen des Volkes zuwiderhandelt, umgebracht worden. Sein Handeln hätte die Ernte in Frage gestellt. Im Märchen ist er ganz im Gegenteil ein Held, der öffentlich geehrt wird. Interessanterweise kommt auch im Märchen der Held sehr oft in ein fremdes Land. [...][113]

---

[111]   Der Kampf mit dem Riesen (AT 300). In: WALTER KELLER: Tessiner Sagen und Volksmärchen. S. 243-247.

[112]   Von den drei Hunden (AT 300). In: PAUL ZAUNERT (Hg.): Deutsche Märchen aus dem Donaulande. S. 48-54.

[113]   VLADIMIR PROPP: Die historischen Wurzeln des Zaubermärchens. S. 329.

In der von Frobenius mitgeteilten Mythe aus Senegambien greift der Bräutigam des als Opfer ausersehenen Mädchens ein, und zwar eigenmächtig, ohne den Segen der Dorfältesten. Er tötet die Schlange, nimmt das Mädchen zu sich aufs Pferd und entfernt sich im Galopp, bevor die Ältesten reagieren können, die sich vor einem Racheakt der Schlange fürchten.

Aus Nordamerika ist ein vergleichbarer Fall aus historischer Zeit bekannt. Er ereignete sich bei den Pawnees, einem Volk von Ackerbauern und Büffeljägern, das auf Flussterrassen am Platte River siedelte, einem Nebenfluss des Missouri. Ehemals opferten sie vor dem Setzen der Maiskörner eine geraubte Jungfrau. Sie wurde getötet, indem jeder Mann einen Pfeil in ihren Leib schoss, davon erhoffte man eine reiche Ernte. Anfang des 19. Jahrhunderts – angeblich im Jahre 1817 – lehnte sich ein Häuptlingssohn gegen diesen Brauch auf. Im kritischen Augenblick durchschnitt er die Riemen am Gerüst, schwang das Mädchen auf sein Pferd und ritt mit ihm davon, um es freizulassen. Erstaunlicherweise wurde er nach seiner Rückkehr nicht bestraft, sondern für seinen Mut bewundert. Es gelang dann dem Häuptling, die Fortsetzung des Brauchs zu verhindern.[114] Jener Held hieß *Petalasharo,* er lebte von 1797 bis 1852 und stieg vom Häuptling der Wolf-Pawnees zum Oberhäuptling des Pawnee-Stammes auf.[115]

Die Bremer Stadtmusikanten

Unser Grimm'sches Märchen (KHM 27) ist die bekannteste Variante des Märchentypus AT 130 „Tiere auf Wanderschaft". Ein Esel, ein Hund, eine Katze und ein Hahn ziehen gemeinsam in die Welt, um – vielleicht – in Bremen Stadtmusikanten zu werden. Ihre undankbaren Besitzer haben sie schlecht behandelt, weil sie zu alt geworden sind, um ihre Pflichten zu erfüllen. Sofort gehört ihnen das Mitgefühl des Publikums.

---

[114]   OLIVER LA FARGE: Die große Jagd. S. 62.
[115]   KUNO MAUER: Das neue Indianerlexikon. S. 244-245.

Unsere Sympathie nimmt weiter zu, sobald die vier Tiere, jedes für sich schwach, jedes für sich eine leichte Beute, gemeinsam die Räuber aus ihrem Schlupfwinkel vertreiben und sich dort zur Ruhe setzen.

Selbstverständlich war dieses Märchen eine Herausforderung für die Gestalter von   Zeichentrickfilmen und für die Verfasser von Hörbüchern. Die Zahl der Verfilmungen ist so groß, dass WIKIPEDIA mit siebzehn Titeln nur eine Auswahl präsentiert. Auch auf Briefmarken und Gedenkmünzen wurden die Bremer Stadtmusikanten dargestellt.

Die kluge Bauerntochter

Die Märchen vom Schlagabtausch zwischen dem Gutsherrn, der auch das Richteramt ausübt, und der Tochter eines leibeigenen Bauern (AT 875) waren über ganz Europa und einen großen Teil Asiens verbreitet. Wir dürfen ihre Heldin dem Figaro des Beaumarchais zur Seite stellen, denn sie erweist sich als dem Gutsherrn geistig ebenbürtig und sogar überlegen. Zudem hat sie ein mitfühlendes Herz. Diese Märchen hören sich an wie eine Replik auf die Niederlage der Landbevölkerung im Großen Bauernkrieg 1525. Wegen des aufmüpfigen Inhalts konnten sie nur in den Bauernkaten und in den Hütten am Stadtrand erzählt worden sein.

Der Gutsherr wird als grausam und jähzornig vorgestellt. Als ihm der etwas einfältige Bauer den im Rodeland gefundenen goldenen Mörser bringt, lässt er ihn einsperren, weil er unterstellt, dass jener den Stößel für sich behalten wolle. Als die Bauerntochter sich beim Gutshof einfindet, so wie er es gefordert hat: weder nackt noch bekleidet – weder barfuß noch beschuht – weder nüchtern noch gesättigt – weder am Tag noch in der Nacht – nicht zu Fuß und nicht beritten – nicht auf dem Weg noch neben dem Weg …, da lässt er die Hunde auf sie hetzen.

Die Heirat des Gutsherrn mit der Bauerntochter ist eine Fiktion. Zwar konnte der Gutsherr Bauernmädchen als Geliebte ins Haus nehmen und sie nach Belieben verstoßen, aber eine Heirat kam nicht in Frage. Der Gutsherr würde die Häuslerstochter heiraten, heißt es in einer schottischen Variante, wenn sie die Tochter eines Gutsbesitzers wäre (Die sommersprossige Häuslerstochter mit den gestutzten Haaren[116]). – Vom Ritter zu Dernbach bei Herbornseelbach wurde erzählt, dass er seine Gunst eine Zeitlang einer schönen und klugen Bauernmagd schenkte, aber dann fiel sie in Ungnade, und er hat sie entlassen (Die kluge Bauernmagd[117]). – In einer litauischen Variante hat sich der Gutsherr in eine Magd verliebt, doch weil er sich schämt, eine Magd zu heiraten, will er sich ihrer entledigen, wobei ihm jede Lösung recht ist, auch die, dass seine Hunde sie zerfleischen (Von einer schlauen Magd, die ein Gutsherr geheiratet hat[118]).

Weil der Gutsherr die Klugheit der Bauerntochter erkennt und sich vor ihr fürchtet, verbietet er gleich nach der Hochzeit, dass sie sich in seine Rechtsprechung einmischt. Nicht selten steigert sich das Verbot zu der Drohung, er werde sie, wenn es dennoch geschieht, aus dem Haus jagen.

Weil die Märchen von der klugen Bauerntochter vom Kampf zwischen Vertretern zweier sozialer Klassen handeln, sind sie politische Märchen. Die Erzähler enthüllen, welches Unrecht die Leibeigenen durch den Gutsherrn und die armen Bauern durch die reichen Bauern erdulden mussten. Allerdings findet der Kampf nur in der Fiktion statt, weil die armen Bauern keinen realen Ausweg aus ihrem Elend erkannten, und endet mit einer Versöhnung.

Die Grimm'sche Fassung ist vielen Menschen aus Spielfilmen oder durch die von Carl Orff komponierte Oper „Die Kluge" bekannt, die 1943 in Frankfurt am Main uraufgeführt wurde. Sie wurde auch zu Puppenspielen und Hörbüchern verarbeitet.

Durch den Einbau der altertümlichen Rätsel, als der arme und der reiche Bruder sich vor Gericht vergleichen müssen, erweisen sich die

---

[116]   Die sommersprossige Häuslerstochter mit den gestutzten Haaren (AT 875). In: CHRISTIANE AGRICOLA (Hg.): Schottische Volksmärchen. S. 330-335, hier S. 332.

[117]   Die kluge Bauernmagd (AT 875). In: HELMUT FISCHER: Sagen des Westerwaldes. S. 165.

[118]   Von einer schlauen Magd, die ein Gutsherr geheiratet hat (AT 875). In: JOCHEN D. RANGE (Hg.): Litauische Volksmärchen. S. 200-203, hier S. 202.

Märchen von der klugen Bauerntochter als Dokumente der Volkskultur im späten Mittelalter. Ebenso durch die demonstrative Verwendung des Syllogismus[119], als die Heldin sich gegen die *schweren Aufgaben* zur Wehr setzt.

Was ist das Schönste? – Das Schönste ist der Mai. Wenn die Bäume in Garten und Wald und die Blumen auf Wiese und Feld blühen, ein jeder Vogel singt, ein jedes Tierlein springt – was kann schöner sein als der Mai? (Deutsch aus Kärnten.)

Was ist so jäh wie nichts auf der Welt? – Des Menschen Sinn. (Tschechisch.)

Was ist am süßesten auf der Welt? – Der Schlaf, denn er lässt die Menschen jeglichen Kummer vergessen. (Belorussisch.)

Was ist das Ärmste auf der Welt? – Das Feuer, denn es macht nichts aus, wie groß es ist, es wird verglimmen und lässt nur Asche übrig. (Schottisch.)

Was ist das Schwerste auf der Welt? – Das Feuer, weil niemand viel davon aufheben kann. (Griechisch.)

Was ist das Schnellste auf der Welt? – Der Gedanke, denn mit ihm kann man im Nu hinfliegen, wohin man will. (Ukrainisch.)

Was hört man am weitesten? – Den Donner und die Lüge. (Serbisch.)

Was ist am weichsten auf der Welt? – Die Faust, weil man sie unter den Kopf schiebt, wenn man sich zum Ausruhen hinlegt. (Rumänisch aus Siebenbürgen.)

Was kennt niemand in dieser Welt? – Den Weg der Vögel durch die Lüfte kennt niemand. (Rumänisch aus der Walachei.)

Was ist bitterer als bitter? – Am bittersten ist der Tod. (Usbekisch.)

---

[119]   Syllogismus – die einfachste Form des deduktiven Schlusses. Aus zwei Urteilen (*Vordersätze* oder *Prämissen* genannt) wird ein drittes Urteil (der *Schlusssatz* oder die *Konklusion*) gefolgert. Den zwei Prämissen ist der Mittelbegriff gemeinsam, wodurch die Verknüpfung der beiden anderen Begriffe in einem neuen Urteil möglich wird.

Die Schicksalsfrauen

Im Dornröschen-Märchen (AT 410) sehen wir die Schicksalsfrauen, hier *Feen* genannt, als Gäste an der königlichen Tafel. In den Märchen vom reichen Mann und seinem Schwiegersohn (AT 930) beobachten wir sie bei ihrem Auftreten vor der Hütte eines Dorfarmen, dessen Frau soeben einem Knaben das Leben schenkte; sie verkünden, dass der Knabe die Tochter des Händlers heiraten wird, der wegen eines Unwetters unter dem Vordach der Hütte übernachtet.

Beide Arten Märchen wurzeln in der Späten Bronzezeit (1200 bis 800 v.Chr.), als es noch keine Könige gab, aber die Sippen sich schon in reiche und arme differenzierten. Zu diesem Schluss führen ein altehrwürdiger, auf dem Balkan beobachteter Brauch und die Analyse einer Anzahl von Überlieferungen.

In allen Balkanländern wurde am dritten Tag nach der Geburt eines Kindes das Zimmer neben dem der Wöchnerin mit größter Sorgfalt für den Empfang ranghoher Gäste vorbereitet, obwohl seit Menschengedenken keine solchen Besuche mehr stattgefunden hatten. Wie man dabei verfuhr, wird im albanischen Märchen „Visoji'dhas"[120] („Ziegensäugling", AT 930) geschildert: Auf dem Tisch befindet sich das gesamte Silbergeschirr des Hauses, in der Mitte ein mit Honig gefüllter Trinkbecher, in dem drei Mandeln schwimmen. Dort stehen auch drei Teller mit Essen, und man hat drei Schnitte Brot, drei Messer, drei Gabeln und drei Mundtücher zurechtgelegt. Die bei den Rumänen beobachteten Bräuche hat Tudor Pamfile beschrieben, wobei er vermerkte, dass die Zahl der Schicksalsfrauen auch sieben oder sogar neun betragen kann.[121] Die Sitte, einen festlich gedeckten Tisch vorzubereiten, war weit verbreitet, aber es wurden noch mehr Maßnahmen getroffen: Damit die Schicksalsfrauen

---

[120] Visoji'dhas (AT 930). In: MAXIMILIAN LAMBERTZ (Hg.): Die geflügelte Schwester und die Dunklen der Erde. S. 106-112, hier S. 107.

[121] TUDOR PAMFILE: Mitologie românească. S. 5-17. Siehe auch: S. FL. MARIAN: Naşterea la români. S. 114.

ins Haus gelangen können, ließ man die Türen und Fenster offen.[122] – Die Mazedo-Rumänen (oder Aromunen) schafften für eine Nacht die Hunde aus dem Gehöft, damit sie die Gäste nicht mit ihrem Gebell erschrecken.[123] – Rolf Wilhelm Brednich vermerkt mit Bezug auf Griechenland [wo die Mazedo-Rumänen lebten], dass die Hausleute am Abend den Hund an die Kette legten und alle Gegenstände aus dem Weg räumten, über die ein Besucher hätte stolpern können.[124] – Die Rumänen der Bukowina ließen eine Kerze brennen, damit die Gäste Licht haben.[125]

So übermächtig war der Druck der Tradition, dass rumänische Bäuerinnen, die nach dem Zweiten Weltkrieg die Möglichkeit hatten, in einem Krankenhaus zu entbinden, ihr Nachtkästchen für den Besuch der Schicksalsfrauen schmückten.[126]

Auch in Lothringen, wo Johanna von Orléans ihre Kindheit verbrachte, lud man ehemals die Feen zu den Tauffeiern ein. Man glaubte, dass sie das Neugeborene beschenken. Im Zimmer neben dem der Wöchnerin deckte man für sie den Tisch. Allerdings bekam niemand sie zu Gesicht, und man hütete sich, sie zu belauern.[127] Diese Einzelheiten wurden beim Prozess im Jahre 1430 festgehalten.[128] – In Böhmen erhielt sich der Brauch, die Schicksalsfrauen festlich zu empfangen, bis ins 19. Jahrhundert. Um einen günstigen Spruch für das Neugeborene zu erwirken, stellte man Brot und Salz wie auch Bier auf den Tisch (Die Schick-

---

[122]   TUDOR PAMFILE: Mitologie românească. S. 7.
[123]   Ebd., S. 9.
[124]   ROLF WILH. BREDNICH: Volkserzählungen und Volksglaube von den Schicksalsfrauen. S. 161-162.
[125]   TUDOR PAMFILE: Mitologie românească. S. 9. – Siehe auch: S. FL. MARIAN: Naşterea la români. S. 114.
[126]   Mündlich von einer Mitarbeiterin des „Museums des rumänischen Bauern", das in Bukarest nach der politischen Wende 1989 im Gebäude des ehemaligen Parteimuseums eingerichtet worden ist.
[127]   ANATOLE FRANCE: Vie de Jeanne d'Arc. S. 59.
[128]   ROLF WILH. BREDNICH: Volkserzählungen und Volksglaube von den Schicksalsfrauen. S. 205. (Mit Berufung auf Anatole France.)

salsrichterinnen[129]). Beide Mitteilungen sind Gold wert, denn sie stellen die Verbindung her zwischen der Tradition auf dem Balkan und den Überlieferungen in Frankreich und Italien.

Was der vermutlich wichtigste Grund für die Beratung der Sippenältesten war, wird in den Überlieferungen nicht mitgeteilt. Wahrscheinlich wollten sie feststellen, wer der kürzlich verstorbene Ahne ist, dessen Seele in das Neugeborene Einzug gehalten hat. Die rituelle Weissagung zur Ermittlung dieses Ahnen wurde noch in der nahen Vergangenheit sowohl bei den Mansen (oder Wogulen) in Westsibirien zelebriert[130] als auch bei den Lappen im nördlichen Skandinavien und bei den Yoruba in Nigeria[131]. Ebenso bei den Meau, einem nordsiamesischen Bergstamm.[132] Über die Lappen berichtet James George Frazer Folgendes: „Wenn eine Frau schwanger war und ihre Niederkunft nahe bevorstand, pflegte ein verstorbener Ahnherr oder sonstiger Verwandter ihr im Traum zu erscheinen und mitzuteilen, welcher Tote in ihrem Kind wiedergeboren werde und wessen Namen das Kind daher tragen sollte. Hatte die Frau keinen solchen Traum, dann lag es dem Vater oder den Verwandten ob, den Namen durch Erraten oder durch das Befragen eines Hexenmeisters zu bestimmen."[133]

Dieselbe Vorstellung von der Reinkarnation eines verstorbenen Ahnen bezeugt ein alter europäischer Brauch, bei dem die Braut sich auf einen bestimmten Stein stellte oder setzte oder auf ihm tanzte. Es handelt sich um den sogenannten *Brautstein*. John Meier hat es in einer Studie mit Beispielen aus Skandinavien, Estland, Finnland, von den Britischen Inseln und aus dem französischen Sprachraum belegt. Jener Brautstein war ein Teil aus dem vermeintlichen Ahnengrab der Sippe ihres Bräutigams; in den Kindern des Paars sollte der Ahn zu neuem Leben

---

[129]   Die Schicksalsrichterinnen. In: JOSEF VIRGIL GROHMANN: Sagen-Buch von Böhmen und Mähren. Bd. 1, S. 15.

[130]   SOJA SOKOLOWA: Das Land Jugorien. S. 145.

[131]   JAMES GEORGE FRAZER: Der goldene Zweig. S. 374.

[132]   HUGO ADOLF BERNATZIK: Die Geister der gelben Blätter. S. 158. *Siam* – ältere Bezeichnung von Thailand.

[133]   JAMES GEORGE FRAZER: Der goldene Zweig. S. 374.

wiedergeboren werden.[134] (Höchst merkwürdig ist, „daß in vielen, ja wohl in den meisten Fällen, dieser Brauch auf vorgeschichtlichen Gräbern oder ihren Überresten wie an den zu ihnen gehörenden Menhiren vor sich geht"[135], also auf Gräbern oder Teilen von Gräbern aus einer Epoche, als die Vorfahren der Indoeuropäer noch nicht in Europa eingewandert waren.)

Im Griechenland des „Goldenen Zeitalters", d.h. im 5. Jahrhundert v.Chr., wurde der älteste Sohn nach dem väterlichen Großvater benannt.[136] – So hielten es die Rumänen bis ins 20. Jahrhundert.[137] – In Serbien wählte man in historischer Zeit am liebsten den Namen des Kalenderheiligen vom Geburtstag oder den des Großvaters.[138] – Diese sogenannte *Erbnamensitte* galt auch in Teilen von Deutschland.

Das deutsche Wort *Enkel* (mittelhochdeutsch *enenkel*) bedeutet „kleiner Ahn" oder „Großväterchen".

Durch das Datum der Beratung – drei Tage nach der Geburt des Kindes – wird die Aussage der Märchen korrigiert, dass die Schicksalsfrauen sich sofort nach der Geburt eingefunden haben. Der zeitliche Abstand sicherte der Seele des Ahnen die Gelegenheit, um in den Säugling zu schlüpfen.

Das folgende Thema bei der Beratung der Sippenältesten war von der Heiratspolitik bestimmt. Weil jede Sippe sich bemühte, ihr Ansehen durch klug arrangierte Heiraten zu vermehren, nutzten die Sippenältesten allem Anschein nach die Gelegenheit, um zu überlegen, innerhalb welcher anderen Sippe man im Einklang mit den Heiratstabus nach einem Ehepartner für das Kind Ausschau halten könne. Beim Märchentypus AT 930 „Der reiche Mann und sein Schwiegersohn" soll der Held ein Mädchen heiraten, das zur gleichen Stunde geboren wurde, woraus wir ableiten, dass man Ehepartner aus derselben Altersklasse bevorzugte (Der

---

[134]   JOHN MEIER: Der Brautstein. S. 2-79.
[135]   Ebd., S. 78.
[136]   WILL DURANT: Das goldene Zeitalter. S. 80.
[137]   TRAIAN HERSENI: Forme străvechi de cultură poporană românească. S. 327.
[138]   EDMUND SCHNEEWEIS: Serbokroatische Volkskunde. S. 51.

Findling[139], serbokroatisch; Nach dem Kiebitzberg[140], deutsch aus Holstein; Die drei goldenen Haare von Vater Allwissend[141], tschechisch; Die drei goldenen Haare des Sonnenkönigs[142], Märchen transsilvanischer Zigeuner; Die Weissagung des Vogels[143], Roma-Märchen aus Moldawien). In der ungarischen Variante „Der Knabe im Sarg"[144] werden Knabe und Mädchen in derselben Nacht geboren und am folgenden Tag getauft.

Sobald die zwei genannten Fragen geklärt waren, besprachen die Sippenältesten wahrscheinlich die Teilnahme des Neugeborenen an der Jugendweihe, obwohl bis zu seiner Einschulung zehn oder mehr Jahre vergehen sollten. Zu dieser Vermutung führen Aussagen in völlig verschiedenen Märchen. Die Schicksalsfrauen, heißt es, haben dies und das und jenes vorherbestimmt, was gar nicht sein kann, weil der Ablauf der Jugendweihe von der Tradition vorgegeben war. Als Grund für ihre Überlegungen kommt die sogenannte *Verschreibung* in Betracht, d.h. die Zahlung, die zu leisten war, damit das Neugeborene formell in den Männerbund oder in den Frauenbund aufgenommen wird. Vermutlich musste man sich darüber einigen, wer die Zahlung leistet. Die Verschreibung ist ein häufiges Motiv, Propp hat es ausführlich kommentiert.[145] Sie verweist

---

[139] Der Findling (AT 930). In: FRIEDRICH S. KRAUSS: Sagen und Märchen der Südslawen. Bd. 2, S. 179-180.

[140] Na 'n Kiwitzbarg (AT 930 + 461). In: WILHELM WISSER: Plattdeutsche Volksmärchen. Bd. 1, S. 90-98, hier S. 90-91.

[141] Die drei goldenen Haare von Vater Allwissend (930 + 461). In: JAROMÍR JECH (Hg.): Tschechische Volksmärchen. S. 120-127, hier S. 121.

[142] Die drei goldenen Haare des Sonnenkönigs (AT 930 + 461). In: HEINRICH VON WLISLOCKI: Märchen und Sagen der Transsilvanischen Zigeuner. S. 16-21, hier S. 16.

[143] Die Weissagung des Vogels (AT 930). In: HEINZ MODE und MILENA HÜBSCHMANNOVÁ (Hg.): Zigeunermärchen aus aller Welt. S. 399-403, hier S. 400.

[144] Der Knabe im Sarg (AT 930 + 461). In: GYULA ORTUTAY (Hg.): Ungarische Volksmärchen. S. 322-339, hier S. 323-324.

[145] VLADIMIR PROPP: Die historischen Wurzeln des Zaubermärchens. S. 102-105.

in eine Zeit, als die Jugendweihe nicht mehr selbstverständlich war, also in eine späte Phase der Buschschule.

Die Schildbürger

Ursprünglich galten die Männer von Schilda als weise, weshalb Fürsten und Bischöfe sie als Ratsherren beschäftigten. Doch während die Männer in der Ferne weilten, gingen ihre Höfe vor die Hunde, weil die Frauen die anfallenden Arbeiten nicht bewältigten. Also kamen die Männer überein, sich als Narren zu gebärden, und das war ihr letzter weiser Entschluss.

Um sich vor aller Welt als Narren zu bestätigen, bauten sie ein dreieckiges Rathaus ohne Fenster. – Damit der Gemeindevorsteher, wenn er die Vögel von den Feldern vertreibt, nicht die Saat zertrampelt, stellten sie ihn auf eine Plattform, die von vier Kerlen getragen wurde. – Als es nicht gelang, Baumstämme quer durchs Stadttor zu tragen, rissen sie rechts und links die Stadtmauer ein.

Wie die zunächst nur vorgespielte Narrheit sich auf das Gedeihen der Höfe auswirkte, wird nicht mitgeteilt.

Am Untergang Schildas war eine Mäuseplage schuld. Zwar konnte der Bürgermeister von einem durchreisenden Schelm um viel Geld eine als *Maushund* bezeichnete Katze kaufen, vergaß aber zu fragen, womit dieses Tier sich üblicherweise ernährt. Nachdem die letzte Maus vertilgt war, befürchteten die Schildbürger, das schreckliche Tier werde sich nun auf sie stürzen. Deshalb zündeten sie das Haus an, in dem es sich befand. Die Katze konnte flüchten, das Feuer aber griff um sich, zuletzt brannte die ganze Stadt nieder. Deshalb wanderten die Schildbürger aus und haben sich über das ganze Land, über die ganze Welt verstreut.

Die Stadt Schilda ist erfunden. Das Volksbuch über die Narreteien der Schildbürger entstand im Elsass. Es erschien 1597 mit dem bombastischen Titel „Das Lalebuch. Wunderseltsame, abenteuerliche, unerhörte und bisher unbeschriebene Geschichten und Taten der Lalen zu Laleburg". Erst die zweite Ausgabe, im folgenden Jahr veröffentlicht, hieß „Die Schiltbürger".

Doktor Dolittle

Der weitgereiste englische Bauingenieur und Landvermesser Hugh John Lofting (1886-1947) kämpfte im Ersten Weltkrieg als Leutnant in Flandern, als er begann, seine Doktor-Dolittle-Geschichten zu schreiben. Sie entstanden als illustrierte Briefe für seine Kinder. John Dolittle ist ein Arzt für Menschen, doch seine Liebe zu Tieren und die Bereitschaft, diese bei sich aufzunehmen, vergraulen sowohl seine Schwester, die ihm den Haushalt geführt hat, als auch seine Patienten. Aber schau, Dr. Dolittle hat von der Papageiendame Polynesia die Sprache der Tiere erlernt, und als das bekannt wird, strömen von weit und breit kranke Tiere herbei, damit er sie von ihrem Leiden befreit. Notgedrungen wird sein Haushalt von seinen Tieren erledigt.

Das ist der Stand der Dinge, als Dr. Dolittle die Nachricht erreicht, dass bei den Affen in Afrika eine gefährliche Krankheit ausgebrochen ist. Also macht er sich mit einem geliehenen Schiff auf den Weg, wobei ihn die Papageiendame Polynesia, das Krokodil, der Affe Tschi-Tschi, der Hund Jib, die Ente Dab-Dab, das Schwein Göb-Göb und die Eule Tuh-Tuh begleiten. Als er nach mancherlei Abenteuern zurückkehrt, bringt er das Tier Stoß-mich-Zieh-dich mit, welches sowohl am vorderen als auch am hinteren Teil einen Kopf hat. Er zeigt das in England unbekannte Tier in Ausstellungen und verdient damit genug Geld, um seine Schulden zu begleichen.

Nach Kriegsende fasste Lofting die für seine Kinder geschriebenen Episoden zu einem Buch zusammen, welches 1920 unter dem Titel „The Story of Doctor Dolittle" [„Die Geschichte von Doktor Dolittle"] gedruckt wurde. Für die Fortsetzung „The Voyages of Doctor Dolittle" [„Doktor Dolittles Reisen"] erhielt Lofting 1922 den renommierten Kinderbuchpreis *Newbery Medal*. Durch diese Erfolge angespornt, verfasste er nach und nach zehn weitere Dolittle-Bücher, von denen drei postum veröffentlicht wurden: „Doktor Dolittles Schwimmende Insel" – „Doktor Dolittles Postamt" – „Doktor Dolittles Zirkus" – „Doktor Dolittles Zoo" – „Doktor Dolittles größte Reise" – „Doktor Dolittle auf dem Mond" – „Doktor Dolittles Tieroper" – „Doktor Dolittles geheimnisvoller See" –

„Doktor Dolittle und der grüne Kanarienvogel" – „Doktor Dolittles neue Abenteuer".

Kurt Tucholsky begrüßte die erste deutsche Übersetzung („Dr. Dolittle und seine Tiere", 1925) mit einer überschwänglichen Rezension:

„[...] Eine ganze kleine Welt von Güte ist in diesem Buch. [...] Das macht: Herr Lofting hat Herz und ist ein Dichter. Ich kenne nur die deutsche Ausgabe, die mir von E. L. Schiffer meisterhaft übersetzt zu sein scheint, weil sie einen einheitlichen Stil hat, weil sie die Andersen-Töne auf das glücklichste vermeidet, und weil man ihr Wort für Wort glaubt, weils wahr ist, was das steht – weil die Tiere natürlich so und nicht anders sprechen. Alles ist so selbstverständlich. [...]"[146]

1938 veröffentlichte der russische Schriftsteller Kornej Tschukowski eine Adaption unter dem Titel „Dr. Aibolit", womit er die Zensur umging, denn in der Sowjetunion durfte eine Übersetzung des Originals nicht erscheinen.

1967 entstand eine aufwändige Hollywood-Filmmusical-Fassung, die Motive verschiedener Erzählungen über Doktor Dolittle kombinierte, wobei Richard Fleischer Regie führte. Obwohl finanziell ein Misserfolg, erhielt sie bei der Oscar-Verleihung 1968 neun Nominierungen. Das Lied „If I Could Talk to he Animals" [„Wenn ich mit den Tieren sprechen könnte"], gesungen von Rex Harrison, gewann den Oscar für das beste Lied.[147]

---

[146]   Unter dem Pseudonym *Peter Panter* in der „Vossischen Zeitung", 10. 12. 1925.

[147]   *Oscar* – volkstümliche Bezeichnung für den Academy-Award, den Filmpreis (eine vergoldete Statuette), der seit 1929 jährlich von der „Academy of Motion Picture Arts and Sciences" in Hollywood für die besten Einzelleistungen (u.a. Darstellung, Regie, Drehbuch, Musik) des amerikanischen Films und für den besten ausländischen Film verliehen wird.

Don Quijote

Miguel de Servantes Saavedra (1547-1616) hatte als Steuereinnehmer und als Aufkäufer für die Armee gearbeitet, nachdem es seiner Familie gelungen war, ihn aus der Kriegsgefangenschaft freizukaufen, daher kannte er die sozialen Verhältnisse Spaniens aus eigener Anschauung. Um sie in einem Buch darzustellen, bediente er sich eines Tricks, indem er eine Parodie auf die modischen Ritterromane und den spanischen Kleinadel verfasste (Band I 1605, Band II 1615). Die Hidalgos, einst Träger der Reconquista, der Rückeroberung Spaniens aus den Händen der Mauren, verloren im absolutistischen Staat ihre kriegerische Aufgabe. Nun saßen sie verarmt auf ihren Ländereien, die sie nicht selbst bewirtschafteten, weil ihr Ehrencodex körperliche Arbeit verbot.

Der Romanheld, als *Junker* bezeichnet, ist ein kleiner Landedelmann und an die fünfzig Jahre alt. Er hat viele Morgen Ackerland verkauft, um Ritterbücher zum Lesen anzuschaffen, und bildet sich zuletzt ein, selbst ein Ritter zu sein. Also zieht er auf dem klapprigen Pferd Rosinante auf Abenteuer aus, wird von einem Gastwirt zum Ritter geschlagen und mischt sich mit edlen Absichten immer wieder, unbelehrbar, in anderer Leute Angelegenheiten, wobei er im besten Fall nur Spott erntet, gewöhnlich aber verprügelt bzw. mit Steinen beworfen wird. Er begegnet Gastwirten – Ziegenhirten – Schafhirten – Bauern – Müllern – Geistlichen – Pilgern – Studenten – Sträflingen – einem Puppenspieler.

Don Quijotes Pferd **Rosinante** wurde zum Synonym für ein ausgedientes Pferd.

Die Bezeichnung **Ritter von der traurigen Gestalt** hat der Knappe Sancho Pansa, ein biederer Bauer aus Don Quijotes Nachbarschaft, für seinen lebensuntüchtigen Herrn erfunden.

Nach **Dulcinea,** einem von Don Quijote zur „Herrin" stilisierten Bauernmädchen, benennt man eine von ihrem Liebhaber unangemessen idealisierte Frau.

Sprichwörtlich geworden ist das Abenteuer mit der Windmühle, die Don Quijote für einen bösen Riesen hielt. Diese Episode wird in einem Spielfilm mit Peter O'Toole in der Titelrolle (1972) dargestellt – bei der halsbrecherischen Szene hält der Zuschauer den Atem an. **Wer mit Windmühlen kämpft,** lenkt seine Tatkraft in falsche Bahnen.

Schließlich will ein Großherzog sich auf Kosten des ungleichen Paars amüsieren und bewirtet es wochenlang. Sancho Panza wird spaßhalber zum Gouverneur einer Insel ernannt, die es in Wirklichkeit gar nicht gibt, und von wohlinstruierten Vertrauten des Großherzogs in dieses Amt eingesetzt. In seiner Eigenschaft als Gouverneur hält er Gericht und fällt mehrere salomonische Urteile.

Jules Massenet widmete Don Quijote eine Oper (1910).

Dornröschen

Das Grimm'sche Märchen vom Dornröschen (KHM 50, AT 410) ist ein Import aus Frankreich; die Erzählerin, Marie Hassenpflug kannte es aus der von Charles Perrault veröffentlichten Sammlung „Die Märchen des Gänsemütterchens" (1697). Dort heißt es „Die im Wald schlafende Schöne". Das französische Märchen basierte seinerseits auf dem von Giambattista Basile in der Sammlung „Lo cunto de li cunti" [„Die Geschichte aller Geschichten"] (später „Das Pentameron") veröffentlichten Text „Sonne, Mond und Thalia" (1634).

Die Grimm'sche Fassung enthält zwei Motive, die an die Buschschule erinnern: den zeitweiligen Tod, der wie bei Schneewittchen durch einen spitzen Gegenstand (die Spindel) herbeigeführt wird, und die Dornenhecke, die dem undurchdringlichen Dickicht um die Siedlung der Buschschule entspricht.

Was die Feen in französischen und in deutschen Märchen vollbringen, das bewirken in griechischen Märchen die *Moiren* und in rumänischen die *Schicksalsfrauen (ursitoare).* Diese Überlieferungen korrespondieren mit einem uralten Brauch, der von der ländlichen Bevölkerung des Balkans bis in die nahe Vergangenheit gepflegt worden ist, in Rumänien bis ins 20. Jahrhundert. Er ist auch für Lothringen bezeugt. Aus dem Brauch lässt sich ableiten, dass vormals die Sippenältesten sich an der Wiege eines Neugeborenen versammelten, um über dessen Namen, über die Verlobung mit dem Mitglied einer anderen Sippe sowie über den künftigen Besuch der Buschschule zu beraten (siehe den Artikel über die Schicksalsfrauen).

Seit 1920 gibt es eine Theaterfassung des Dornröschen-Märchens von Robert Bürkner und ein Märchendrama von Robert Walser. WIKIPEDIA vermerkt drei Opern, darunter die von Engelbert Humperdinck nach einem Libretto von Elisabeth B. Ebeling-Filhès, zwei Musicals und 24 Verfilmungen.

Die Saba-Burg im Reinhardswald in der Nähe von Kassel hat mit dem Dornröschen-Märchen so wenig zu tun wie das Schloss in Lohr am Main mit dem Schneewittchen-Märchen, auch wenn es von der Bevölkerung als *Dornröschen-Schloss* bezeichnet wird. Die seit 1975 bestehende Arbeitsgemeinschaft „Deutsche Märchenstraße" preist die Burg als Schauplatz des Märchens an. Dort wurde 1987 das erste Trauzimmer Deutschlands außerhalb eines Rathauses eingerichtet. Nach Wunsch wird die Trauung zur Rosenblüte, in einer Vollmondnacht oder bei Kerzenschein vollzogen.

Emil Tischbein

Das war der Traum so mancher Jungen: einen Verbrecher unschädlich zu machen. Im Roman „Emil und die Detektive" (1928) von Erich Kästner (1899-1974) geht dieser Traum in Erfüllung. Noch mehr: Emil erhält 1.000 Mark Belohnung.

Der Held ist zwölf Jahre alt, als er zum ersten Mal allein nach Berlin reist, wo er der Großmutter die von der Mutter zusammengesparten 140 Mark übergeben soll. Während der Fahrt schläft er ein, und ein Mitreisender, der „Mann im steifen Hut", stiehlt die Geldscheine, obwohl sie mit einer Stecknadel in der Rockinnentasche befestigt waren. Der Dieb steigt aus dem Zug, der nun mittellose Emil folgt ihm bis zu einer Gaststätte. Dort findet ihn Gustav, der „Junge mit der Hupe", und bietet seine Hilfe an.

Gustav trommelt – nein: *hupt* – zwei Dutzend Jungen zusammen, die sich sofort organisieren, um Emil zu helfen: sie gründen eine Kriegskasse – sie richten einen Telefondienst ein – sie stellen einen Bereitschaftsdienst auf die Beine – sie einigen sich auf eine Parole. Sechs

Jungen folgen dem „Mann im steifen Hut" in einer Taxe bis zum Hotel am Nollendorfplatz, wo jener übernachtet.

Den Telefondienst hat der kleine Dienstag übernommen. Der Anführer der Berliner Jungen, genannt *der Professor,* ruft ihm nach, er möge doch für ihn zu Hause anrufen und dem Vater sagen, er, der Professor, habe was Dringendes vor. *„Dann ist er beruhigt und hat nichts dagegen."* Daraufhin kommt es zu folgendem Gespräch:

„Donnerwetter noch mal", sagte Emil, *„gibt's in Berlin famose Eltern!"*

„Bilde dir ja nicht ein, dass sie alle so gemütlich sind", meinte Krummbiegel und kratzte sich hinter den Ohren.

„Doch, doch! Der Durchschnitt ist ganz brauchbar", widersprach der Professor. *„Es ist ja auch das Gescheiteste. Auf diese Weise werden sie nicht belogen. Ich habe meinem alten Herrn versprochen, nichts zu tun, was unanständig oder gefährlich ist. Und solange ich das Versprechen halte, kann ich machen, was ich will. Ist ein glänzender Kerl, mein Vater."*

„Wirklich famos!", wiederholte Emil. *„Aber höre mal, vielleicht wird's heute doch gefährlich?"*

„Na, da ist's eben aus mit der Erlaubnis", erklärte der Professor und zuckte die Achseln. *„Er hat gesagt, ich solle mir immer ausmalen, ob ich genau so handeln würde, wenn er dabei wäre. Und das tue ich heute. (...)"*[148]

Am nächsten Tag verfolgen hundert Kinder den Dieb bis in die Bankfiliale, wo er die gestohlenen Geldscheine umtauschen möchte und daraufhin festgenommen wird, weil bei den Scheinen die von der Stecknadel stammenden Löchlein zu sehen sind.

Das von Walter Trier illustrierte Buch wurde zum Welterfolg, weil es soziale Probleme in einer kindgerechten Sprache schildert, die mit umgangssprachlichen Redensarten gespickt ist, und die Kinder aus dem Schatten der Erwachsenen heraustreten lässt.

---

[148] ERICH KÄSTNER: Emil und die Detektive. S. 94-95.

In Deutschland wurde das Buch schon 1931 verfilmt. Die ungeheure Faszination, die von der spontanen Hilfsaktion der Berliner Jungen für den Pechvogel Emil ausgeht, hat sich im Laufe der Jahre in weiteren Verfilmungen niedergeschlagen: Großbritannien (1935), Argentinien (1950), Deutschland (1954), Japan (1956), Brasilien (1958), die USA (1964), Deutschland (2001).

Das erste Musical über Emil Tischbeins Abenteuer wurde 2001 im Berliner Theater am Potsdamer Platz uraufgeführt. Das Ostschweizer Theater präsentierte 2008 eine eigene Version, bei der gemäß dem Selbstverständnis der Amateur-Theater z.T. Jugendliche die Szenen gestalteten. Inzwischen wurde die Handlung auch vertont. Sie inspirierte ferner mehrere Gesellschaftsspiele.

Eulenspiegel

Von diesem Schalk erzählte man sich Dutzende teils derbe Schwänke, wahre und erfundene. Sein unstetes Wanderleben führte ihn kreuz und quer durch Deutschland, wobei er sich von Gelegenheitsarbeit und Betrug ernährte. Er blieb niemandem eine Antwort schuldig. Sein verballhornter Zuname soll ursprünglich bedeutet haben: „der Leuten den Spiegel vorhält". Typisch für seine Denkweise ist die Überlegung, wie er sich aus der Patsche ziehen könnte, als er sich in Prag vermessen hatte, einem Esel das Lesen beizubringen: *Eulenspiegel dachte: Unser sind drei. Stirbt der Rektor, so bin ich frei; sterb' ich, wer will mich mahnen? Stirbt mein Schüler, so bin ich ebenfalls ledig.*

Till soll in Kneitlingen (in Braunschweig) geboren worden und 1350 in Mölln (südlich von Lübeck) gestorben sein. Die Schwanksammlung „Ein kurzweilig Lesen von Dyl Ulenspiegel" (Straßburg 1515, 1519) wurde in die meisten europäischen Sprachen übersetzt.

Nach 500 Jahren haben die Schwänke ihren Unterhaltungswert verloren. Sie sind weiterhin interessant durch tausend Einzelheiten betreffend das Leben von Bauern, Handwerkern, Geistlichen, Gelehrten und Adeligen, wie auch durch die Schilderung von Bräuchen beginnend mit dem Umtrunk nach Tills Taufe.

Der belgische Schriftsteller Charles de Coster (1827-1879) hat einen Roman verfasst, in dem Eulenspiegel vor dem Hintergrund des flämischen Befreiungskampfes gegen die Spanier im 16. Jahrhundert zum politischen Volkshelden heranwächst: „Die Geschichte von Ulenspiegel und Lamme Goedzak und ihren heldenmäßigen, fröhlichen und glorreichen Abenteuern" (1868).

2017 veröffentlichte Daniel Kehlmann den Schelmenroman „Tyll", dessen Handlung im Dreißigjährigen Krieg spielt. Der Protagonist wächst in einem Dorf in Süddeutschland auf. Er nimmt die Rolle eines Hofnarren ein, der die Herrschenden verspottet.

Faust

Die Faust-Sage entstand um die Mitte des 16. Jahrhunderts. Sie nährte sich aus der Biografie des Arztes, Astrologen und Schwarzkünstlers Johannes (oder Georg) Faust (1480-1536) wie auch aus älteren Zaubergeschichten. Diese Sage wurde erstmals mit dem Titel „Historia von D. Johann Fausten" 1587 in Frankfurt am Main gedruckt. Man könnte sagen, dass sie dem ältesten überlieferten Faust-Drama die Hand gereicht hat – das war „The Tragical History of Doctor Faustus" [„Die tragische Geschichte von Doktor Faustus"] von Christopher Marlowe, aufgeführt um 1590. Englische Schauspieler brachten das Drama in roher Umarbeitung nach Deutschland. Aus dem Drama entstanden die einschlägigen Puppenspiele.

Das Volksbuch wurde sofort ins Englische, Französische, Dänische und Holländische übersetzt, es wurde später wiederholt erweitert und überarbeitet (1589, 1599, 1674, 1725). Der erste Teil ist voller Fragen, die Faust an den Teufel Mephisto richtet, um hinter die *Elementa* zu kommen. Im Volksbuch geht Faust wegen seines Lebenswandels zugrunde – er wird vom Teufel geholt. Der anonyme Verfasser warnt seine Leser eindringlich davor, es ihm gleichzutun.

Die Sage hat nach und nach zahlreiche Dichter und Schriftsteller zu Werken angeregt, welche ihrerseits andere Dichter und Schriftsteller auf den Stoff aufmerksam machten: Marlowe – Lessing – Maler Müller – Klinger – Goethe – Byron – Grabbe – Lenau – Heine – Madách –

Valéry – Thomas Mann – Bulgakow. Es gibt Faust-Opern von Spohr – Gounod – Boito – Busoni. Von Wagner stammt eine Faust-Ouvertüre, von Liszt eine Faust-Sinfonie.

Am berühmtesten ist die Faust-Tragödie von Goethe. Ihn hat der Stoff sein Leben lang begleitet. Die Aufführungen des Volksschauspiels und die Puppenspiele lernte er in seiner Jugend kennen. In den Jahren 1772-1775 entstanden die Szenen, die heute als „Urfaust" bekannt sind. 1808 erschien „Faust. Der Tragödie erster Teil". Auf das Drängen Johann Peter Eckermanns beendete Goethe den zweiten Teil im Juli 1831, d.h. kurz vor seinem Tod.

Goethes Faust möchte wissen, was die Welt im Innersten zusammenhält. Weil er es aus den vorhandenen Büchern nicht erfahren kann und weil der Erdgeist ihn abweist, wendet er sich an Mephisto, nachdem er merkt, dass auch die Hölle ihre Gesetze hat. Faust ist bereit, Mephisto seine Seele zu überlassen, wenn jener seine Wissbegier stillt. Er geht mit ihm eine Wette ein. Da Faust Genuss in einem anderen Sinne auffasst als Mephisto, ist er sicher, dass jener ihn nicht befriedigen wird. „Mephisto denkt an ein Schwelgen im Sinnengenuss. Fausts Streben geht auf rastlosen Wechsel im Genuss aus. Ein parasitäres Genießen, getrennt von aller Tätigkeit und vom menschlichen Streben, kann es für Faust nicht geben."[149]

„Werd ich zum Augenblicke sagen:
Verweile doch! Du bist so schön!
Dann magst du mich in Fesseln schlagen,
Dann will ich gern zugrunde gehn!
Dann mag die Totenglocke schallen,
Dann bist du deines Dienstes frei,
Die Uhr mag stehn, der Zeiger fallen,
Es sei die Zeit für mich vorbei!"

---

[149]   JOHANN WOLF: Vorwort. In: JOHANN WOLFGANG GOETHE: Faust. I. und II. Teil. Bukarest: Kriterion, 1974. S. 5-44, hier S. 21.

Figaro

Nicht im Puppentheater, sondern auf der Bühne des Nationaltheaters in Paris, in der Comédie Française, beherrschten zwei Vertreter des Dritten Standes die Szene: der Tausendsassa Figaro, bekannt als *Barbier von Sevilla* aus dem gleichnamigen Lustspiel, jetzt Kammerdiener beim Grafen Almaviva, und seine Verlobte Susanne, Kammerjungfer der Gräfin. Sie widersetzten sich mit Erfolg dem Grafen, einem notorischen Schürzenjäger, der das barbarische Recht der Feudalherren auf die erste Nacht auch bei Susanne wahrnehmen wollte. Die Premiere der „Hochzeit des Figaro" fand am 27. April 1784 statt, fünf Jahre vor der Französischen Bürgerlichen Revolution. König Ludwig XVI. hatte die Aufführung wiederholt verboten.

Diese sozial-politische Satire von Pierre-Augustin Caron de Beaumarchais (1732-1799), der ein Tausendsassa war wie sein Figaro, nur auf einer anderen Ebene – Uhrmacher, Harfenlehrer, Spekulant, Schriftsteller, Herausgeber der Werke Voltaires – gilt als Vorbild für die französische Komödie des 19. Jahrhunderts. Die zwei Lustspiele „Der Barbier von Sevilla" und „Die Hochzeit des Figaro" machten den Autor weltberühmt.

Der „Barbier von Sevilla" wurde erst von Giovanni Paisiello als Oper in zwei Akten gestaltet (Uraufführung in Petersburg 1782), dann von Gioacchino Rossini ebenfalls als Oper in zwei Akten (Uraufführung in Rom 1816).

In Wien war die Aufführung der Komödie zunächst als „nicht ganz anständig für ein gesittetes Publikum" verboten worden. Als Kaiser Joseph II. von Mozarts Vorhaben hörte, sie zu vertonen, war er zunächst entsetzt. Erst nach einem Gespräch mit dem Librettisten Lorenzo da Ponte gab er seine Zustimmung und hob auch das Verbot für das französische Stück auf. Mozart komponierte seine Oper in vier Akten binnen sechs Monaten – von Ende Oktober 1785 bis zum 29. April 1786. Sie wurde unter seiner Stabführung am 1. Mai 1786 im Wiener Burgtheater uraufgeführt und erntete außergewöhnlichen Erfolg.

Frau Holle

Das Grimm'sche Märchen von Frau Holle (KHM 24) ist eine Variante des Typus AT 480 „Das gute und das schlechte Mädchen"; hier kehrt die Heldin als goldene Jungfrau, die Unheldin als mit Pech übergossene Jungfrau heim. Ausgehend von diesem Märchen könnte man Frau Holle für eine erfundene Gestalt halten, aber zwei von den Brüdern Grimm veröffentlichte Sagen – „Frau Hollen Teich"[150] und „Frau Holla zieht umher"[151] – weisen in eine andere Richtung. Sie lassen vermuten, dass Holle die Oberin des prähistorischen Frauenbundes war.

Frau Holle machte die Weiber, die zu ihr in den Brunnen stiegen, gesund und fruchtbar[152], was mit anderen Worten bedeutet, dass sie kinderlose Frauen beraten hat, und mit Sicherheit war die Konsultation mit magischen Praktiken verknüpft. – In Hessen konnte auch die *Wilde Frau* helfen, die sich an einem Born bei Einartshausen aufhielt: Wenn eine Frau gern ein Kind haben wollte, musste sie vor Sonnenaufgang dreimal aus dem Born trinken und dann Speise in einer neuen Schüssel niederstellen (Der Wildfrauborn bei Einartshausen[153]). – Eine um 1300 aufgezeichnete provenzalische Legende berichtet von einer Fee namens *Esterelle,* die denselben Ruf genoss. Sie wohnte in der Nähe eines

---

[150] Frau Hollen Teich. In: BRÜDER GRIMM (Hg.): Deutsche Sagen. Bd. 1, S. 35. – Auch enthalten in: HEINZ RÖLLEKE (Hg.): Das große deutsche Sagenbuch. S. 470.
Der Teich befand sich auf dem hessischen Gebirge Meißner.
[151] Frau Holla zieht umher. In: BRÜDER GRIMM (Hg.): Deutsche Sagen. Bd. 1, S. 36.
[152] Frau Hollen Teich. In: BRÜDER GRIMM (Hg.): Deutsche Sagen. Bd. 1, S. 35. Aus dem Wortlaut der Sage könnte man auf ein Bad in einer Heilquelle schließen, doch lässt er sich auch so auslegen, dass Frau Holle laut Konvention unter Wasser lebte (so wie der Zauberer, der als *Wassermann* bezeichnet wird).
[153] Der Wildfrauborn bei Einartshausen. In: ULF DIEDERICHS und CHRISTA HINZE (Hg.): Hessische Sagen. S. 203-204.

Brunnens, man brachte ihr Opfergaben, und sie gab den unfruchtbaren Frauen Zaubertränke.[154]

In einer Spessart-Sage besitzt Frau Holle einen Bauernhof mit Feld (Die Frau Hulle[155]). Dort erlernt Jakob die Bauernarbeit. In Thüringen wurde erzählt, dass sie fleißige Mädchen mit einem schönen Bräutigam beschenkt (Frau Holle geht um[156]). Diese Funktion, Ehen zu stiften, teilt Frau Holle mit der *Gorgo* von der Insel Samothrake (Die Kinder des Fischers[157], griechisch) und mit der Fee *Ilina,* der mächtigsten der Feen (Lüge nicht![158], rumänisch aus Siebenbürgen). Eine Legende aus den Westkarpaten (ein Gebirgsstock im Westen Rumäniens) handelt von einer Fee, die ihr Schloss auf dem Berggipfel hatte und ein Huhn besaß, welches goldene Eier legte – als Hochzeitsgabe schenkte sie jedem jungen Paar ein goldenes Ei.[159]

Die ukrainische und die rumänische Mädchen-Spinnstube haben die Funktion, Ehen zu stiften, von der Oberin des ehemaligen Frauenbundes geerbt. Dort *sang man* die Mädchen und die zu Besuch weilenden Burschen *einander zu.* Laut Monica Brătulescu ist es der Mädchen-Spinnstube zu verdanken, dass die Ehelosigkeit in der Tradition des rumänischen Dorfes ein äußerst seltenes Phänomen war.[160]

---

[154]   PAUL SÉBILLOT: Le Folk-Lore de France. Bd. 2, S. 197.

[155]   Die Frau Hulle. In: VALENTIN PFEIFER (Hg.): Spessart-Sagen. S. 53-56, hier S. 54. – Siehe auch: Der krumme Lutz vom Schellenberg am Main. In: KARL PAETOW: Frau Holle. S. 26-30.

[156]   Frau Holle geht um. In: ECKHARD WITTER: Die Ottermahlzeit. S. 9.

[157]   Die Kinder des Fischers (AT ---). In: FELIX KARLINGER (Hg.): Märchen griechischer Inseln und Märchen aus Malta. S. 150-153.

[158]   Nu minţi! (AT 710.) In: ION POP RETEGANUL: Poveşti ardeleneşti. S. 198-201.

[159]   GERHARD BONFERT: Mädchenmarkt auf dem Găina-Berg. Eine Sommerreise ins Westgebirge zum größten Volksfest der Motzen. In: „Komm mit '81". S. 41-44. („Komm mit" war ein von der Redaktion „Neuer Weg" herausgegebenes Wanderbuch.)

[160]   MONICA BRĂTULESCU: Ceata feminină. S. 56.

Zu dem Vermerk, dass Frau Holle faule Spinnerinnen bestrafte, indem sie ihnen den Rocken besudelte, das Garn verwirrte oder den Flachs anzündete, finden sich an anderer Stelle Parallelen. Im Nordharz pflegte man zu sagen, wenn sich während der Zwölften noch Flachs auf der Disse befindet, dann kommt *Frau Harke,* um ihn zu zerzausen (Frau Harke).[161] – *Perchtha,* hieß es im Voigtland, komme am Abend vor dem Dreikönigstag, um zu sehen, ob alles abgesponnen ist; wer dann leere Spulen nicht in bestimmter Zeit vollspinnt, dem verwirre sie den Flachs oder verunreinige ihn.[162] – In Oberbayern drohte man den Mädchen mit der *Frau Bercht* bzw. *Frau Bert.* Wenn sie am Vorabend zum Neuen Jahr den Rocken nicht rein abgesponnen hatten, hieß es, Frau Bercht werde ihnen den Bauch aufschneiden und mit Flachs ausfüllen; wenn sie Kehricht in den Ecken der Stuben gelassen hatten, hieß es, Frau Bercht werde ihnen den Bauch aufschneiden und mit Kehricht ausfüllen (Frau Bercht in Bergen in Oberbayern; Frau Bert in Mühldorf in Oberbayern).[163] – Im bayrisch-österreichischen Alpengebiet befürchtete man, *Frau Percht* werde das nicht abgesponnene Werg der lässigen Spinnerin um den Arm winden und abbrennen.[164] – Im kärntnerischen Oberrosental wurde erzählt, dass *Berchta* zur Zeit der Wintersonnenwende vom Lucientage an umherziehe, allein oder mit ihrem Gefolge, nämlich einer Schar ungetauft verstorbener Kinder, und faulen Mädchen den Rocken in Brand stecke (Die Quatemberfrau[165]). – Von Angermünde bis Bahn in Hinter-

---

[161]   Frau Harke. In: WILL ERICH-PEUCKERT (Hg.): Niedersächsische Sagen. Bd. 4, S. 103.

[162]   ROBERT EISEL: Sagenbuch des Voigtlandes. S. 97.

[163]   Frau Bercht in Bergen in Oberbayern. In: FRIEDRICH PANZER: Bayerische Sagen und Bräuche. Bd. 1, S. 209. – Frau Bert in Mühldorf in Oberbayern. Ebd.

[164]   MARIE ANDREE-EYSN: Volkskundliches aus dem bayrisch-österreichischen   Alpengebiet. S. 159.

[165]   Die Quatemberfrau. In: WILL-ERICH PEUCKERT (Hg.): Ostalpensagen. S. 140-141.

pommern warnte man, es werde, wenn in den Zwölften noch Flachs auf dem Wocken sitzt, die *Fuik* kommen und ihn besudeln (Göttinnen[166]).

Es ist aber nicht bei Drohungen geblieben. Drastische Bräuche, die bis ins 19. Jahrhundert geübt wurden, lassen uns glauben, dass die Überlieferungen von den Kontrollgängen der Frau Holle und vergleichbarer Gestalten einen realen Kern haben. Von dem Terror berichtet schon Martin Montanus, der im Jahre 1530 geboren wurde. Bis zum Donnerstag vor Fastnacht, der im Rheinland auch *Weiberfastnacht* genannt wird, musste die Spinnerin allen Flachs vom Rocken gesponnen haben, weil ihr sonst *Bertha* grollte. „Finden die Burschen am Zimbertstage irgend Flachs auf dem Wocken, so zünden sie den an. Auch gilt dies die ganze Fastnacht hindurch wie in den dreizehn Tagen der Weihnachte." (Göttinnen.[167]) – Im Südwesten des Schweriner Landes, in einem Bauernrevier, fürchtete man sich noch zu Beginn des 20. Jahrhunderts vor einem weiblichen Wesen, das in den Zwölften auf Erden umherzieht. Es wurde *Frau Waur, Frau Waus', Frau Gaur, Frau Gaus', Frau Goden* oder ähnlich genannt. In der Mirow-Wesenberger Gegend wurde diese Gottheit bis um 1870 leibhaftig dargestellt. „Als Mutter God'sch zog ein Bursche mit einem Sommerhut, Hede vor den Augen, im Dorfe umher. Dabei drang er besonders in diejenigen Häuser ein, in denen ein ‚Spinnklub' gehalten ward, prüfte die Spinnräder und füllte die Wocken fauler Spinnerinnen mit Pferdeäpfeln, die er im Sacke mit sich führte."[168]

In der südlichen Hälfte Rumäniens (Banat, südliches Siebenbürgen, Oltenien, Muntenien, südliche Moldau) war der Glaube an eine Gestalt verbreitet, die funktional mit der Holle und mit der Bercht übereinstimmt. Sie hieß *Joimăriţa* – „Gründonnerstags-Frau" (nach *Joia Mare* – „Gründonnerstag"). Vermeintlich kontrollierte diese Gestalt, ob die Mädchen das Werg versponnen und das Spinngut zu Tuch verarbeitet hatten, ob die Männer den Mist aus den Höfen entfernt und die Zäune

---

[166]   Göttinnen. In: ADALBERT KUHN: Sagen, Gebräuche und Märchen aus Westfalen. Zweiter Teil, S. 3-6, hier S. 4, Punkt 4.

[167]   Ebd., S. 3-6, hier S. 5, Anm. zu Punkt 7. (Mit Berufung auf Montanus.)

[168]   SUSAN LAMBRECHT, GERD RICHARDT, CHRISTOPH SCHMITT (Hg.): Das große WOSSIDLO-Lesebuch. S. 240.

repariert hatten. Sie verbrannte die Wergreste und steckte den vorgefundenen Mist in Brand. Abgesehen davon wurden die säumigen Frauen und Männer von ihr bestraft, indem sie Werkzeuge wegnahm oder die Finger versengte oder die Fingernägel mit einem Hammer beklopfte.[169] Im westlichen Teil der rumänischen Donau-Ebene, in Oltenien, erinnerte man sich noch zu Beginn des 20. Jahrhunderts daran, dass ehemals in der Karwoche Gruppen von Burschen in die Häuser eingefallen waren, um zu kontrollieren, ob die Frauen das gesamte Werg versponnen hatten und ob die Männer mit dem Pflügen begonnen hatten. Die Burschen waren mit Glutbehältern *(căldăruşe cu jăratec)* ausgestattet, den faulen Frauen versengten sie die Finger.[170]

In den österreichischen Alpenländern Steiermark, Tirol, Niederösterreich und Salzburg war der Glaube verbreitet, in den Zwölften folge der Percht eine Schar, die aus den Seelen ungetauft verstorbener Kinder besteht.[171] Mit dieser Schar sind die Zöglinge der Buschschule gemeint, die die Stammeshexe bei ihrem Umzug zur Wintersonnenwende begleiteten. Sie galten als tot und hatten wohl ihren alten Namen abgelegt. Die Sagen über Frau Holle, Frau Bercht und ihre Doppelgängerinnen lassen vermuten, dass die Umzüge mit der Lebensrute ursprünglich von der Oberin des Frauenbundes angeführt wurden, die sich bei dieser Gelegenheit zur Ordnung in Haus und Hof sowie zum Fleiß der Bewohner äußerte. Wahrscheinlich war die Buschschule ihr Ausgangspunkt, denn die Schar führte einen Wagen oder einen Schlitten für Lebensmittelspenden mit.

An den ehemaligen Ritus erinnerten bis ins 20. Jahrhundert Umzüge von maskierten bzw. geschwärzten Jugendlichen mit der Lebensrute, mit Segenswünschen, mit symbolischem Pflügen und Säen, Tanz, Kontrollgang und Bewirtung der Teilnehmer.

Vermutlich bezeichnet der Name *Bercht* die Funktion als Zauberin und ist dann ein Gattungsname (wie *Holle*). Wenn es stimmt, dass er

---

[169] TUDOR PAMFILE: Mitologie românească. S. 77. – OVIDIU BÎRLEA: Mică   enciclopedie a poveştilor româneşti. S. 451.
[170] TUDOR PAMFILE: Mitologie românească. S. 76-79.
[171] VIKTOR WASCHNITIUS: Perht, Holda und verwandte Gestalten. S. 18, 30, 48-49, 56, 142.

so viel bedeutet wie „glänzend", ergibt sich eine Übereinstimmung mit dem Namen der Feenkönigin in ungarischen, rumänischen und russischen Märchen: *Ilona, Ilina, Elena, Jelena,* alles Varianten des griechischen Namens *Helena,* der so viel bedeutet wie „die Leuchtende" oder „die Lichtvolle".

Graf Bobby

In Österreich wurden 1919 die Adelstitel abgeschafft. Doch in der Witzliteratur leben die vertrottelten Repräsentanten der Adelsklasse bis heute: Graf Bobby, Baron Mucki, Baron Schmeidl u.a. Witzgeschichten mit Graf Bobby wurden wiederholt mit dem Showstar Peter Alexander in der Titelrolle verfilmt (1961, 1962, 1965).

Graf Bobby sitzt in seiner Küche vor einem riesigen Berg geschnittener Semmeln. Mucki kommt herein und fragt: „Ja, Bobby, was machst denn da?"

„Ich will mir a Mehlspeis kochen, und da steht im Kochbuch: Man schneide drei Tage alte Semmeln. – No, und ich schneid' erst seit zwei Tagen!"

Bobby und Mucki kommen aus dem Spielkasino. Bobby nackt, Mucki nur mit der Unterhose bekleidet. Da spricht Bobby bewundernd: „Schau, Mucki, das gefällt mir so an dir: Du weißt immer, wann du aufhören sollst!"

Baron Schmeidl ist auf der Jagd gestorben. „Hast es gehört, Bobby?" fragt Mucki.

„Ja, ja", bestätigt Bobby. „Wann ich nur wüst', wer der andere war, mit dem der Schmeidl gestorben ist!"

„Welcher andere?"

„No – hast net die Annonce gelesen? Da stand doch klipp und klar: Mit ihm starb ein leidenschaftlicher Jäger."

Graf Bobby muss wieder einmal einen Scheck ausstellen, aber er hat vergessen, wie man das macht. Der Bankbeamte sagt: „Herr Graf, und hier müssen S' unterschreiben, bitte sehr!"
„Unterschreiben? Wie denn?"
„No, wie der Herr Graf halt einen Brief unterschreiben."
Graf Bobby greift zur Feder und schreibt: „Dein dich liebender Bobby."

Graf Dracula

Der Text des Romans setzt sich aus Briefen und Tagebuch-Aufzeichnungen zusammen, die sehr ausführlich sind. Er präsentiert sich als Kreuzung aus Kriminalroman und Arztroman, wobei Untote als Verbrecher fungieren. Deren Chef entpuppt sich als König der Vampire. Die Handlung spielt teils in Siebenbürgen und in der Bukowina, teils in London. Während die geografischen Einzelheiten stimmen, hat der Verfasser bei den Nationalitäten und bei den geschichtlichen Fakten gepatzt. Dass Graf Dracula gleichzeitig Bojar und Szekler sein will, ist ein Unding, denn die Bojaren waren rumänische Gutsbesitzer, die Szekler aber ungarische Bauern oder Leib-eigene. Noch dazu will Dracula der Nachkomme eines Fürsten der Walachei sein, der sich in den Türkenkriegen hervortat.

Das Schloss Bran (oder Törzburger Schloss), welches heute ahnungslosen Touristen als ehemaliger Sitz Draculas gezeigt wird, steht übrigens nicht in der Bukowina, sondern im südwestlichen Siebenbürgen, an einer Pass-Straße zwischen Siebenbürgen und der Walachei, etwa 30 Kilometer von der Kreishauptstadt Braşov (Kronstadt) entfernt.

Bram Stoker (1847-1912) verpflanzte abergläubische Vorstellungen des Mittelalters ins ausgehende 19. Jahrhundert. Er lässt hochgebildete Menschen gegen Vampire kämpfen, die nachts ausschwärmen, wobei sie durch die engsten Ritzen schlüpfen. Als Waffen gegen sie dienen Knoblauchkränze, Zweige eines wilden Rosenstrauchs, Kruzifixe und zerbröselte Hostien. Man setzt sie schachmatt, indem man ihnen … einen hölzernen Pfahl durchs Herz treibt.

Der Roman wurde zu einer Zeit verfasst, als man schon die Möglichkeit in Erwägung zog, erkrankten Personen Blut zu übertragen – zwei

Männer spenden einer Frau Blut, die durch den Angriff Draculas geschwächt ist. Die Entdeckung der Blutgruppen durch Karl Landsteiner, deren Kenntnis für das Gelingen einer Blutübertragung wesentlich ist, fällt aber erst ins Jahr 1901.

Angesichts der zahlreichen Auflagen in diversen Sprachen, angesichts der Bühnenfassungen, Opern, der zahlreichen Verfilmungen, eines Musicals, eines Hörspiels und eines Balletts zum 100. Jubiläum des Romans greift man sich an den Kopf.

Gulliver

Mitten im Zeitalter der geografischen Entdeckungen, im Jahre 1727, veröffentlichte der Ire Jonathan Swift (1667-1745) den satirischen Roman „Gullivers Reisen". In ihm karikiert er menschliche Schwächen sowie Verirrungen der Wissenschaft und geißelt politische Missstände seiner Zeit.

In Liliput, dem Land der Zwerge, liegen zwei politische Parteien im Streit, die sich durch die hohen bzw. niedrigen Absätze ihrer Schuhe unterscheiden. Weil der Großvater des herrschenden Kaisers sich einmal beim Öffnen eines Eies in den Finger geschnitten hatte, wurde ein Gesetz erlassen, welches allen Untertanen verbot, ihre Eier weiterhin am breiteren Ende zu öffnen, was zu sechs Aufständen, zahlreichen Hinrichtungen und zum Krieg mit der Nachbarinsel Blefuscu führte.

In Brobdingnag, dem Land der Riesen, darf kein Gesetz in der Zahl der Worte die Zahl der Buchstaben ihres Alphabets übersteigen, und das besteht nur aus zweiundzwanzig. Aber selbst diese Länge wird nur von wenigen Gesetzen erreicht. Sie sind in den deutlichsten und einfachsten Worten geschrieben. Die Einwohner von Brobdingnag besitzen nicht genug Scharfsinn, um mehr als eine Auslegung zu finden, und es gilt als Kapitalverbrechen, einen Kommentar zu einem Gesetz zu verfassen.

In der Akademie der Insel Lagado denken die Professoren sich neue Methoden aus: Ein Forscher versucht, aus Gurken Sonnenlicht zu extrahieren, das man in Phiolen aufbewahren muss, ein anderer tüftelt an dem Verfahren, die menschlichen Exkremente wieder in Nahrung zu verwandeln. – Ein Architekt will beim Häuserbauen mit dem Dach anfangen. – Gulliver trifft einen Arzt, der Patienten zu heilen versucht, indem er Luft durch sie bläst. – Ein Sprachprojekt ist darauf ausgerichtet, die Rede zu vereinfachen, indem man vielsilbige Wörter in einsilbige verwandelt und Verben sowie Partizipien auslässt. – Ein Professor vertritt die Meinung, dass man die Frauen entsprechend ihrer Schönheit und nach ihrem Geschmack, sich zu kleiden, besteuern soll.

Schließlich gelangt Gulliver in ein Land, in dem Pferde die Herren, Menschen aber deren Diener sind, und dort gefällt es ihm am besten, denn die weisen Pferde kennen weder Not noch Krankheit, noch Krieg.

Swifts Roman wurde zu Spielfilmen, Zeichentrickfilmen, Comics und Hörspielen verarbeitet. Er enthielt genug bildhafte, fesselnde Passagen, um durch großzügige Streichungen in ein Kinderbuch umgearbeitet zu werden, was wiederholt geschah. Den Streichungen fielen subtile Bezugnahmen auf die Politik, die Wissenschaft und die Philosophie des 18. Jahrhunderts zum Opfer. Gar mancher, der als Kind eine solche Bearbeitung gelesen hat, lebt mit der Illusion, dass er Swifts Buch kennt.

Hagen von Tronje

Wer der Verfasser des Nibelungenliedes war, das zu Beginn des 13. Jahrhunderts entstanden ist und Mitte des 18. Jahrhunderts wiederentdeckt wurde, konnte bis heute nicht ermittelt werden, obwohl dieses Werk dank seines kunstvollen Aufbaus und der ungeheuren Dramatik im 19. Jahrhundert den Rang eines Nationalepos erlangte. Von seiner Beliebtheit zeugen 35 Handschriften aus dem 13. bis zum frühen 16. Jahrhundert (allesamt Fragmente). Das gesamte Werk zählt 2.400 Strophen mit einer besonderen Form, der *Nibelungen-Strophe*. Die Germanisten durchleuchteten jede Silbe und verglichen die zugrundeliegenden Sagen mit verwandten Überlieferungen aus Skandinavien und Island.

Man weiß heute, dass der Autor aus dem bairisch-österreichischen Raum stammte. Er hat Sagen umgeformt, die seit Jahrhunderten erzählt wurden, und Ereignisse aus der Zeit der Völkerwanderung spiegeln: den Einfall der Hunnen – den Untergang der Burgunder – den Aufstieg der Ostgoten.

Im Nibelungenlied spielt Hagen von Tronje eine Hauptrolle. Er ist ein Verwandter des Burgunderkönigs Gunther, sein oberster Vasall und Ratgeber. Um Gunther treu zu dienen, schreckt er vor keiner Untat zurück.

Hagen ermordet Gunthers Schwager, den Recken Siegfried, im Auftrag von Gunthers Frau Brunhild. – Weil er und Gunther befürchten, dass Siegfrieds Witwe Kriemhild dank des Nibelungenschatzes, den sie erbte, zu großen Einfluss gewinnen könnte, stiehlt er den Schatz und versenkt diesen im Rhein. – Aus demselben Grunde versucht er, die Ehe Kriemhilds mit dem Hunnenkönig Etzel zu verhindern. – Als Etzel und Kriemhild Kriemhilds Brüder zu einem Fest einladen, vermutet er böse Absichten, kann sich aber nicht durchsetzen. Unterwegs erfährt er von einer weissagenden Wasserfrau, was den Burgunden bevorsteht. – Er tötet den Sohn von Etzel und Kriemhild, der auf Etzels Wunsch in Worms erzogen werden sollte, das ist der Auftakt zur Massakrierung der Burgunden.

Als alle seine Gefährten schon von den übermächtigen Hunnen erschlagen sind, wird Hagen durch Dietrich von Bern überwunden und gefesselt. Weil er Kriemhild nicht mitteilen will, wo der Nibelungenschatz versteckt ist, schlägt sie ihm das Haupt ab. Aus Zorn darüber, dass ein so herrlicher Recke, gefesselt, von der Hand einer rasenden Frau sterben musste, schlägt der Waffenmeister Dietrichs von Bern, der alte Hildebrand, seinerseits Kriemhild das Haupt ab.[172]

Während der Dichterfürst Goethe das Nibelungenlied jedermann zur Lektüre empfohlen hat, äußerte König Friedrich der Große, es sei keinen Schuss Pulver wert.

Heinrich Heine hat seine Bewunderung für das Epos in seinem Werk „Die romantische Schule" (1836) festgehalten:

Jedenfalls ist aber dieses „Nibelungenlied" von großer, gewaltiger Kraft. Ein Franzose kann sich schwerlich einen Begriff davon

---

[172]   CAY RADEMACHER und INSA BETHKE: Das zweite Leben des Attila. In: GEO EPOCHE Nr. 76. Die Völkerwanderung. Germanen gegen Rom. S. 101-102.

machen. Und gar von der Sprache, worin es gedichtet ist. Es ist eine Sprache von Stein, und die Verse sind gleichsam gereimte Quadern. Hie und da, aus den Spalten, quellen rote Blumen hervor wie Blutstropfen oder zieht sich der lange Efeu herunter wie grüne Tränen. Von den Riesenleidenschaften, die sich in diesem Gedichte bewegen, könnt ihr kleinen, artigen Leutchen euch noch viel weniger einen Begriff machen. Denkt euch, es wäre eine helle Sommernacht, die Sterne, bleich wie Silber, aber groß wie Sonnen, träten hervor am blauen Himmel, und alle gotischen Dome von Europa hätten sich ein Rendezvous gegeben auf einer ungeheuer weiten Ebene, und da kämen nun ruhig herangeschritten das Straßburger Münster, der Kölner Dom, der Glockenturm von Florenz, die Kathedrale zu Rouen usw., und diese machten der schönen Notre Dame de Paris ganz artig die Cour. Es ist wahr, dass ihr Gang ein bisschen unbeholfen ist, dass einige darunter sich sehr linkisch benehmen, und dass man über ihr verliebtes Wackeln manchmal lachen könnte. Aber dieses Lachen hätte doch ein Ende, sobald man sähe, wie sie in Wut geraten, wie sie sich untereinander würgen, wie Notre Dame de Paris verzweiflungsvoll ihre beiden Steinarme gen Himmel erhebt und plötzlich ein Schwert ergreift und dem größten aller Dome das Haupt vom Rumpfe herunterschlägt. Aber nein, ihr könnt euch auch dann von den Hauptpersonen des Nibelungenliedes keinen Begriff machen; kein Turm ist so hoch und kein Stein ist so hart wie der grimme Hagen und die rachgierige Krimhilde.[173]

Das Epos hat Richard Wagner zu einer musikdramatischen Tetralogie inspiriert („Der Ring der Nibelungen", erste Gesamtaufführung im August 1876) und Friedrich Hebbel zu einem Trauerspiel („Die Nibelungen", 1862). Im Laufe der Jahre diente das Epos als Vorlage für mehrere Romane und Spielfilme, beim ersten, 1924 veröffentlicht, er hieß „Die Nibelungen", führte Fritz Lang Regie.

Heute gibt es auch eine spezifische Ferienstraße – die *Nibelungen-Siegfried-Straße;* sie führt von Worms über Bensheim, Michelstadt und Amorbach nach Würzburg.

---

[173] HEINRICH HEINE: Die romantische Schule. In: HEINES Werke in fünf Bänden. Vierter Band. S. 189-339, hier S. 294-295.

Hannibal

Der karthagische Feldherr und Staatsmann überquerte im Jahre 218 v.Chr., von Spanien kommend, mit einem Riesenheer die verschneiten Alpen: nach einer Überlieferung mit 50.000 Fußsoldaten und 9.000 Reitern, nach einer anderen mit 25.000 Fußsoldaten und 12.000 Reitern, zudem 37 Kriegselefanten. Unterwegs schlug er in Gallien die Volsker, die sich ihm zu widersetzen wagten, und wehrte Angriffe der Bergbewohner ab. Es geschah im Zweiten Punischen Krieg, der ebenso wie der Erste um die Vorherrschaft im Mittelmeer geführt wurde.

Der Marsch von den Pyrenäen nach Oberitalien dauerte fünf Monate.[174] Er hat ungeheure Opfer gekostet: Von den 46.000 Mann an der Rhone waren nur 26.000 übrig, dazu kamen die Verluste an Elefanten, Pferden und Trossmaterial. Die Ausfälle kamen denen einer verlorenen Schlacht gleich. Hannibal hatte sie einkalkuliert (wenn auch nicht in diesem Ausmaß), weil er noch im selben Herbst auf italischem Boden stehen wollte – bevor Rom sich auf die Abwehr vorbereitet hatte.[175]

Er besiegte die römischen Truppen in mehreren legendären Schlachten, wurde dann aber, weil ohne nennenswerte Unterstützung aus Karthago geblieben, ab 215 v.Chr. in die Defensive gedrängt.

Aus jener Zeit stammt der Schreckensruf „**Hannibal ante portas!**" [Hannibal vor den Toren!], was so viel wie höchste Gefahr bedeutet.

In der Neuzeit haben mehrere Alpenüberquerungen mit Elefanten stattgefunden. Den Anfang machte der exzentrische Abenteurer und Reiseschriftsteller Richard Haliburton – er ritt 1935 auf einem Elefanten über den Großen Sankt-Bernhard-Pass. 1956 machte das British Museum, 1959 die „Cambridge Alpine Elephant Expedition" von sich reden. Im September 1979 schließlich überquerten Jack Wheeler und sein

---

174 GUSTAV FABER: Auf den Spuren von Hannibal. S. 104.
175 Ebd., S. 101.

Begleiter den Col-du-Clapier-Pass mit zwei Elefanten eines tunesischen Zirkus.[176]

Für welche Route (von drei wahrscheinlichen) Hannibal sich seinerzeit entschieden hat, blieb jahrzehntelang ein Rätsel und ein Thema für Spekulationen. Seit 2016 gilt die Route über den Col de Traversette als die wahrscheinlichste. Ein internationales Team von Wissenschaftlern unter Führung des Geomorphologen William Mahaney von der York University in Toronto hat eine Stelle untersucht, die als Raststätte geeignet war, und Spuren u.a. in Form von Pflanzenfresser-Kotresten entdeckt – vermutlich stammen diese von Hannibals Pferden und Maultieren.

Hänsel und Gretel

Dieses Grimm'sche Märchen (KHM 15, AT 327 A) gilt als eines der beliebtesten. Man muss kein Psychologe sein, um zu begreifen, warum die Handlung kleine Kinder bewegt: weil sie nachempfinden, was der Verlust der Sicherheit im elterlichen Haus bedeutet – weil sie sich vor dem Unbekannten fürchten – weil die Tricks der zwei Protagonisten im Kampf gegen die hinterhältige Hexe sie faszinieren.

Der Text gehört zu den Menschenfresser-Märchen, die über alle drei Kontinente der Alten Welt verbreitet waren. Wie in der neapolitanischen Fassung „Nennillo und Nennella" von Giambattista Basile tritt nur ein Geschwisterpaar auf, ein Knabe und ein Mädchen, allerdings streut dort beim Wegführen in den Wald der Vater eine Spur, erst Asche, dann Kleie.[177] In der französischen Fassung „Der kleine Däumling" von Charles Perrault werden sieben Knaben ausgesetzt, wobei der jüngste

---

[176]	RALF-PETER MÄRTIN: Hannibal der Alpenbezwinger. In: Ders.: Die Alpen in der Antike. S. 48-83, hier S. 78.

[177]	Nennillo und Nennella (AT 327 A + eigentümliche Fortsetzung). In: GIAMBATTISTA BASILE: Das Pentameron. S. 450-456.

eine Spur streut, erst weiße Kieselsteine, dann Brotkrümel.[178] Genauso in der türkischen Fassung „Der Zwerg Veli"[179].

In den überaus zahlreichen Varianten sind die Protagonisten mal Knaben, mal Mädchen. Der Trick mit der Ofenschaufel, auf den die Hexe hereinfällt, kommt öfter vor.

Zur Verbreitung des Märchentypus AT 327 A „Hänsel und Gretel" vermerkte der Märchenforscher Waldemar Liungman Folgendes:

> *In Italien ist der Held des Mastkurtyps entweder ein Knabe oder ein Mädchen und nur ausnahmsweise ein Geschwisterpaar. Weiter westlich kommt der letztgenannte Zug öfter vor; er hat von Portugal aus sogar Brasilien erreicht. Der Knabe zeigt in dieser westlichen Gruppe die Wirkung der Mastkur auf verschiedene Weise. Unter anderem steckt er einen Rattenschwanz statt des Fingers heraus, und als die Kinder aufgefordert werden, vor dem Einschieben in den Ofen auf dem Brotspaten zu tanzen, muß die Hexe ihnen zeigen, wie es zugehen soll. Manchmal geht der Tanz jedoch um ein offenes Feuer, und manchmal ist weder von einem Ofen oder einem Feuer, sondern nur von einem Kessel die Rede. Was die Kinder lockt, sind hier wie in Italien die guten Kuchen der Hexe. Im übrigen Europa, von Frankreich bis Polen, wohnt die Hexe bisweilen in einem ganzen Haus aus Kuchen oder dergleichen. Dieser Zug dürfte vom germanischen Sprachgebiet ausgegangen sein und findet sich im ganzen Norden wieder. Hauptsächlich nach Mitteleuropa gehört dagegen der Abschluß des Märchens mit der phantasievollen magischen Flucht (AT 313) auf Enten oder anderen Tieren. [Dieser Zug ist in die GRIMMSCHE Variante auf künstliche Weise eingegliedert worden und hat dadurch sicherlich eine relativ große Verbreitung gewonnen.]*
>
> *Das eigentliche Ofenmotiv findet sich, praktisch genommen, von der Nordsee bis zu den Samoa-Inseln. In den meisten Fällen ist der Menschenfresser eine Hexe, aber bei den Griechen, den süd- und westslawischen Völkern sowie bei den Letten oft ein Kynocephal, d. h. ein*

---

[178] Der kleine Däumling (AT 327 B). In: ERNST TEGETHOFF (Hg.): Französische Märchen. Bd. 1, S. 252-262.

[179] Der Zwerg Veli (AT 327 B). In: OTTO SPIES (Hg.): Türkische Märchen. S. 199-205.

hundsköpfiges Wesen, das meist einäugig ist, wie auch die Hexen am westlichen Mittelmeerbecken blind oder halbblind sind. In Indien wird die Hexe mitunter durch einen Tiger ersetzt. [...][180]

Nach der Veröffentlichung in der Erstausgabe der „Kinder- und Hausmärchen" der Brüder Grimm 1812 wurde der Text Dutzende Male von Schriftstellern bearbeitet, Dutzende Male von Zeichnern und Malern illustriert. Ludwig Bechstein veröffentlichte 1845 eine eigene Version.

Zu Weihnachten 1893 fand in Weimar unter der Leitung von Richard Strauss die erste Aufführung der Märchenoper statt, die Engelbert Humperdinck zu Texten seiner Schwester Adelheid Wette komponiert hatte. Die Aufführung verzeichnete einen von der Fachwelt unerwarteten Erfolg. „Bisher", vermerkte Ernst Krause 1969, „hat noch keine andere Märchenoper das Werk von seinem bevorzugten Platz (vor allem im Weihnachtsmonat) zu verdrängen vermocht."[181]

Angelehnt an Hunperdincks Oper wurde das Märchen im 20. Jahrhundert wiederholt verfilmt, zudem gibt es mehrere für ein jugendliches Publikum bestimmte Bühnenspiele.

Am 21. Dezember 2024 strahlte der Sender 3SAT nach Humperdincks Oper eine Dokumentation aus mit der Ansage, diesmal werde der historische Kern des deutschesten und bekanntesten aller Grimm-Märchen entschlüsselt. Die Kommentare deuteten an, dass in diesem Märchen die Erinnerungen an das Elend nach dem Dreißigjährigen Krieg fortwirken könnte.

Harry Potter

Seit dem Jahre 1997 nach Christi Geburt hat man es schriftlich, dass die Menschheit in zwei ungleiche Hälften zerfällt, nämlich in die Gruppe der potenziellen Zauberer, zu denen die britische Autorin Joanne Kathleen

---

[180]   WALDEMAR LIUNGMAN: Die schwedischen Volksmärchen. S. 66.
[181]   ERNST KRAUSE: Hänsel und Gretel. In: Ders.: Oper von A-Z. S. 312-317, hier S. 317.

Rowling sowie der ihr ans Herz gewachsene Ziehsohn Harry Potter gehören – und in die ungleich größere Gruppe der doofen Muggel, die keine Ahnung von der Zauberwelt haben. Nur Zauberer können die Grenze überschreiten. Der jeweils amtierende Premierminister des Vereinigten Königreichs genießt die besondere Ehre, periodisch vom amtierenden Zaubereiminister über Vorgänge in der Zauberer-Welt informiert zu werden. Die anderen Muggel können gerade noch die dicken Bücher lesen, die Miss Rowling mit Erlaubnis ihres Hexenmeisters veröffentlicht hat und – im besten Fall – einen Film drehen für jene Muggel, die nicht lesen.

Den Zauberern stehen Eulen als Briefträger sowie geflügelte Reit- und Zugpferde zur Verfügung. Riesen und Kobolde, Drachen und Werwölfe kommen vor.

Unter den Zauberer-Gestalten gibt es gute und böse, die führen Krieg miteinander. Harry Potter beteiligt sich noch als Schüler der siebenjährigen Zauberer-Schule an der Auseinandersetzung und muss höllisch aufpassen, denn die Verhältnisse sind ungemein kompliziert.

Dumbledore, der Leiter der Zauberer-Schule, steht dem Bösewicht Voldemort im Wege. Der Lehrer Snape ist ein Doppelagent. Um sich zu schützen, hat Voldemort seine Seele zerstückelt und die Teile an sieben Orten versteckt. Unglücklicherweise trägt Harry selbst ein Stück von Voldemorts Seele in sich, seitdem jener, als Harry ein Jahr alt war, einen Anschlag auf ihn verübte. Der Anschlag wurde durch einen von Harrys Mutter geschaffenen Zauberbann abgewehrt – allerdings nur zum größten Teil. Damit Voldemort stirbt, müsste erst Harry selbst sterben …

Den Trick, dass man Teile seines Körpers verstecken kann, hat Rowling den Märchen vom versteckten Herzen des Zauberers entnommen (AT 302 „Das Herz des Unholdes im Ei"). Laut James George Frazer war diese abergläubische Praxis weltweit verbreitet.[182]

Der siebente und letzte Band der Reihe wurde 2007 gedruckt. Seither hat man die Harry-Potter-Bände in mehr als 80 Sprachen übersetzt und weltweit über 600 Millionen Mal verkauft. Zwischen 2001 und 2011 wurden die Bücher in acht Teilen verfilmt, diese Filmreihe gilt als eine der kommerziell erfolgreichsten der Filmgeschichte. Die Bücher und

---

[182] JAMES GEORGE FRAZER: Die Seele außerhalb des Körpers. In: Ders.: Der goldene Zweig. S. 986-1004.

Filme lösten weltweit Begeisterung für Fantasy-Bücher und -filme aus. In dieser Begeisterung wurzeln die Hörbücher, spezifischen Videofilme, Brett-, Karten- und Legospiele.

Natürlich stellt sich die Frage nach den Wurzeln der Begeisterung. Der Reiz der Fantasy-Literatur mit Zauberer-Gestalten wird bedingt von der Tatsache, dass der Mensch die in Natur und Gesellschaft wirkenden Kräfte nicht überblickt. Ihn bedrohen Gefahren aus dem All – Gefahren aus dem Erdinneren – der Klimawandel – Wetterkapriolen – Epidemien – Finanzspekulationen – Konkurrenzkämpfe – Herrschaftsgelüste – Kriege – politische oder religiöse Unduldsamkeit – technische Pannen – Atommüll. Könnte der Mensch die Ursachen der Gefahren überblicken und sie verstehen, würde die Fantasy-Literatur mit Zauberer-Gestalten ihren Reiz verlieren.

Heidi

Wir nehmen Einblick in die rührende Geschichte von zwei Mädchen: vom Schweizer Waisenkind Heidi, das auf der Alm aussieht wie ein Erdbeerapfel, aber in Frankfurt, wo es der mutterlosen Klara Gesellschaft leisten soll, bald verkümmert, und von der gelähmten Klara, die auf der Alm, gestützt auf Heidis Großvater, das Gehen erlernt. Schon bald nach seinem Erscheinen (Band I 1879, Band II 1881) wurde der Roman zum Welterfolg. Seine Verfasserin Johanna Spyri (1827-1901) war damals schon mehr als fünfzig Jahre alt. Die zwei Pole der Handlung sind Heidis Großvater, der schweigsame, kluge, warmherzige Alm-Öhi, und die engstirnige, tyrannische Haushälterin Rottenmeier, die Klara betreut und Heidi schikaniert.

Heidi kann zunächst nicht lesen, weil sie den Winter immer beim Alm-Öhi oberhalb des Dorfes verbrachte. Der Unterricht mit dem von Fräulein Rottenmeier angestellten Hauslehrer fruchtet nichts, bis Klaras gütige Großmutter das Interesse des Mädchens mit illustrierten Büchern erweckt. Auch der Geißenpeter kann zunächst nicht lesen, weil man es ihm in der Dorfschule nicht beizubringen vermochte; er meistert diese Kunst erst, als Heidi ihn anspornt.

Heute gilt Spyris Roman als eines der meistgelesenen Bücher der Welt. Er wurde nach und nach in mehr als 55 Sprachen übersetzt und diente als Inspirationsquelle für unzählige Kinofilme, Zeichentrickfilme, Comics und Musicals. In Zürich gibt es ein Heidi-Archiv und seit 2018 ein „Heidiseum", dessen Leitung das literarische Lebenswerk von Johanna Spyri durch Ausstellungen und andere Projekte würdigen möchte. Im Mai 2023 nahm die UNESCO die Johanna-Spyri- und Heidi-Archive in ihr Register des Welt-Dokumenten-Erbes auf.

Heinzelmännchen
und Salige Fräulein

Jeder hat von den Kölner Heinzelmännchen gehört – dank der Ballade von August Kopisch[183] sind sie die bekanntesten Vertreter ihrer Art. Es heißt, dass sie nachts heimlich die Arbeiten der Handwerker (Zimmerleute, Bäcker, Fleischer, Küfer und Schneider) verrichteten. Aber nachdem das neugierige Weib eines Schneiders Erbsen auf die Treppe gestreut hatte, machten sie sich davon.

Das ist insgesamt wenig und außerdem falsch. Dass die Heinzelmännchen Abbilder von Zöglingen der ehemaligen Buschschule waren, konnte der Verfasser nicht wissen.

Die Heinzelmännchen und die Saligen Fräulein (hier stellvertretend für alle verwandten Gestalten) verrichteten sämtliche Arbeiten in Haus und Hof, auf dem Feld und auf der Alm, in der Mühle und auf dem Schiff, die ein Halbstarker leisten konnte. Außerdem betreuten sie die kleinen Kinder, auch versorgten sie alte, kranke Menschen mit Brennholz und Speise. Den Pflügern, die fern vom Dorf arbeiteten, brachten sie das Mittagessen. Sie wohnten nicht bei ihren Eltern und wurden von den Wirtsleuten verköstigt. Den Gruppen von Zöglingen, die den Sommer in einem Lager in der Umgebung verbrachten, stellte die Dorfgemeinschaft Milchkühe zur Verfügung.

---

[183] AUGUST KOPISCH: Die Heinzelmännchen. In: DIE SCHÖNSTEN BALLADEN. S. 331-334.

Im Wiedtal verteilten sich die Heinzelmännchen nachts auf die Häuser und auf die Felder des Dorfes Roßbach sowie der anderen Dörfer und sahen sich nach der Arbeit um, die die Menschen für sie hatten liegen lassen (Die Roßbacher Heinzelmännchen[184], aus dem Westerwald). – Die Jungfrauen aus dem Kleinen Mummelsee kamen nachts ins Tal herab und wuschen frommen und redlichen Leuten die Wäsche aus, die sie dort in den Zubern stehen hatten. Wo sie den Teig in der Mulde fanden, da buken sie das Brot, ehe die Leute wach wurden (Die guten Seejungfrauen[185], aus Baden).

Ein Schlüsselmotiv ist der Verleih von Geschirr bzw. von seltenen Kleidern anlässlich von Hochzeiten und von Taufen. Genannt werden Kessel, Töpfe, Braukessel, Braupfannen, Krautkessel oder Pfefferkessel, Schüsseln und Teller. Wir finden dieses Motiv u.a. in Sagen mit Bezug auf Geltorf in Schleswig-Holstein (Die geliehenen Kessel[186]) – Scharfenberg im Hochsauerland (Die Hollen bei Scharfenberg[187]) – Velmede in Westfalen (Das Hollenloch bei Velmede[188]) – Dhünnwald am Rhein, heute ein Stadtteil von Köln (Die Zwerge im Klufstein[189]) –

---

[184]   Die Roßbacher Heinzelmännchen. In: HELMUT FISCHER: Sagen des Westerwaldes. S. 102.

[185]   Die guten Seejungfrauen. In: AUGUST SCHNETZLER (Hg.): Badisches Sagenbuch. Bd. 2, S. 119. – Auch enthalten in: GUNDULA HUBRICH-MESSOW (Hg.): Sagen und Märchen aus dem Schwarzwald. S. 47.

[186]   Die geliehenen Kessel. In: KARL MÜLLENHOFF: Sagen, Märchen und Lieder der Herzogthümer Schleswig, Holstein und Lauenburg. Drittes Buch, S. 303.

[187]   Die Hollen bei Scharfenberg. In: ADALBERT KUHN: Sagen, Gebräuche und Märchen aus Westfalen […]. S. 213-214. – Auch enthalten in: HEINZ RÖLLEKE (Hg.): Sagen aus Westfalen. S. 297.

[188]   Das Hollenloch bei Velmede. In: HEINZ RÖLLEKE (Hg.): Sagen aus Westfalen. S. 295.

[189]   Die Zwerge im Klufstein. In: WUNDERBARE NACHBARSCHAFT. S. 11.

Rübeland im Harz (Zwerge im Rübeland[190]) – Dardesheim im Harz (Die Zwerge bei Dardesheim[191]) – Jena im mittleren Saaletal (Die Zwerge in den Teufelslöchern[192]) – Tauchlitz an der Elster (Die Braupfanne vom Mühlberg[193]) – Hitzacker an der Niederelbe (Die Zwerge bei Hitzacker[194]). Wären die Zwerge kleinwüchsig gewesen, dann hätten die Menschen mit ihrem Geschirr bzw. mit ihren Kleidern nichts anfangen können. Wahrscheinlich handelt es sich bei Geschirr und Kleidern um den gemeinsamen Besitz der Dorfgemeinschaft, der von einer Vertrauens-person verwahrt wurde, etwa vom Grînkenschmied, der selbst bei Hochzeiten wie auch zu Ostern und Pfingsten einen Bratspieß verlieh und dafür ein Stück vom Braten erhielt (Sagen vom Grînkenschmied[195], aus dem Münsterland). Die Nachbarschaften der Siebenbürger Sachsen verfügten über eine solche Einrichtung. Die Urbilder der Zwerge waren nur die Laufburschen. Im Siebengebirge, so heißt es, brachten die Zwerge das Geschirr selbst vor die Häuser und holten es nach dem Fest wieder

---

[190]   Zwerge im Rübeland. In: ADALBERT KUHN: Sagen, Gebräuche und Märchen aus Westfalen […]. S. 306-307.

[191]   Die Zwerge bei Dardesheim. Ohne Titel in: OTMAR [das ist JOHANN CARL CHRISTOPH NACHTIGAL): VOLCKS-SAGEN. S. 331-334. – Unter dem Titel „Die Zwerge bei Dardesheim" in: JOHANN GEORG THEODOR GRÄSSE: Sagenbuch des Preußischen Staats. Bd. 1, S. 587-588.

[192]   Die Zwerge in den Teufelslöchern. In: LUDWIG EHRHARDT und GERTRUD FISCHER: Das Ledermännchen. Sagen und merkwürdige Begebenheiten aus Jena und dem mittleren Saaletal. S. 19-20.

[193]   Die Braupfanne vom Mühlberg. In: MICHAEL KÖHLER (Hg.): Der Hexentaler. S. 85-86.

[194]   Die Zwerge bei Hitzacker. In: JOHANN GEORG THEODOR GRÄSSE (Hg.): Sagenbuch des Preußischen Staats. Bd. 2, S. 907-908. – Auch enthalten in: ULF DIEDERICHS und CHRISTA HINZE (Hg.): Sagen aus Niedersachsen. S. 220-222.

[195]   Sagen vom Grînkenschmied. In: ADALBERT KUHN: Sagen, Gebräuche und Märchen aus Westfalen […]. Bd. 1, S. 84-93, hier S. 84 bzw. 87.

ab; zum Dank ließ man ihnen jedes Mal einen Leckerbissen in den Gefäßen (Die Zwerge im Siebengebirge[196]).

Den Verkehr mit den Erwachsenen regelten komplizierte Gebote der Meidung. Selbstverständlich hatten die Heinzelmännchen und Saligen Fräulein Kontakt zu ihren Lehrmeistern, aber die Hilfsarbeiten im Hof und auf dem Feld verrichteten sie während der Morgendämmerung, wenn die meisten Dorfbewohner noch schliefen. Das Hirtenmännlein kam nicht ins Dorf herein, sondern übernahm die Herde am Dorfrand. Merkwürdig genug: Der Besuch von Spinnstuben war erlaubt. Hier ließe sich eine lange Reihe von Beispielen zitieren, dass Erdweiblein, Seeweiblein, Seefräulein, Seejungfrauen, Meerfräulein und Wasserfräulein eine Spinnstube der Umgebung besuchten. Genannt werden Ortschaften aus dem heutigen Baden-Württemberg, aber auch aus dem Spessart und aus dem Odenwald. Die Seeweiblein aus dem Kleinen Mummelsee kamen zweimal des Jahres, zu Fastnacht und zu Martini, nach Forbach zum Tanz. Im „Sagenbuch des Voigtlandes" wird vermerkt, dass die Töchter des Nix in die umliegenden Dörfer zum Tanz kamen – zuweilen wanderten sie stundenlang. „Die Elsternixen kamen nach Wolfsgefährt, Meilitz, Liebschwitz, Rusdorf, Hillbersdorf etc., die vom Mühlteiche bei Ronneburg nach der Schafsmühle, die aus dem Winterteiche nach Großsaara, Hundhaupten etc., die Loitscher nach Gräfenbrück, die aus dem Löhmaer Teich nach Löhma etc."[197]

Es gibt auch Sagen über Mädchen aus einem Gewässer, die zur Spinnstube oder zu einem Fest mit Tanz kommen und um eine gewisse Stunde heimkehren müssen. Sie heißen *Bachfräulein, Feen, Moorjungfern, Nixen, Seejungfern, Töchter des Nix, Wasserfräulein, Wasserjungfrauen, Wassernonnen, Wasserweibel*. Mit den Saligen Fräulein verbinden sie drei Merkmale: Sie tragen weiße Kleider, singen wunderschön und tanzen gern. Diese Sagen stammen aus Bayern – aus dem Egerland – aus dem Vogtland – aus dem Schwarzwald – aus Thüringen – aus der Oberlausitz.

---

[196]   Die Zwerge im Siebengebirge. In: O. RUNKEL: Aus dem Sagenschatz der Heimat. Westerwaldsagen. I. Teil, S. 13-15, hier S. 14.

[197]   Nixen. In: ROBERT EISEL: Sagenbuch des Voigtlandes. S. 31-40, Zitat S. 34.

Manchmal spielen die Burschen den Gästen einen Streich, indem sie die Uhr verstellen. An diesem Motiv erkennt man die Fabulierfreudigkeit der Erzähler, denn die Uhr wurde erst tausend Jahre später zum Hausrat.

Eine Überlieferung aus dem oberen Rheintal hält fest, dass die Initianden Masken aufsetzten: „Auf dem Kaistenberg und der Kinzhalde vom Dorfe Frick an bis zur Stadt Laufenburg haben in den Höhlen des Juras und in den Felslöchern des Rheinufers *Erdmännchen* gehaust. Da schwärmten und schwirrten sie in der Wildnis herum wie Feld- oder Perlhühner, und wie diese in der Kindersprache *Biberli* heißen, so nannte man die Zwerge *Erdbiberli.* Wenn sie aber unter die Leute gehen wollten, so legten sie ihre Vogelgestalt vorher ab, sonst hätten sie nicht in Haus und Feld so gewandt mit wirtschaften können, wie sie im Dorfe Öschgen taten oder beim Bauern auf der Kinzhalde, dem sie jährlich beim Kornschnitt halfen." (Das Kloster der Erdbiberli[198], aus der Schweiz.) Durch diese Mitteilung werden Aussagen über Missbildungen eindeutig widerlegt. Sie erlaubt den Schluss, dass mit dem angeblichen   Fischschwanz, mit den Gänsefüßen oder Entenbeinen usw. Masken gemeint sind, doch diese Masken wurden nur bei Riten verwendet, keineswegs bei profanen Tätigkeiten. Wenn die Nixen stundenweit zu wandern hatten, um den Tanzplatz zu erreichen, kann von einem Fischschwanz nicht die Rede sein.

Als Leiterin einer Buschschule tritt die Urschel vom Urschelberg in Erscheinung. Sie ging mit den Mädchen nach Pfullingen und Reutlingen in die Karz und unterhielt sich dort mit den Leuten. Die Urschel war in der Lage, bedürftigen Familienvätern Korn bis zur nächsten Ernte zu leihen, aber woher sie es nahm, haben die Erzähler verschwiegen. Es wird nicht mitgeteilt, ob sie einen Wirtschaftshof mit Feldern besaß. Wesentlich mehr ist von der Bercht überliefert. Sie steht an der Spitze der spätherbstlichen Schreckgestalten, die Kindern auflauern und sie verschleppen. Man verband ihre Erscheinung mit der Vorstellung, sie schlitze den Bauch der Kinder auf, entnehme die Gedärme und stecke dafür Kehricht, Backsteine, Flachs, Werg oder Erbsenstroh hinein, d.h.

---

[198]   Das Kloster der Erdbiberli. In: ARNOLD BÜCHLI (Hg.): Schweizer Sagen. Erster Band, S. 66-67. Auszeichnungen von H.F.

mit der Umwertung des Ritus. So war es in Kärnten, in der Steiermark, in Salzburg, Bayern, Thüringen, Böhmen und Mähren.[199]

Andererseits leitete die Bercht den Umzug der Zöglinge in den Zwölften, wenn sie mit einer *Lebensrute,* d.h. mit einem künstlich zum Blühen gebrachten Zweig, von Gehöft zu Gehöft, von Weiler zu Weiler wanderten und einen Fruchtbarkeitszauber vermittelten.

Nach Ablauf des Praktikums schenkten die Sennen, Bauern, Bergleute, Handwerker, Gastwirte und Schiffer dem Absolventen ein rotes Kleidungsstück, meist einen roten Rock. Beim Schiffsjungen handelt es sich um den sogenannten *Klabautermann.* Dass die Erzähler sich in diesem Punkt abgesprochen haben, ist bei der Vielzahl der Sagen aus einem riesigen Gebiet praktisch ausgeschlossen.

Johanna von Orléans
(Jeanne d'Arc)

Weil die englischen Könige Anspruch auf das Nachbarland erhoben, hat die Bevölkerung Frankreichs mehr als hundert Jahre lang – von 1337 bis 1453 – unter einem Krieg gelitten, der ausschließlich auf französischem Territorium geführt worden ist. Die Engländer hielten den Norden besetzt und waren mit dem riesigen Herzogtum Burgund verbündet, das zuletzt von der Nordsee bis zum Oberlauf der Loire reichte. Als die Engländer ab 1428 Orléans belagerten, um sich einen Zugang nach Südfrankreich zu erzwingen, sah es schlecht aus für den Thronanwärter oder *Dauphin* (den späteren König Karl VII.), denn sobald Orléans fiel, musste er flüchten. Dessen ungeachtet lebte er in den Tag hinein. Als die 16-jährige Bauerntochter Johanna aus dem lothringischen Dorf Domrémy an ihn herantrat und ihm eröffnete, sie sei gesandt, um die Engländer zurückzudrängen und ihn zu krönen, nahm er sie nicht ernst, sondern ließ sie erst wochenlang prüfen und unterstützte sie auch dann nur halbherzig. Der Dauphin. und seine Ratgeber wollten nicht kämpfen.

---

[199]   JOSEF HANIKA: „Bercht schlitzt den Bauch auf" – Rest eines Initiationsritus? S. 44-46.

Es gibt zu denken, dass Johannas erste Vision zeitlich mit der Kunde vom Sieg der Seeleute von Saint-Malo über eine englische Flotte beim Mont-Saint-Michel im Juni 1423 zusammenfällt und dass es der Erzengel Michael war, den sie zuerst zu hören und zu sehen meinte. Johannas Visionen wurden häufiger, nachdem ihr eigenes Dorf 1428 bei einem Vorstoß der Burgunder verwüstet worden war.

Durch das sichere Auftreten des mutigen Bauernmädchens befeuert, gelang es den Verteidigern von Orléans, die Engländer zurückzudrängen. Ihr Erfolg löste eine Welle der Begeisterung aus, doch der Dauphin und seine Ratgeber nützten diese nicht für weitere Offensiven. Nach der Krönung von Karl VII. in Reims hat der Hof sein Interesse an Johanna verloren. Ohne Truppen, nur von Freischärlern begleitet, setzte sie ihre Mission fort, bis es den Burgundern gelang, sie zu fangen. Für eine hohe Summe wurde sie den Engländern ausgeliefert.

Das proenglisch eingestellte Tribunal der Pariser Universität verurteilte Johanna 1431 als Ketzerin zum Feuertod. Es war ein schändlicher, niederträchtiger Prozess mit spitzfindigen Anklagen, Einschüchterungen, Drohungen und Misshandlungen. Fünfundzwanzig Jahre später wurde das Urteil unter dem Druck der Öffentlichkeit in einem erneuten Prozess widerrufen.

Die Geschichte des beherzten Bauernmädchens aus Domrémy fasziniert Millionen Menschen bis heute. Werke der Literatur, der Musik, der plastischen Kunst legen davon Zeugnis ab.

Der ungarische Freiheitskämpfer Lajos Kossuth (1802-1894), ein Gefährte Petöfis, hat seine Begeisterung in folgenden Sätzen geäußert (deren Inhalt mit der Wirklichkeit nicht übereinstimmt):

Man muss sich klarmachen, wie großartig und einmalig das ist: Seit es eine Geschichtsschreibung gibt, hat Jeanne d'Arc als einziger Mensch, ob männlichen oder weiblichen Geschlechts, im Alter von siebzehn Jahren die oberste Befehlsgewalt über die militärischen Streitkräfte einer ganzen Nation innegehabt.

Diese Sätze wurden von Mark Twain seinem Roman „Persönliche Erinnerungen an Jeanne d'Arc" (1896) vorangestellt.

Shakespeare hat Johannas Geschichte in sein Drama „Heinrich VI." eingeflochten; Friedrich Schiller hat ihr ein eigenes Drama gewidmet, ihm folgten Bernard Shaw, Jean Anouilh und Lion Feuchtwanger. Voltaire würdigte sie in einem Epos, Mark Twain und Anatole France gestalteten ihr Schicksal in je einem Roman.

Jenes Drama von Schiller wurde erst von Giuseppe Verdi, dann von Pjotr Tschaikowski vertont; Gioacchino Rossini komponierte eine Johanna gewidmete Kantate.

Als man begann, Filme zu drehen, übernahmen berühmte Schauspielerinnen ihre Rolle: Ingrid Bergmann und Maria Falconetti.

Zum kurzen Hinweis auf künstlerische Werke muss man sich eine lange Reihe historischer Studien hinzudenken.

Joseph II.

Dieser Kaiser hat zu kurz gelebt, nur 49 Jahre (1741-1790), dann starb er an Tuberkulose, und er hat zu kurz allein geherrscht, nur zehn Jahre (1781-1790), um das von ihm angestoßene Reformprogramm gegen den Widerstand des Adels und der Kirche zu festigen. Dabei hat er mit seinen Reformen eine Revolution nach französischem Vorbild in seinen Ländern verhindert und mit seinem Gesetzbuch die allmähliche Umwandlung der Untertanen in Staatsbürger mit gleichen Rechten und Pflichten eingeleitet. Der erste Teil trat am 1. Januar 1787 als „Allgemeines Bürgerliches Gesetzbuch" in Kraft.

Joseph war zunächst fünfzehn Jahre lang (1765-1780) der Mitregent seiner Mutter Maria Theresia, erst nach ihrem Tod herrschte er allein. Um sich ein genaues Bild vom Leben seiner Untertanen zu machen, verbrachte er ein Viertel seiner Regierungszeit auf Reisen, wobei er eine Strecke zurücklegte, die den Umfang der Erde übertrifft.[200] Maria Theresia bezeichnete diese Reisen in zahlreichen Briefen als *terribles voyages* [schreckliche Reisen]. Weil Korruption verbreitet war und Joseph

---

[200]   Nach Berechnungen seines britischen Biografen Derek Beales. Siehe: MONIKA CZERNIN: Prolog. In: Dies.: Der Kaiser reist inkognito. S. 11-23, hier S. 22.

nicht überall sein konnte, beschäftigte er eine umfangreiche Geheimpolizei. Von Pressefreiheit hielt er nichts. Deshalb sind die Meinungen über ihn geteilt.

Auf seiner Reise ins Banat im Frühjahr 1768 fasste Joseph den Plan, den sogenannten *Wasserschub* abzuschaffen, durch den zweimal im Jahr, im Frühjahr und im Herbst, in den Kernländern der Monarchie verhaftete Landstreicher, Wilderer, Schmuggler, aufsässige Bauern und Prostituierte per Schiff donauabwärts ins Banat und nach Slawonien gebracht wurden, wo man sie auf freien Fuß setzte, ohne ihnen irgendeine Unterstützung für einen Neuanfang zu gewähren. „Und so blieben Schmuggler Schmuggler, Bettler Bettler und Prostituierte Prostituierte, nur dass sie, den ehernen Gesetzen des Abstiegs folgend, auf der Leiter des Elends immer weiter nach unten fielen."[201] Nach seiner Rückkehr trug Joseph im Staatsrat einen wohldokumentierten Bericht vor, mit dem er alle Mitglieder mit Ausnahme seiner Mutter überzeugte. Tatsächlich verzichtete man auf diese Art Strafe.

Am 2. Januar 1776 wurde die Folter abgeschafft und die Todesstrafe ausgesetzt. – Am 13. Oktober 1781 trat das Toleranzpatent für Protestanten und Orthodoxe in Kraft, am 2. November 1782 das Toleranzpatent für Juden. – Am 15. Januar 1782 erfolgte die Aufhebung der Leibeigenschaft (worauf die ländliche Bevölkerung den Kaiser als *Bauernbefreier* ehrte). – Am 24. Januar 1784 erlangte die Reform der Handwerksordnung und der Zunftprivilegien Gesetzeskraft, durch die der Zunftzwang aufgehoben wurde. – Ab dem 1. Januar 1787 galt das „Josephinische Strafgesetz", laut welchem die Todesstrafe in Österreich abgeschafft und durch die Verurteilung zu öffentlicher Arbeit (Schiffziehen, Schanzarbeit, Arbeitshäuser) ersetzt wurde.

Ab 1782, als er schon allein herrschte, löste Joseph kirchliche Orden auf, die weder Schulen noch Krankenhäuser betreuten, also keine gemeinnützige Arbeit leisteten, nach und nach mehr als siebenhundert. Aus dem Erlös des veräußerten Kirchenbesitzes wurden staatliche Krankenhäuser, Armenhäuser und Findelhäuser errichtet. Er untersagte viele kirchliche Feiertage, die mit Wallfahrten und Prozessionen verbunden waren, um die Zahl der möglichen Arbeitstage zu erhöhen. In seine

---

[201] MONIKA CZERNIN: Der Kaiser reist inkognito. S. 71-72.

Regierungszeit fällt die Eröffnung des Wiener Allgemeinen Krankenhauses sowie die Eröffnung des „Josephinum" als zentrale Ausbildungsstätte für Militärärzte. Er verbannte die Friedhöfe aus den Städten, um das Grundwasser vor Krankheitskeimen zu schützen.

Im Jahre 1786 genehmigte er die Uraufführung der Mozart-Oper „Le nozze di Figaro" [„Die Hochzeit des Figaro"] (nach dem aufrührerischen Stück „Der tolle Tag" von Pierre-Augustin Caron de Beaumarchais).

Joseph schwebte vor, aus Österreich einen Einheitsstaat mit Deutsch als Staatssprache zu schaffen (er führte das Deutsche als Haupt-Amtssprache ein [nicht als alleinige Amtssprache]), aber sein Plan scheiterte vor allem am Widerstand des ungarischen Adels. Hundert Jahre später, nach dem sogenannten *Ausgleich* 1867, rächte sich die nationalistische ungarische Regierung, indem sie die Sprache aller nationalen Minderheiten Ungarns, auch der deutschen, in den Kirchen, in den Schulen, bei Gericht und im kulturellen Leben verbot.

Das schönste Geschenk, das Joseph dem Volk machte, war die Öffnung des Praters [am 1. April 1766]. Vorher war er nur dem Hof und dem Adel zugänglich gewesen, jetzt aber prangte am Tor eine Tafel mit der Inschrift: „Allen Menschen gewidmeter Belustigungsort von ihrem Schätzer."

Dem Adel gefiel das gar nicht. Doch als einige Wortführer der Adelspartei den Kaiser darob ansprachen, antwortete er kurz: „Wenn ich nur mit meinesgleichen umgehen wollte, müsste ich in die Gruft zu meinen Vätern hinabsteigen und dort meine Tage verbringen."[202]

Im Jahre 1784 reiste Joseph II. durch Böhmen, das damals unter einer Missernte zu leiden hate. Der Kaiser befahl deshalb, aus anderen Landesteilen Getreide herbeizuschaffen.

Vor dem Tor einer kleinen Stadt sah er viele Wagen mit Korn auf ihre Abfertigung warten. „Warum warten die Leute?" fragte der Kaiser, der durch seine einfache Kleidung unerkannt blieb, einen Amtsschreiber.

---

[202] RUDOLF WALTER LANG: Zeiten und Menschen im Spiegel der Anekdote. S. 149.

„Sie warten nicht allein", *entgegnete dieser*, *„auch die Leute in der Stadt warten sehnsüchtig auf die Austeilung des Korns. Aber der Herr Amtmann hat große Gesellschaft und ist nicht zu sprechen."*

Joseph ritt in die Stadt und ließ sich durch den Schreiber bei dem Amtmann melden.

„Wer sind Sie?" redete der ihn an.

„Leutnant in kaiserlichen Diensten."

„Womit kann ich dem Herrn Leutnant dienen?"

„Damit, dass Sie die Bauern, die schon so lange warten, abfertigen."

„Die können auch noch länger warten! Aber was gehen Sie denn die Bauern an?"

„Sie sind Menschen wie wir auch, und man sollte sie nicht unnötig plagen. Sie haben einen weiten Heimweg."

„Ihre sittlichen Grundsätze, Herr Leutnant, interessieren mich nicht. Ich weiß schon, was ich zu tun habe."

„Dann muss ich Ihnen eröffnen, dass Sie hier nichts mehr zu tun haben. Der Amtsschreiber, der ein Herz für die Leute hat, soll Ihre Stelle einnehmen; Sie sind entlassen!"

Bei diesen Worten gab der Kaiser sich zu erkennen und ließ den Amtmann mit seinen Gästen in Bestürzung zurück.[203]

Jules Verne

Er gilt als der Schöpfer des wissenschaftlich-utopischen Romans. Seine Helden fliegen zum Mond – reisen mit einem Unterseeboot – können jemanden unsichtbar machen. Abgesehen davon engagierte er sich im Kampf gegen soziale und politische Unterdrückung. Der mit enzyklopädischem Wissen ausgestattete Jules Verne (1828-1905) verfasste mehr als neunzig Romane. Dem *Index Translationum* der UNESCO zufolge rangiert Verne unter den meistübersetzten Autoren aller Zeiten an fünfter Stelle – nach den kollektiven Arbeiten der Walt Disney Productions, nach

---

[203] Ebd., S. 151.

Agatha Christie, der Bibel und Lenin, weit vor William Shakespeare oder dem nachfolgenden französischen Autor Antoine des Saint-Exupéry.[204]

Die Handlung des ersten von Verne veröffentlichten Romans – „Fünf Wochen im Ballon" – findet 1862 statt. Dessen Helden fliegen mit einem Gasballon von Ost nach West quer über Afrika.

Mehrere Einzelheiten aus dem 1866 verfassten Zukunftsroman „Die Reise zum Mond" sind verblüffend, denn sie stimmen mit dem hundert Jahre später verwirklichten Mondflug-Unternehmen überein: Das Projekt wird von Wissenschaftlern der Vereinigten Staaten durchgeführt, und der Ort des Startens ist die Halbinsel Florida. – Am Flug nehmen drei Personen teil. – Die Weltraumfahrer schwenken in eine Mond-Umlaufbahn ein (den Mond selbst betreten sie jedoch nicht). – Bei der Rückkehr stürzt das Raumfahrzeug in den Pazifik, wo es von einem Schiff geborgen wird.[205]

Auch der Roman „Paris im 20. Jahrhundert" (1863 geschrieben, aber erst 1994 veröffentlicht) wartet mit erstaunlichen Vorhersagen auf: gläserne Wolkenkratzer – Hochgeschwindigkeitszüge – gasgetriebene Automobile – ein weltweites Kommunikationsnetz – Taschenrechner – Aufzüge – sich automatisch öffnende Türen – Welthandel – Fax.

In einem Fall aber ist Verne auf Gelehrte hereingefallen, die der Meinung waren, dass die Erde eine hohle Kugel sei, in der sich Leben verberge, wie schon der englische Astronom Edmund Halley (1656-1742) und der Schweizer Mathematiker Leonhard Euler (1707-1783) meinten.[206] Diese Auffassung liegt der Handlung des Romans „Die Reise zum Mittelpunkt der Erde" (1864) zugrunde.

Die für mich kurioseste Einzelheit steht im zweiten Kapitel des Romans „Mathias Sandorf" (1885). Der Titelheld, so heißt es da, hat am Polytechnikum von Temesvár studiert. Doch das Polytechnikum meiner

---

[204] FRANZ ROTTENSTEINER: Vorwort. In: JULES VERNE: Das Geheimnis des Wilhelm Storitz. S. 5-18, hier S. 5.

[205] ERWIN BARTH VON WEHRENALP: Die erstaunlichen Prognosen des Jules Verne. In: Ders.: Man sollte es nicht für möglich halten. S. 210-214.

[206] PETER KRÖNING: Die hohle Welt. In: Ders.: Auch Genies können irren ... S. 45-53.

Geburtsstadt existiert erst seit dem Jahr 1920, es wurde nach dem Ersten Weltkrieg gegründet, als der größte Teil des Banats schon zu Großrumänien gehörte.

Der Roman „20.000 Meilen unter dem Meer" wurde mehr als ein Dutzendmal verfilmt, außerdem zu Hörspielen verarbeitet. Vom Roman „Reise um die Erde in 80 Tagen" gibt es mehrere Bühnenbearbeitungen und Verfilmungen, eine davon, mit David Niven in der Hauptrolle, hat fünf Oscars gewonnen. Abgesehen davon regte er Tüftler zur Gestaltung von Brettspielen und Computerspielen an.

Julius Cäsar

Er führte 46 v.Chr. den nach ihm benannten *Julianischen Kalender* ein, welcher erst 1582 von Papst Gregor XIII. geringfügig korrigiert wurde. Mit anderen Worten: Er besaß auch gediegene astronomische Kenntnisse. Der Römer Gajus Julius Cäsar (100 v.Chr. – 44 v.Chr.) war ein Alleskönner: ein geschickter und kühner Feldherr – ein talentierter Schriftsteller – ein kluger Gesetzgeber – ein skrupelloser Intrigant und eiskalter Taktiker. Als Cäsar 59 v.Chr. Konsul war, d.h. einer von den zwei obersten Beamten, führe er ein Amtsblatt ein, gefüllt mit Sitzungsberichten und Tagesnachrichten, die „Acta diurna", die er vervielfältigen und aushängen ließ. Dieses Amtsblatt, gewissermaßen ein Vorläufer unserer Zeitungen, erreichte das respektable Alter von 290 Jahren.

58 v.Chr. erhielt Cäsar die Statthalterschaft für drei Provinzen: Illyricum, Gallia Cisalpina und Gallia Narbonensis (im heutigen Südfrankreich gelegen). Von dort aus mischte er sich ohne offiziellen Auftrag in die Stammeszwistigkeiten der Gallier ein und unterwarf in schweren Kämpfen nach und nach ganz Gallien. Er ließ die Oppida der Gallier belagern und, wenn sie fielen, die Einwohner abschlachten oder in die Sklaverei führen. Als das Oppidum Avaricum 52 v.Chr. fiel, schlachteten die Römer bis auf 800 alle 40.000 Einwohner ab.[207]

„Plutarch berichtet, in den Gallierkriegen (einschließlich der Kämpfe mit den Britanniern und Germanen) seien eine Million

---

[207]   JOHN HAYWOOD: Die Zeit der Kelten. S. 56.

Menschen gefallen und eine weitere Million in die Sklaverei verschleppt worden. Als Cäsar Gallien verließ, herrschte Ruhe, aber sie wurde zu Recht als Friedhofsruhe bezeichnet."[208]

Über den Verlauf der Kämpfe hat Cäsar selbst in einem Buch berichtet, es heißt „Der Gallische Krieg". Auszüge davon werden nach wie vor im Lateinunterricht verwendet.

Von seinem Vornamen stammen das deutsche Wort *Kaiser* und das russische Wort *Zar* ab. Die Vornamen *Julius* und *Julia* wurden von seinem Geschlechternamen abgeleitet.

Mehrere Aussprüche Cäsars sind als Redensarten geläufig.

61 v.Chr. reiste Cäsar von Gallien nach Spanien, wo er damals Statthalter war. Laut Plutarch soll er angesichts eines Bergdorfes zu seinen Begleitern gesagt haben: **„Lieber möchte ich in diesem Dorf der Erste sein als der Zweite in Rom."** Man kennt den Ausspruch auch in einer anderen Form: **„Besser der Erste in der Provinz als der Zweite in Rom."** Mein Lateinlehrer hat diese Variante so ausgelegt, dass der hochverschuldete Cäsar sich als   Statthalter in Spanien wirtschaftlich gesundstieß.

„Der Würfel ist gefallen." (Eigentlich: „Der Würfel möge fallen.") Es geschah, als Cäsar nach der Eroberung Galliens 49 v.Chr. mit seinem Heer gesetzwidrig das Flüsschen Rubikon überschritt, welches die Grenze zwischen Gallia Cisalpina und Italien bildete. Er sagte diesen Satz auf Griechisch.

„Ich kam, sah und siegte." Das stand in einem Brief Cäsars an seinen Freund Matius, nachdem er im Frühjahr 41. v.Chr. in Kleinasien einen antirömischen Aufstand nieder-geschlagen hatte.

„Auch du, mein Sohn Brutus?" Der letzte Ausspruch Cäsars angesichts des Todes, als die Verschwörer **an den Iden des Märzen**[209] auf ihn eindrangen. Brutus war ein von ihm geförderter Offizier.

Cäsars Gattin Calpurnia war schuld daran, dass man den Frauen in Rom verbot, als Anwälte vor Gericht aufzutreten. Als sie einmal einen

---

208   SIMON JAMES: Das Zeitalter der Kelten. S. 127.

209   Iden – im römischen Kalender der 13. Tag, im März, Mai, Juli und Oktober der 15. Tag des Monats.

Streitfall verlor, war sie so aufgebracht, dass sie sich umdrehte, ihr Kleid hob und den Richtern die entblößte Kehrseite zeigte.[210]

Karl der Große

Im Mittelalter war dieser Mann berühmt wie kein Zweiter: Er galt als der ideale Kaiser. In den auf seinen Tod (814) folgenden Jahrhunderten fand die Krönung der römisch-deutschen Könige und Kaiser in der Aachener Pfalzkapelle statt, weil man glaubte, nur eine dortige Krönung könne volle Legitimität verleihen. – Etliche mittelalterliche Adelige behaupteten, von ihm abzustammen. – Es entstand ein Karlsmythos, in dem auch der Beiname *der Große* wurzelt (den verlieh man ihm allerdings erst Ende des 10. Jahrhunderts). Seit Ende des 11. Jahrhunderts sind in Frankreich epische Erzählungen um Karl und seine zwölf Paladine nachweisbar; sie wurden im 14. Jahrhundert zum „Königszyklus" vereinigt. – Eine Legende handelt davon, dass Karl ins Heilige Land gezogen sei und die Heiden aus Jerusalem vertrieben habe.

Es ist umwerfend, mit wie vielen Sachen sich Karl beschäftigte (wobei er sich auch um Einzelheiten kümmerte wie später Joseph II. und Napoleon Bonaparte). Er sicherte die Grenzen durch die Errichtung von sogenannten *Marken,* das waren Grenzräume im Vorland des Reiches (Bretonische Mark, Ostmark, Spanische Mark, Sorbische Mark). – Er erließ im Zusammenwirken mit der Reichsversammlung Gesetze, die in den sogenannten *Kapitularien* festgehalten sind. – Er vereinheitlichte die Gesetzgebung. – Er mischte sich in die kirchlichen Angelegenheiten ein. – Er richtete Grafschaften ein, deren Amtsträger die Rechtsprechung ausübten, Abgaben erhoben (u.a. den Zehnten) und die militärische Kommandogewalt besaßen. – Er richtete Schöffengerichte ein. – Er stärkte die Zentralgewalt durch das Amt der Königsboten, die paarweise (je ein weltlicher und ein geistlicher) die Amtsführung der Grafen überwachten. – Im Jahre 810 nahm er eine Münzreform vor und führte die Silberwährung ein. – Er ließ Dom- und Klosterschulen gründen: in Tours, Lyon,

---

[210] DIETER LATTMANN (Hg.): Das Anekdotenbuch. S. 522.

Utrecht, Metz, Köln, Fulda, Reichenau, Freising, St. Gallen und Salzburg.

Karl handelte jedoch keineswegs willkürlich, sondern ließ sich von gelehrten Männern beraten, die er um sich versammelt hatte.

Dabei führte er immer wieder Krieg: gegen die Sachsen – gegen die Langobarden – gegen die Mauren – gegen die Awaren – gegen die Böhmen – gegen die Liutitzen und Sorben. Obwohl Christ, ließ er die widerspenstigen Sachsen, denen das Leben auch ohne den fränkischen König ganz gut gefiel, massenweise hinrichten, zwangsumsiedeln und gewaltsam taufen. Ihre Unterwerfung erforderte nicht weniger als achtzehn Kriegszüge, beginnend 772 und endend 804. Aus Sicht der Historiker war die Zwangsbekehrung vollkommen unnötig, denn die Angelsachsen und die skandinavischen Völker wurden durch Missionierung und gewaltlos zum Christentum bekehrt.

Im Jahre 798 und im Jahre 802 mussten alle männlichen Bewohner ab dem zwölften Lebensjahr dem König bzw. dem Kaiser den Treueeid leisten. Dem Reich half das wenig, denn innerhalb von dreißig Jahren nach seinem Tod fiel es auseinander.

Vom Weitblick Karls zeugt das Projekt eines Kanals, der Main und Donau verbinden sollte (von der Altmühl zur Regnitz). Jenes Unternehmen scheiterte an den technischen Unzulänglichkeiten seiner Zeit. Eine solche Wasserstraße wurde erst im 20. Jahrhundert verwirklicht.

Der 1.200 Todestag Karls am 28. Januar 2014 gab Anlass zu einer Vielzahl von Ausstellungen, Tagungen und Veröffentlichungen.

Karl Marx

Die kommunistischen Diktatoren im östlichen Europa haben den Philosophen und Politiker Karl Marx (1818-1883) nebst seinem Kampfgefährten Friedrich Engels (1820-1895) bei jeder passenden Gelegenheit als Begründer des wissenschaftlichen Sozialismus über den grünen Klee gelobt. Als Menschen von Fleisch und Blut aber wären sie höchst unwillkommen gewesen, weil ihre Lehre verfälscht worden war. Als der Slowake Alexander Dubček und seine Mitstreiter 1968 mit dem „Prager Frühling" eine Revision des „real existierenden Sozialismus" versuchten, besetzten sowjetische Truppen die Tschechoslowakei, man entführte Dubček nach Moskau, und dort wurde er um ein Haar erschossen.

Bei der Bevölkerung galten Marx und Engels als geistige Urheber des Elends nach der Oktoberrevolution in Russland bzw. in den anderen osteuropäischen Staaten nach deren Besetzung durch die Rote Armee im Zweiten Weltkrieg. Deshalb sind sie zu Witzfiguren verkommen. Schuld an der Missachtung ist die Umdeutung und Zweckentfremdung ihrer Lehre durch Lenin, Stalin und andere, was zu politischem Terror, Diktatur und neuen sozialen Ungerechtigkeiten führte.

Nur wenige Menschen in den Ostblockstaaten wussten, dass Marx und Engels zwei Bedingungen für den Übergang zu einer neuen Gesellschaftsordnung formuliert hatten, denn diese Stellen waren aus den Ausgaben ihrer Werke sorgfältig entfernt worden.

1. Voraussetzung: Der Kapitalismus steht auf einer hohen wirtschaftlichen Stufe, und die materiellen Bedingungen für seine Ersetzung durch den Sozialismus sind vorhanden.

2. Voraussetzung: Die Widersprüche zwischen dem wirtschaftlich-technischen Stand der Entwicklung (Produktivkräfte) auf der einen Seite und den sozialen Beziehungen (Produktionsverhältnissen) auf der anderen Seite müssen sich in einem solchen Grad verschärft haben, dass eine radikale Veränderung des wirtschaftlichen, sozialen und politischen Systems unumgänglich notwendig geworden ist. [Mit anderen Worten: Der überwiegende Teil der Bevölkerung ist mit dem Übergang zu einer neuen Gesellschaftsordnung einverstanden.]

Eine sozialistische Revolution kann daher nicht auf Wunsch propagiert oder „gemacht" werden, sondern wird möglich unter Bedingungen, die vom Willen einzelner politischer Parteien, Klassen und Personen völlig unabhängig sind.[211]

Diese zwei Bedingungen waren 1917 in Russland nicht erfüllt, ebenso wenig 1918 in Deutschland, ebenso wenig 1919 in Ungarn, 1947 in Rumänien, 1959 in Kuba.

Marx und Engels haben vorausgesehen, dass dort, wo ein Umsturz vorangetrieben wird, obwohl die zwei Bedingungen nicht erfüllt

---

[211]   WOLFGANG LEONHARD: Sowjetideologie heute II. Die politischen Lehren. S. 106.

sind, eine neue herrschende Schicht oder Klasse entstehen wird, eine neue Form der Ausbeutung, und damit neue soziale Kämpfe ausbrechen werden, neue Aufstände und Revolutionen der sozial Unterdrückten.[212]

Tatsächlich hat sich zunächst in der Sowjetunion, dann, nach dem Zweiten Weltkrieg, auch in den anderen Ostblockstaaten, aus der Schicht der Parteifunktionäre eine neue Ausbeuterklasse entwickelt, die nach einem in der Sowjetunion gebräuchlichen Ausdruck *Nomenklatura* heißt. Den Mitgliedern der Nomenklatura wurden gutbezahlte Posten und vorzüglich ausgestattete Wohnungen vorbehalten, sie hatten Zugang zu Sonderläden, luxuriösen Ferienhäusern, eigenen Kliniken und Spitälern. Ihre Sprösslinge besuchten bestausgestattete Schulen und durften im Ausland studieren.[213]

Flüsterwitz aus der UdSSR:
Der kleine Iwan fragt seinen Vater: „Ich verstehe das nicht, Marx und Engels waren doch beide Doktoren?"
„Gewiss. Was ist daran so schwer begreiflich?"
„Warum haben sie den Sozialismus nicht zuerst bei den Tieren ausprobiert?"[214]

Stalin pflegte gern den Prüfungen in der Roten Akademie beizuwohnen. Einmal fragte er einen Kandidaten: „Wer sind die beiden bedeutendsten Marxisten?"
„Karl Marx und Stalin."
„Wieso Karl Marx?"[215]

---

[212]   Idem, S. 107-108.
[213]   Siehe das Standardwerk von MICHAEL S. VOSLENSKY: Nomenklatura. Die   herrschende Klasse der Sowjetunion. Wien, München, Zürich, Innsbruck: Molden, 1980.
[214]   DIETER LATTMANN (Hg.): Das Anekdotenbuch. S. 813.
[215]   MISCHKA KUKIN: Humor hinter dem Eisernen Vorhang. [Keine Seitenzahlen.]

Drei sowjetische Agronomen sitzen gebeugt über einen dicken Wälzer. „Was sollen wir jetzt tun? Die Zeit der Aussaat ist da, aber bei Karl Marx finden wir nichts über Traktoren."[216]

Jankel kommt tief nachdenklich zum Rebben: „Rebbe", fragt er, „was ist der Unterschied zwischen dem historischen und dem dialektischen Materialismus?"[217]
Der Rebbe: „Kein Unterschied! Verlasse das Land!"[218]

Eines Tages kam Karl Marx nach Moskau zur Komintern[219]. Am Eingang hielt ihn der bewaffnete Posten fest: „Passierschein, Genosse!"
„Was für Passierschein, ich bin Karl Marx!"
„Egal, selbst wenn Sie der Genosse Pjatnitzkij wären, müssten Sie einen Passierschein haben."
„Wer ist Genosse Pjatnitzkij?"
„Genosse Pjatnitzkij ist Genosse Pjatnitzkij, er ist hier der wichtigste Mann."
„Ich will ihn sprechen", sagte Marx.
„Dann gehen Sie dort zum Schalter und beantragen Sie einen Passierschein."
Am Schalter wiederholte sich die ganze Sache, aber endlich bekam Marx doch ein Formular.

---

[216]   PIERRE DANINOS: Worüber die Welt lacht. S. 153.

[217]   Historischer Materialismus – die von Marx und Engels entwickelte Geschichtsauffassung. Dialektischer Materialismus – die Auffassung von der Entwicklung der Welt als ein Prozess, der sich ständig in Gegensätzen bewegt.

[218]   SALCIA LANDMANN: Jüdische Witze. Nachlese 1960-1976. S. 213.

[219]   Komintern – Kommunistische Internationale, gegründet im März 1919 auf Anregung Lenins als Vereinigung aller kommunistischer Parteien. Sie verstand sich als Vollstreckerin des „Kommunistischen Manifests" von Marx und Engels und der von ihnen gegründeten Ersten Internationale.

„Ihr Name? Buchstabieren Sie bitte. Wo geboren? In Trier? In welchem Bezirk ist das? Ich versteh' Sie nicht. Wo liegt Ihr Trier?"

„Im Königreich Preußen."

„Was für ein komischer Mensch. Wissen Sie denn nicht, dass es keine Könige mehr gibt? Zu welcher Partei gehören Sie?"

„Ich bin Mitglied der Ersten Internationale."[220]

„Wir anerkennen nur die Dritte Internationale. Ich weiß nicht, ob Genosse Pjatnitzkij Sie überhaupt empfängt."

Endlich gelang es Marx, zum Genossen Pjatnitzkij vorzudringen, der ihn misstrauisch fragte: „Was machen Sie in Moskau, Genosse Marx? Haben Sie einen Auftrag? Wie sind Sie gereist? Die OMS[221] *hat Ihre Ankunft nicht avisiert. Warum haben Sie die OMS nicht verständigt? Haben Sie einen Pass?"*

Marx zog seinen Pass aus der Tasche. Pjatnitzkij prüfte ihn kritisch und griff zum Telefon: „Mirow, komm schnell herunter, ich habe einen interessanten Pass. – Nein, nicht falsch, echt!" Dann wandte er sich an seinen Gast: „Genosse Marx, was wollen Sie eigentlich in Moskau?"

„Ich möchte sehen, was aus meinen Theorien geworden ist."

„Es tut mir leid, Genosse Marx, aber dies ist nicht meine Sparte. Sie müssen mit Béla Kun[222] *von der Agitprop reden oder mit dem Direktor des Marx-Engels-Instituts, dem Genossen Rjasanow." Er hob den Telefonhörer ab: „Genosse Rjasanow, ich habe einen Besucher hier, Karl Marx. Kann er zu Ihnen kommen?"*

---

[220]   Erste Internationale – unter dem Einfluss von Karl Marx 1864 in London gegründete internationale Vereinigung der sozialistischen Parteien.

[221]   OMS – *Otdiel Mieschdunarodnoj Swjasi,* die Abteilung für internationale Verbindung, eine der Hauptabteilungen der Kommunistischen Internationale, die sich mit der Finanzierung und Leitung der kommunistischen Parteien in aller Welt befasst hat.

[222]   Béla Kun (1886-1939) – Journalist, die treibende Kraft der ungarischen Räterepublik 1919. Nach deren Scheitern in der Sowjetunion für die Komintern tätig. Während der Großen Säuberung 1937 verhaftet und eingesperrt, in der Lagerhaft gestorben.

Rjasanow war entzückt: „Schicken Sie ihn sofort hierher. Ich brauche ihn dringend, er soll die Hieroglyphen in seinen Manuskripten entziffern."

Im Marx-Engels-Institut wurde Karl Marx in allen Ehren empfangen. Rjasanow zeigte ihm stolz die gepanzerten Stahlkammern, in denen die Marx-Manuskripte aufbewahrt waren. Mit freundlicher Geste bat er ihn, doch hineinzugehen.

Ahnungslos trat Marx in die Stahlkammer, und schon hatte Rjasanow die Panzertür zugesperrt: „Endlich habe ich Sie. Jetzt bleiben Sie in alle Ewigkeit."[223]

Nach seiner Auferstehung fährt Karl Marx sofort nach Moskau und will unbedingt im sowjetischen Fernsehen eine Rede halten. Man ist bereit, seinem Wunsch nachzugeben. Allerdings muss er die Rede schriftlich einreichen. Die Zensoren finden den Beitrag zu lang. „Das dauert eine halbe Stunde", sagen sie, „und eine halbe Stunde darf bei uns nur der Genosse Breschnew[224] sprechen."

Marx kürzt die Rede auf die Hälfte. „Eine Viertelstunde darf bei uns nur der Genosse Kossygin[225] sprechen. Kürzen Sie weiter."

Als die Rede nur noch fünf Minuten lang ist, sagen die Zensoren. „Fünf Minuten dauert bei uns nur eine Mitteilung der Nachrichtenagentur TASS. Weiter kürzen."

Schließlich schrumpft die Rede auf anderthalb Minuten. Marx kommt ins Studio, und die Aufnahme beginnt. „Proletarier aller Länder", sagt der Urvater des Sozialismus und räuspert sich, „Proletarier aller Länder", sagt er noch einmal und schaut auf die Armbanduhr, „entschuldigt mich."[226]

---

[223]   ALEXANDER DROZDZYNSKI: Der politische Witz im Ostblock. S. 36-37.

[224]   Leonid Iljitsch Breschnew – ab 1966 Generalsekretär der Kommunistischen Partei der Sowjetunion.

[225]   Alexei Nikolajewitsch Kossygin – ab 1964 Ministerpräsident der Sowjetunion.

[226]   GYÖRGY DALOS: Proletarier aller Länder, entschuldigt mich! S. 28.

Karl May

Wir kommen nicht an ihm vorbei, weil etliche seiner vielen Bücher in Massenauflagen erschienen sind – weil einige davon wie „Der Schatz im Silbersee" lange nach seinem Tod erfolgreich verfilmt worden sind – weil nach wie vor an zwei Orten unter großem Zulauf Karl-May-Festspiele stattfinden: seit 1952 in Bad Segeberg in Schleswig-Holstein, seit 1958 in Elspe, einem Ortsteil von Lennestadt in Nordrhein-Westfalen.

Der Vielschreiber Karl May (1842-1912) war der Sohn eines armen Webers. Aus seiner Feder flossen erzgebirgische Dorfgeschichten, historische Texte, Humoresken, Kriminalnovellen und Abenteuer-Romane. Er vermochte spannend zu erzählen, ohne den Schauplatz der Handlung gesehen zu haben. Diesbezüglich bildet der in seiner Heimat spielende abenteuerlich-kriminalistische Roman „Das Buschgespenst" (1884) eine Ausnahme. Er gewährt Einblick in die unmenschliche Ausbeutung der erzgebirgischen Weber in der zweiten Hälfte des 19. Jahrhunderts.

König Artus

Sicheres weiß man nicht, trotz der Grabungen und vieler Studien. Vermutlich war sein Urbild ein Anführer der keltischen Briten und kämpfte um 500 n.Chr. gegen die eindringenden Angeln, Jüten und Sachsen. Die Überlieferung hat ihn verklärt. In England, Frankreich und Deutschland schilderten ihn Dichter des Hochmittelalters als einen idealen feudalhöfischen Herrscher, der die Tafelrunde eingerichtet hatte, um Rangstreitigkeiten zu vermeiden – der Abwehrschlachten gegen die Sachsen führte – der Eroberungskriege gegen Irland, Island, Norwegen und Gallien unternahm – der zu Paris Hof hielt und ein römisches Heer besiegte.

Die Faszination, die von dieser Gestalt ausgeht, wirkte das ganze Mittelalter über und reicht bis ins 21. Jahrhundert. Manchmal wurde König Artus als Führer der Wilden Jagd[227] vorgestellt, und zwar nicht nur

---

[227] Wilde Jagd – im deutschen Volksglauben ein Geister- bzw. Totenheer, das nachts, besonders in den Zwölf Nächten, mit Jagdrufen und

auf den Britischen Inseln, sondern auch in Frankreich und in Deutschland. In Tirol entdeckte man Wandmalereien, die ihn darstellen. Im 15. Jahrhundert erbauten Kaufleute der Hanse ihm zu Ehren in Danzig den Artus-Hof.

Von den Abenteuern des Königs Artus handeln zahlreiche Filme. Ein zweiteiliger Fernseh-Fantasy-Film des deutschen Regisseurs Uli Edel aus dem Jahre 2001 basiert auf dem Roman „Die Nebel von Avalon" (New York, 1982) von Marion Zimmer Bradley. Hier wird die Geschichte der Frauen der Artus-Sage aus der Sicht einer Halbschwester von Artus erzählt. Bradley zieht einerseits den Übergang vom Matriarchat zum Patriarchat, andererseits den Übergang vom Heidentum zum Christentum in Betracht.

Zu der oft naiven Begeisterung bildet der satirische Roman „Ein Yankee an König Artus' Hof" (1889) von Mark Twain einen schroffen Gegensatz. Er schildert die Geschichte eines Schmiedes aus Connecticut im Nordosten der USA, der unvermittelt aus dem 19. Jahrhundert ins 6. Jahrhundert verschlagen wird, und zwar nach England, und dort als Premierminister von König Artus die moderne Technik sowie den Kapitalismus einführt. Mark Twain macht einen Schwenk mit der Kamera von der schmatzenden Tafelrunde auf die elenden, verseuchten Hütten der Bauern und Handwerker. Als der Yankee mit Artus inkognito durchs Land wandert, werden sie nach einer Schlägerei festgenommen und an einen Sklavenhändler verkauft, weil sie nicht nachweisen können, dass sie Freie sind.

Es ist zwecklos, alle Einzelheiten aufzuzählen. Der Graf stellte uns zum Verkauf aus und verauktionierte uns. Das gleiche teuflische Gesetz hatte zu meiner Zeit im Süden meines eigenen Landes geherrscht, über dreizehnhundert Jahre später, und nach ihm waren Hunderte von Freien, die nicht beweisen konnten, daß sie Freie waren, in lebenslängliche Sklaverei verkauft worden, ohne daß dieser Umstand besonderen Eindruck auf mich gemacht hatte; im selben Augenblick aber, wo das

---

Hundegebell durch die Luft braust, geführt vom Wilden Jäger, der teils mythische Namen führt (wie *Odin, Helljäger, Hackelberg*), teils historisch bezeugte Namen (wie *Dietrich von Bern*).

Gesetz und der Auktionsblock zu meiner persönlichen Erfahrung wurden, nahm etwas, was bis dahin nur ungehörig gewesen war, einen teuflischen Charakter an. Nun, so sind wir nun einmal.

Jawohl, wie Schweine wurden wir auf der Auktion verkauft. In einer großen Stadt und auf einem belebten Markt hätten wir einen guten Preis erzielt, aber hier war das Geschäft gänzlich flau, und so gingen wir für eine Summe fort, die mich schamrot werden läßt, sobald ich daran denke. Der König von England brachte sieben Dollar ein und sein Premierminister neun, wo doch der König ohne weiteres zwölf Dollar und ich ebenso ohne weiteres fünfzehn wert war. So aber ist es immer: Wenn man bei unlustigem Markt mit Gewalt abstoßen will, dann schließt man, wie die Ware auch immer sein mag, ein schlechtes Geschäft ab, damit muß man gleich rechnen. [...][228]

König Hänschen I., Reformator

Das logische Verfahren, welches der Handlung des Romans zugrunde liegt, heißt *Reductio ad absurdum* – „Zurückführung auf das Sinnlose". Es ist ein Traum der Kinder in aller Welt, Polizist zu sein, Lokführer, Verkäufer oder Arzt. In einem Roman des polnischen Schriftstellers Janusz Korczak (1878-1942) geht dieser Traum in Erfüllung, allerdings nur für wenige Tage und mit schrecklichen Folgen. Der verwaiste, minderjährige, von den Ministern seines Vaters bevormundete Thronfolger hat ein Parlament der Kinder eingesetzt, welches beschließt, dass die Erwachsenen zur Schule gehen und die Kinder ihre Stelle einnehmen sollen. Doch wie sich schon sehr bald zeigt, sind die Kinder ihren Aufgaben nicht gewachsen: Sie können nicht richtig kochen und keine Kranken behandeln. – In den Geschäften wird gestohlen, die kleinen Polizisten werden mit den Gassenjungen nicht fertig. – In den Fabriken gehen die Maschinen entzwei. – Im Handumdrehen sind die Kanonen kaputtgeschossen. – Ein Zug ist entgleist, weil der Weichensteller zum Fußballspielen gegangen war, der Stationsvorsteher zum Angeln, der Lokführer aber wusste nicht, wo die Bremse sitzt, und man zählt hundert Tote.

---

[228] MARK TWAIN: Ein Yankee an König Artus' Hof. S. 308-309.

Als König Hänschen von diesem Unheil erfährt, setzt er die Reform außer Kraft – die Kinder müssen wieder zur Schule und die Erwachsenen ihre gewohnten Beschäftigungen aufnehmen. Das Kinderparlament bleibt bestehen, allerdings nur mit beratender Funktion. Aber es ist zu spät. Ein benachbarter König greift mit seiner Armee an, lehnt das Friedensangebot ab und nimmt Hänschen gefangen. Es kommt ans Licht, dass ein Spion unter der Maske eines Journalisten heimtückisch den fatalen Rollentausch suggeriert und auch noch einen Brief mit Hänschens Unterschrift an alle Kinder der Welt lanciert hat, sie mögen überall Revolutionen durchführen.

Ein Kriegsgericht verurteilt Hänschen zum Tode; im letzten Augenblick wird er begnadigt und auf eine einsame Insel verbannt.

Janusz Korczak veröffentlichte diesen Roman 1928, im Alter von fünfzig Jahren. Er war der Ausbildung nach Arzt, aus Neigung, Überzeugung und Leidenschaft Erzieher. Man schätzt ihn heute als bedeutenden Reformpädagogen. Als Plädoyer für die Rechte des Kindes verfasste er nach und nach Romane, Erzählungen, Kinderbücher, Essays, Satiren, Epigramme und Gebete. Sie sind heute in viele Sprachen übersetzt. Zu seinen wichtigsten Werken zählt die Schrift „Wie man ein Kind lieben soll".

Nach Beendigung seines Medizinstudiums 1904 arbeitete Korczak 1906-1910 in einem Kinderkrankenhaus im Arbeiterviertel von Warschau, ab 1911 als Leiter in dem nach seinem Entwurf errichteten Warschauer Waisenhaus („Dom Sierot"). Parallel dazu entfaltete er eine vielseitige Tätigkeit als Lektor, Redakteur und Sachverständiger für Fragen der Minderjährigen beim Landgericht in Warschau sowie als Conférencier beim Rundfunk. In dem von Korczak geleiteten Waisenhaus funktionierte eine von ihm mit den Kindern ausgedachte und erprobte Selbstverwaltung. Sie umfasste ein Parlament, welches Gesetze beschloss, und ein Gericht, welches Missetäter im Einklang mit einem Strafgesetzbuch verurteilte.[229]

---

[229]   JANUSZ KORCZAK: Das Kinderparlament. In: Ders.: Von Kindern und anderen Vorbildern. S. 78-83.

Der Russisch-japanische Krieg 1904-1905 und der Erste Weltkrieg haben Korczaks Tätigkeit als Kinderarzt und Schriftsteller unterbrochen.

Nach der Einnahme Warschaus durch die deutsche Armee im Zweiten Weltkrieg zog Korczak die Uniform eines Majors der polnischen Armee nicht aus. Weil er die gelbe Armbinde nicht anlegte, die zu tragen der jüdischen Bevölkerung von den neuen Machthabern befohlen worden war, wurde er ins Gefängnis gesteckt. Ehemalige Zöglinge taten sich zusammen, um ihn aus dem Gefängnis freizukaufen. Dann wurde das Waisenhaus ins Ghetto überführt. Freunde von der anderen Seite der Mauer bemühten sich darum, Korczak aus dem Ghetto herauszuholen, doch er lehnte alle Rettungsversuche für seine Person ab und betreute weiterhin die ihm anvertrauten Kinder.

Am 5. August 1942 befahlen die Machthaber die Räumung des Waisenhauses. 200 Zöglinge, mit Korczak und dem Personal in den ersten Reihen, zogen durch die Warschauer Straßen zu einem Platz in der Nähe des Danziger Bahnhofs. Über ihren Köpfen die Fahne des Waisenhauses: ein goldenes vierblättriges Kleeblatt auf grünem Grund, wie es sich der Held aus Korczaks Roman „König Hänschen I." erträumt hatte, weil Grün die Farbe der Hoffnung ist.

Ihr Zug fuhr zum Vernichtungslager Treblinka. Dort begleitete Korczak seine Schützlinge in die Gaskammer.[230]

König Matthias Corvinus
(Mátyás király)

Was muss das für ein König gewesen sein, wenn von ihm noch im 20. Jahrhundert, vierhundert Jahre nach seinem Tod, Märchen, Sagen, mythische und anekdotische Geschichten erzählt worden sind? Und zwar nicht allein in ungarischer Sprache, sondern auch in karpato-ukrainischer, ukrainischer, slowakischer, slowenischer und rumänischer Spra-

---

[230] Nach der Zeittafel zum Leben und Schaffen des Janusz Korczak in dem Buch: JANUSZ KORCZAK: „Wie man ein Kind lieben soll". S. 358-362.

che! Nach dem Volksglauben war Mátyás király (1440-1490) der größte ungarische Herrscher.[231] „König Matthias ist tot, die Gerechtigkeit ist hin", heißt es in einem verbreiteten Sprichwort.

Sein Vater, der Reichsverweser Hunyadi János, kämpfte mit wechselndem Erfolg gegen die Türken; im Jahre 1456 verhinderte er durch seinen Sieg über eine von Memmed II. geführte Belgrad belagernde Armee deren Vordringen nach Ungarn. Auch Matthias selbst kämpfte gegen die Türken, noch viel öfter aber gegen seinen Rivalen, den Gegenkönig Kaiser Friedrich III. Zu seinen Verdiensten zählt die Gründung der Universität von Pressburg (Bratislava) und der *Corvina* genannten Bibliothek mit einer bedeutenden Handschriftensammlung in Ofen (Budapest).

In den Märchen ist er oft unterwegs. Den einfachen (lies: nicht adeligen) Menschen, ob frei oder leibeigen, nähert er sich freundlich, was den Höflingen gar nicht gefällt, und schreitet immer sofort ein, wenn er Ungerechtigkeiten feststellt. Eines Tages, inkognito unterwegs, bittet er einen Dorfschulzen um ein bisschen Frühstück. Der Dorfschulze aber schickt ihn zum Holzstapeln, damit er sich die Mahlzeit erst verdiene.

[...] Den ganzen Tag ließ er ihn das Klafterholz stapeln. Und hat ihm gar nichts zu essen gegeben. König Matthias war aber natürlich abgesondert. Er hat den Stempel immer wieder auf ein Holzscheit geschlagen. Er sagte nichts. Abends hat er dann doch etwas zum Beißen bekommen.

Einige Tage darauf erschien Matthias wieder. In Karosse. Vor dem Haus des Schulzen ist er stehengeblieben. Er ging hinein. „Guten Morgen, Herr Schulze!"

„Gott soll ihn geben."

„Es gibt gegen Sie eine große Beschwerde", sagt König Matthias, „daß Sie die Leute zu Tode schinden. Daß Sie die sich totarbeiten lassen. Aber zahlen, zahlen tun Sie nichts."

„Oh, bitte schön, Majestät, das ist eine Lüge", sagt der Schulze, „das ist nicht wahr. Gerade im Gegenteil, ich bezahle jeden sehr gut."

---

[231] GYULA ORTUTAY: Das ungarische Volksmärchen. In: Ders.: Ungarische Volks-märchen. S. 7-69, hier S. 17.

„Herr Schulze", sagt er, „gibt es im Dorf Gendarmerie?"
„Jawohl."
„Rufen Sie zwei Gendarmen her."
Nun sind zwei Polypen erschienen. „Nehmen Sie den Herrn Schulzen! Führen Sie ihn hierher!"
Die Gendarmen haben den Schulzen gepackt, führten ihn zum Holz hin.
„Räumen Sie das Holz auseinander", sagt er.
Nun wirft der Schulze die Scheite hin und her. Er hat das gut gesehen. Was ist da drauf? Matthias, König Matthias. So hat er ihm dort mehrere Scheiter gezeigt.
„Sie bestehen darauf, daß Sie gut bezahlen? Mich haben Sie von Morgen bis Abend stolpern lassen, weil ich Sie um ein bißchen Frühstück gebeten hab. Ich hab hier den ganzen Tag gearbeitet. Sie haben mir nichts gegeben als am Abend etwas Suppe. No, dann packt den Herrn Schulzen, hinaus, zum Galgen!"[232]

Einige Märchen handeln vom Krieg, aber in der Geschichte vom goldenen Lamm ist der Tatarenkönig mit seiner Tochter bei Matthias zu Besuch. Er hört von einem Schäfer, der nie lügen würde, und schließt mit Matthias eine Wette ab, die er verliert. Zuletzt schenkt Matthias das halbe Tatarenreich, das er gewonnen hat, seinem Schäfer. Der Gast aber verheiratet seine Tochter mit dem biederen Mann – und so wird der Schäfer Tatarenkönig.[233]

---

[232]   KÁROLY GAÁL: Die kluge Bauerntochter. In: Ders.: Die Volksmärchen der Magyaren im südlichen Burgenland. S. 176-178, hier S. 177-178.
[233]   König Mátyás und sein goldenes Lamm. In: GYULA ORTUTAY (Hg.): Ungarische Volksmärchen. S. 480-483.

Kore

Als die Tochter der Fruchtbarkeitsgöttin Demeter, das Mädchen Kore[234], einmal auf der Wiese spielte, tauchte der Unterweltgott Hades auf und entführte sie in sein Reich. Es erging ihr wie den drei Königstöchtern im niedersächsischen Märchen, die beim Spaziergang im Wald von Riesen geraubt wurden (Muschetier, Grenadier und Pumpedier[235], AT 301) – so wie den drei Königstöchtern im slowakischen Märchen, die beim Besuch des Freibads hinter dem Dorf der Reihe nach von einem Drachen entführt wurden (Die drei Prinzessinnen und Loktibrada[236], AT 301).

Als Demeter endlich die Wahrheit erfährt, hemmt sie das Gedeihen der Saaten durch einen Fluch. Sie nimmt den Fluch erst zurück, als nach langen Verhandlungen zwischen den Göttern erreicht worden ist, dass ihre Tochter künftig zwei Drittel des Jahres bei ihr im Himmel verbringen soll und ein Drittel bei Hades in der Unterwelt. In der Folge richtete sich die Fruchtbarkeit der Erde nach diesem Gesetz – die Natur hält so lange Winterschlaf, bis die Gemahlin des Schattengottes in die Oberwelt zurückkehrt.

Ein Eckpunkt der Mythe stimmt mit dem Auftreten der spätherbstlichen Schreck-gestalten überein, die angeblich Kinder fingen und wegführten, ein Hinweis auf den Beginn der Buschschule nach Abschluss der Erntearbeiten. Diese Schreckgestalten waren: der Pelzmärtel in Brandenburg – Knecht Ruprecht in der Oberlausitz – der Zemba im Egerland – der Klaubauf in Bayern und angrenzenden Teilen Österreichs – der Zemmiklas in Vorarlberg – der Bartel in Kärnten – der Krampus in Niederösterreich – das Martini-Weibchen in der Pfalz – die Bercht in Bayern, Böhmen und Österreich – die Luzia im Böhmischen und im Bayerischen Wald.

---

[234]   *Kore* – (griechisch) „Mädchen". Als Gemahlin des Hades heißt sie *Persephone*.
[235]   Muschetier, Grenadier und Pumpedier (AT 301). In: WILHELM BUSCH: Aus alter Zeit. S. 37-44, hier S. 37-38.
[236]   Die drei Prinzessinnen und Loktibrada (AT 301). In: VIERA GAŠPARIKOVÁ: Slowakische Volksmärchen. S. 22-33, hier S. 22.

Auch in Afrika begann ein Lehrgang der Buschschule, sobald die Ente eingebracht war.

Kores Schicksal hat zahlreiche Künstler angesprochen. Sie schufen Plastiken, Mosaiken, Gemälde, Epen, Gedichte, Opern und Ballette. Es gibt Bearbeitungen des Sujets von Albrecht Dürer (1516), Rembrandt van Rijn (1631) und Peter Paul Rubens (1636).

Krabat

Die sorbische Sage verlegt die Handlung in die Zeit nach dem Dreißigjährigen Krieg. Dabei wird der Name Krabat von der Nationalität eines kroatischen Reiter-Obersten abgeleitet, der August den Starken im großen Türkenkrieg 1695 aus höchster Gefahr rettete und zum Dank dafür das Gut bei Groß-Särchen auf Lebenszeit erhielt.

Die Sage schließt Motive des Märchens vom Zauberlehrling (AT 325) ein: A) Der Schwarze Müller hat seine Lehrlinge in Raben verzaubert und will Krabat freigeben, wenn seine Mutter ihn erkennt. Krabat aber hat mit der Mutter ein Zeichen abgesprochen – er werde sich zum Unterschied von seinen Leidensgenossen mit dem Schnabel unter dem linken Flügel putzen. B) Krabat, der in der Schwarzen Mühle zaubern gelernt hat – noch mehr: ein Zauberbuch seines Meisters mitgenommen hat –, lässt sich von seinem Vater in Gestalt eines fetten Ochsen verkaufen. C) Als der Vater beim nächsten Mal den in ein feuriges Reitpferd verwandelten Krabat verkaufen will, reißt ihm ein Käufer, nämlich der wütende Schwarze Müller, das Halfter aus der Hand und prescht davon. Er will dem Pferd vier glühende Hufeisen aufschlagen lassen. Während er die Hufeisen aussucht, streift der Lehrling des Schmieds dem Pferd das Halfter ab, und Krabat fliegt als Lerche davon. Damit beginnt der Zauberwettkampf: Der Schwarze Müller verfolgt seinen ehemaligen Lehrling in Gestalt eines Habichts, doch der lässt sich in einen offenen Brunnen fallen, wo er sich in einen Fisch verwandelt. Als ein Mädchen Wasser schöpft, verwandelt er sich in einen goldenen Ring, und den steckt das Mädchen auf seinen Finger. Das Mädchen weigert sich, den Ring einem fremden Mann zu verkaufen, obwohl der ihm einen Beutel Gold bietet. Während das Mädchen die Hühner füttert, gleitet ihm der

Ring vom Finger und verwandelt sich in Haferkörnchen. Der Zauberer stürzt in Gestalt eines Hahns herbei und beginnt die Körnchen aufzupicken – da erspäht Krabat seine Chance, nimmt die Gestalt eines Fuchses an und beißt den Hahn tot.

Eines Tages geht Krabat, der zunächst als Müllergesell durchs Land gezogen ist, den Werbern in die Falle und wird Soldat. Als der Befehlshaber des kaiserlichen Heeres, König August der Starke, in türkische Gefangenschaft gerät, gelingt es ihm, diesen zu befreien. Zum Dank schenkt August ihm das königliche Gut in Särchen mit allen Liegenschaften und Hörigen, mit einer Schäferei und einer Försterei, mit Mühle, Brennerei, Brauerei und Erbgericht.

Der weitere Verlauf der Handlung erinnert an die Bemühungen des alten Faust: Krabat lässt das Wasser aus Sumpf und Moor ablaufen, sodass dort süßes Gras, Buchweizen und Hirse, Lein und Mohn, Zwiebeln, Bohnen, Erbsen, Kohl und Rüben gedeihen. – Er bewässert die unfruchtbaren Sandflächen, damit man dort Roggen, Hafer und Gerste anbauen kann. – Er hält die trockenen Winde auf und lässt es regnen, die Hagelkörner lässt er zu Daunen werden. – Das Schlehdorngesträuch verwandelt er in Zwetschen-, Pflaumen- und Pfirsichbäume.

Zuletzt hebt Krabat auf seinem Besitztum die Hörigkeit auf und schafft die Frondienste ab, ohne dass die Bauern dafür zahlen müssen. Jeder darf ziehen, wohin es ihm gelüstet, und darf heiraten, ohne den Herrn um Erlaubnis zu fragen. Er teilt seine Felder und Liegenschaften in vierzig Teile und verschenkt sie seinen Untertanen für ewige Zeiten.

Der gebürtige Sorbe Jurij Brězan hat Teile der Sage zu einer dramatischen Erzählung verarbeitet, sie heißt „Die Schwarze Mühle (1968). Aus dem ersten Teil der Sage hat der Kinder- und Jugendbuchautor Otfried Preußler ein packendes, bewegendes Buch geschaffen – „Krabat" (erschienen 1971) –, und die größte Auszeichnung für ihn war sicherlich die, dass sein Buch in mehr als zwanzig Sprachen übersetzt worden ist.

Marco Polo

Sein Spitzname war *Millione,* ein von ihm erfundenes und viel verwendetes Wort, wenn er das Wirtschaftsleben der chinesischen Städte beschrieb. Es ist abgeleitet von dem Wort *mille* [tausend] und bedeutet zu Deutsch etwa „großtausend". Marco Polo war der bedeutendste Reisende des Mittelalters. Mit seinem Vater Niccolò Polo und seinem Onkel Matteo Polo, die Kaufleute waren, gelangte er 1271-1275 über Bagdad, durch den Iran und durch den Pamir nach China, zum Hof des mongolischen Kaisers Kublai-Khan in Kambaluk, dem späteren Peking.

Marco erwarb sich die Gunst des Kaisers, wurde Statthalter der Provinz Jiangnan und bereiste von 1275 bis 1292 im Auftrag Kublai-Khans weite Teile des Mongolischen Reiches und auch Indiens. Sein Gönner wollte ihm die Heimkehr nicht gestatten, deshalb reisten die Polos heimlich aus und kehrten 1295 nach Venedig zurück.

Nach einer Seeschlacht geriet Marco Polo 1298 in genuesische Gefangenschaft. Dort diktierte er einem Mitgefangenen seinen Reisebericht, der großen Einfluss auf die geografischen Vorstellungen des 14. und 15. Jahrhunderts hatte. Bekanntlich wollte Kolumbus das aus Marco Polos Beschreibung bekannte Land „Indien" erreichen (daher die Bezeichnung *Indianer* für die Urbevölkerung Amerikas). Seine Zeitgenossen hielten vieles für gewaltig übertrieben und das aus der Rinde des Maulbeerbaums hergestellte Papiergeld für erdichtet.

Maria Theresia

Im Banat (heute ein Gebiet im Westen Rumäniens, nach den Türkenkriegen von den Habs-burgern mit Kolonisten besiedelt), erzählte man bis ins 20. Jahrhundert von ihren Großtaten. Sie habe dieses fruchtbare Land entdeckt, berichtete in Neuarad eine Greisin dem Volkskundler Walther Konschitzky, der die ältesten Leute nach ihren Erlebnissen befragte.[237]

„Maria Theresia war eine hohe, schlanke Frau. Sie kämpfte mit den Türken und eroberte dieses Land. Dabei half ihr ein Feldherr ... Wie

---

[237] Diese Lebensberichte sind in der Bukarester Tageszeitung „Neuer Weg" ab 1969 in der Rubrik „Dem Alter die Ehr" veröffentlicht worden. Der Artikel „Von den Ulmer Schachteln" mit Erinnerungen von Elisabeth Teichert, geb. Hohn, erschien am 21. April 1979.

der hieß, kann ich Ihnen leider nicht sagen, das habe ich vergessen. Und als das Banat erobert war, warben sie Siedler an."

In der Banater Gemeinde Bakowa, die erst während des dritten „Schwabenzugs" entstanden ist, also erst in der Regierungszeit Josephs II., gab es neun tiefe, mit Ziegeln ausgemauerte Brunnen, die im Volksmund als *Maria-Theresia-Brunnen* bekannt waren.[238]

Der Volkskundler Alexander Tietz vermerkt Folgendes:

„*Bei dem volkstümlichen Erzähler bezeichnet der Name Maria Theresia die graue, legendäre Vorzeit. Eichen, die drei-, vierhundert Jahre alt sind, heißen im Volksmund die Eichen der Maria Theresia; jede Burg ist eine Burg der Maria Theresia; die Römerstraße, die sich von der Unteren Donau gegen Lugosch zieht, ist ihr* Weg*; sämtliche Münzen, ob römisch oder türkisch, sind ihr* Geld.*"*

Dieser Vermerk steht als Fußnote bei der Sage „Die List der Maria Theresia". Die Sage handelt davon, dass die Kaiserin heimlich aus einer belagerten Burg flieht und zur Täuschung der Belagerer den Pferden die Hufeisen verkehrt auf die Hufe nageln lässt.[239]

Tatsächlich war Maria Theresia (1717-1780) von hohem Wuchs, in ihrer Jugend von blendender Schönheit und Anmut, mit üppigem und reichem blondem Haar. Sie war lebhaft und tanzlustig und pflegte mit ihrem Wagen sturmschnell zu fahren.

Die geografischen und geschichtlichen Kenntnisse der Kaiserin ließen zu wünschen übrig, dafür besaß sie eine gute Auffassungsgabe und großen Fleiß bei den Amtsgeschäften. Sie stand im Sommer wie im Winter sehr zeitig auf und verbrachte täglich viele Stunden an ihrem Schreibtisch. Als bleibendes Verdienst gilt die Regelung des Schulwesens durch eine allgemeine Schulordnung im Jahre 1774. Die Kaiserin führte Trivial-, Haupt- und Normalschulen ein, gründete Lehrer-Seminare und

---

[238] Mitgeteilt von Dr. Walther Konschitzky.

[239] Die List der Maria Theresia. In: ALEXANDER TIETZ: Wo in den Tälern die Schlote rauchen. S. 124-125.

setzte Pflichtunterrichtsfächer fest. Jede Gemeinde musste einen Rinderhirten verpflichten, damit alle Kinder zur Schule gehen können statt, wie bis dahin üblich, die Kuh der Familie auf der Weide zu beaufsichtigen. Zum Ruf der Leutseligkeit trugen zweifellos die zahlreichen Audienzen bei, die Maria Theresia allen Untertanen gewährte. Außerdem nahm sie täglich Bittschriften entgegen. Doch dieses Reklame-Bild wird getrübt bzw. sogar annulliert von negativen Charaktereigenschaften.

Die Kaiserin überwachte das Privatleben ihrer Untertanen beider Geschlechter durch Spione auf kleinliche und umständliche Weise. Sie ließ auch ihren Mann sorgfältig überwachen. Ihr Hof war umfangreich und lebte verschwenderisch, wofür Eduard Vehse zahlreiche Beispiele gibt. Für ihr Budget brauchte Maria Theresia jährlich insgesamt sechs Millionen Gulden, während Friedrich der Große mit 220.000 Talern auskam. Die Kaiserin finanzierte den Luxus durch Steuern, Mautgebühren, Lotterien, die Tabakspacht sowie durch den Verkauf von Adelsbriefen.[240]

Zumindest ebenso groß wie ihre Leutseligkeit war ihre Bigotterie. Maria Theresia zwang reiche protestantische Erbtöchter zu Heiraten mit katholischen Hofleuten. Wer zum Katholizismus übertrat, erhielt eine lebenslängliche Pension, zuweilen 2.000 bis 3.000 Gulden. Anhänger des Luthertums, die in Oberösterreich, Steiermark und Kärnten noch ziemlich zahlreich waren, ließ Maria Theresia nach Siebenbürgen und ins Banat transportieren. Dass die armen Leute ihre Güter in der alten Heimat nur unter ihrem Wert verkaufen konnten und in der neuen nur wenig zu kaufen fanden, deshalb Verluste erlitten und ins Elend gerieten, beirrte die Landesmutter nicht.

Der englische Reisende William Wraxall berichtet, dass in Wien viele Bücher und Veröffentlichungen aller Art auf dem Index standen, darunter die Werke von Voltaire und Rousseau. Wenn sich ein Autor negativ über die katholische Religion äußerte, wurde er verboten.

In unseren Augen wird die Leutseligkeit der Kaiserin dadurch annulliert, dass sie bei der Beurteilung des Adels und der gewöhnlichen Menschen zweierlei Maß anwandte. Ein Beispiel dafür sind die außerehelichen Beziehungen.

---

[240] EDUARD VEHSE: Maria Theresia und ihr Hof. S. 137-146.

Ihr Vater, Kaiser Karl VI., hatte mit Erlaubnis seiner Jesuiten eine *maitresse en titre,* d.h. eine öffentlich anerkannte Geliebte. – Der Gemahl der Kaiserin, Kaiser Franz von Lothringen, ebenfalls eine stattliche Erscheinung, hatte zahlreiche außereheliche Beziehungen, und zwar bis zu seinem Tode. – Der Kanzler Kaunitz hielt mehrere Frauen aus. Zu diesen Tatsachen bilden die Keuschheitskommissionen, die die Kaiserin zur Hebung der Moral des Volkes einführte, einen krassen Gegensatz. Auf den Straßen Wiens waren (laut Giacomo Girolamo Casanova) tags und nachts 500 Keuschheitskommissionen unterwegs. Sie nahmen alleingehende Frauen fest, auch wenn diese Rohstoffe oder Waren transportierten, die sie für ihren Lebensunterhalt brauchten. Unangetastet blieb nur, wer mit einem Rosenkranz in der Hand anscheinend zur Messe in die Kirche ging. Zweimal im Jahr schickte Maria Theresia die zusammengefangenen Prostituierten (oder wen man dafür hielt) mit dem sogenannten *Wasserschub* in die Verbannung, und zwar ins Banat oder nach Slawonien.

Zu der religiösen Unduldsamkeit tritt die Skrupellosigkeit bei der Verfolgung von politischen Interessen und die Grausamkeit gegenüber politischen Gegnern.

(Mein Porträt stützt sich in erster Linie auf die Monografie „Maria Theresia und ihr Hof" von Eduard Vehse, erschienen 1924. Vor 1919 hätte diese weder in Österreich-Ungarn noch im Deutschen Reich veröffentlicht werden können.)

Melusine oder die Saligen Frauen

In Frankreich wurde die Geschichte als Ahnensage der Grafen von Lusignan erzählt: Eines Tages begegnete der Ahnherr einer wunderschönen Frau und machte ihr einen Heiratsantrag. Die Dame nahm den Antrag mit der Bedingung an, dass sie einen Tag in der Woche für sich haben werde, an dem sie gehen dürfe, wohin sie wolle, und tun dürfe, was sie wolle. Der Ahnherr sagte zu und beschwor die Zusage unter freiem Himmel, doch er brach seinen Schwur. Er überraschte sie in der Gesellschaft von anderen Frauen, die allesamt einen Fischschwanz trugen. Diese für die

Zuhörerschaft unbegreifliche Einzelheit wird in der Sage aufgebauscht. Vermutlich nahm Melusine an einem Treffen mit Mitgliedern des prähistorischen Frauenbundes teil, die Fisch-Masken trugen und einen rituellen Tanz aufführten.

Die zitierte Sage ist in ähnlicher Form in den Alpenländern verbreitet, wo man die weibliche Gestalt als *Salige* bezeichnet. Jede Salige knüpft ihre Heiratszusage an eine Bedingung. Zwar lautet diese jeweils anders, doch wenn wir eine größere Zahl von Überlieferungen in Betracht ziehen, Sagen und aus Sagen gewachsene Märchen, kehren dieselben Forderungen wieder. Der Mann muss Folgendes versprechen: nicht zu schimpfen – nicht zu schlagen – keine Geliebte zu haben – keine Anspielungen auf die Mitgliedschaft im Frauenbund zu machen – der Frau einen Tag zu gewähren, an dem sie tun kann, was sie möchte. Damit zeichnen sich zwei Auffassungen von der Stellung der Frau ab. Offenbar stammen die Überlieferungen aus einer Zeit, als die Rechte der Ehefrau nicht mehr selbstverständlich waren, sonst hätte der Mann ihre Einhaltung nicht eigens geloben müssen.

Als Ursache für den Sinneswandel kommt die Ausbreitung des Pflügens mit Rindern in Betracht, was das Selbstbewusstsein der Männer gestärkt haben mag.

Bei den Mauren in der westlichen Sahara war eine von den Bedingungen der Saligen-Ehe bis in unsere Tage Gegenstand eines förmlichen Abkommens zwischen Eheleuten. Dort wurde schriftlich und vor Zeugen ein Ehevertrag geschlossen, in dem der Mann sich verpflichtete, keine weitere Frau zu heiraten und seiner Frau unbedingt die Treue zu halten, andernfalls würde sie sich von ihm trennen. Obwohl der Islam dem Mann mehrere Ehefrauen gestattet, setzten die Maurinnen sich durch. Peter Fuchs hält dies für ein mögliches Erbe ihrer matriarchalischen berberischen Vergangenheit.[241]

Außerhalb der Alpenländer wurden Überlieferungen mit dem Motiv der Saligen-Ehe im Harz, in Irland, Wales, Südfrankreich, auf Mallorca, auf Korsika und auf dem Balkan aufgezeichnet. Auch die

---

241   PETER FUCHS: Menschen der Wüste. S. 92-93.

Gründungssage der Stadt Detta im westlichen Rumänien, im Banat, stützt sich auf das Motiv der Saligen-Ehe (Die bildschöne Detta[242]).

In sämtlichen Überlieferungen befindet sich der Bauernhof oder das Schloss im Besitz des Mannes, die Frau kommt von außen, in einigen Fällen bringt sie ihr Vermögen in die Ehe ein, in anderen dient sie zunächst als Magd. Das ist ein Hinweis auf die damalige Organisation der Gesellschaft. Die Hausgenossenschaften sind bereits patriarchalisch, bei der Heirat ziehen die Frauen aus der Hausgenossenschaft, der ihre Eltern angehören, in die des Ehemannes um.

Als der Mann sein Versprechen bricht, zieht sich die Frau zurück – sie verschwindet. Dieser Ausgang lässt mehrere Schlüsse zu. Wir dürfen annehmen, dass die Frau wirtschaftlich nicht von ihrem Mann abhängig war, andernfalls hätte sie bei ihm bleiben müssen. Offenbar fand die Salige Zuflucht und Aufnahme in einer anderen Gemeinschaft, sonst hätte sie nicht von Zeit zu Zeit wiederkehren können, um, wie in der Überlieferung geschildert, die Kinder zu pflegen. Wohin die Salige sich zurückzieht, wussten die Erzähler nicht mehr, denn es wird niemals mitgeteilt. Vermutlich zog sie sich in die Hausgenossenschaft zurück, in der sie aufgewachsen war.

Wenn die Salige kleine Kinder hat, kehrt sie nach einer Weile heimlich wieder, um diese zu pflegen: Der Säugling wird gestillt, die älteren Kinder werden gewaschen und gekämmt. Dieses für die Erzählgemeinschaft rührende Verhalten bekommt durch das Gewohnheitsrecht der Kpelle in Liberia eine juristische Begründung: Wurde die Ehe auf Antrag der Frau gelöst, dann verblieben die Kinder dem Manne, einen Säugling aber behielt die Mutter bis zur Entwöhnung, um ihn dann dem Vater zu übergeben.[243]

Was innerhalb des Frauenbundes geschah, musste wie bei den Naturvölkern geheim bleiben, und in diesem Bestreben nach Geheimhaltung wurzeln mehrere Bedingungen: Der Mann soll nicht nach dem Namen fragen, wobei hier der Name gemeint ist, den die Frau im Bund hat. – Er soll seine Frau nicht auffordern, zu tanzen und zu singen, womit

---

[242] Die bildschöne Detta. In: WALTHER KONSCHITZKY und HUGO HAUSL (Hg.): Banater Volksgut. Erster Band, S. 107-108.
[243] DIEDRICH WESTERMANN: Die Kpelle. S. 63.

Tänze und Lieder aus dem Repertoire des Frauenbundes gemeint sind. – Er soll niemals versuchen, ihre nackten Schultern zu sehen, womit die Neugier nach den Bundesmarken gemeint ist.

Die zahlreichen Hexentanzplätze der Überlieferung sind nichts anderes als Orte, an denen sich vormals die Frauen unter Ausschluss der Männer versammelten. Wenn ein Mann sie belauerte, wurde er verjagt, verfolgt und misshandelt. Ein berühmter Versammlungsplatz lag auf dem Brocken.

Melusines Geschichte wurde schon um 1400 zu einem Roman verarbeitet, aus dem ein in viele Sprachen übersetztes Volksbuch entstand. Hans Sachs hat den Stoff dramatisiert (1556). Friedrich de la Motte Fouqué hat ihn zum Kunstmärchen „Undine" verarbeitet (1811), welches die poetische Vorlage für die gleichnamigen Opern von Ernst Theodor Amadeus Hoffmann (1816) und von Albert Lortzing (1845) lieferte.

Münchhausen

Das deutsche Volksbuch „Münchhausen" stammt aus der Feder von Gottfried August Bürger, der zwei Vorlagen aus dem Englischen rück-übersetzte und erweiterte. Es heißt mit vollem Namen „Wunderbare Reisen zu Wasser und zu Lande, Feldzüge und lustige Abenteuer des Freiherrn von Münchhausen" (1786, erweiterte Ausgabe 1788). Der Held fängt mit einem Stück Speck, an eine Schnur gebunden, eine Schar Enten, die nacheinander den Speck schluckten. Noch mehr: Die Schar fliegt auf und trägt ihn nach Hause. – Im Krieg springt er auf eine Kanonenkugel und erkundet auf diese Weise das gegnerische (türkische) Lager. – Als er in einem schneereichen Winter sein Pferd an einen Stock bindet, schmilzt der Schnee über Nacht, und der Stock erweist sich als das Kreuz einer Kirche; Münchhausen erwacht vor der Kirchentür, das Pferd aber zappelt oben am Turm.

Was das Leserpublikum nicht wusste: Jener Münchhausen hat tatsächlich gelebt. Es handelt sich um den Baron Karl Friedrich Hieronymus von Münchhausen (1720-1797), einen Gutsbesitzer und Offizier, der sich nach seinem abenteuerlichen Leben zur Ruhe gesetzt hatte. Im

Freundeskreis trug er die unglaublichsten Kriegs-, Jagd- und Reiseabenteuer vor, was ihm den Namen *Lügenbaron* einbrachte.

Berühmt wurde eine Verfilmung von Münchhausens Abenteuern mit Hans Albers in der Hauptrolle (1943).

Nasreddin Hodscha

Das Urbild des Helden der bekannten türkischen Schwanksammlung war der Verweser einer kleinen Dorfmoschee, d.h. eine Art Landpfarrer. Eines Tages …

… machte sich ein Moscheebesucher über die Predigten des Hodschas lustig, in denen dieser vom Paradiese sprach. Er sagte zu ihm: „Jede Nacht fahre ich zum Himmel empor und wandle inmitten der Engel und der Schar der Erwählten." – „Soso! Und in welchen Himmel steigst du hinauf?" – „In den vierten." – „Nun", fragte der Hodscha, „hast du niemals gespürt, dass etwas Weiches und Haariges manchmal dein Gesicht streift?" – „Ja, so etwas habe ich schon gespürt." – „Siehst du", erwiderte Nasreddin, das ist der Schwanz meines Esels, der im fünften Himmel auf der Weide umhergeht."[244]

Dieser Mann soll im 13. Jahrhundert gelebt haben. Man erzählte, dass es ihm gelungen sei, mit seinen Witzen den schrecklichen Tamerlan[245] zu besänftigen, der die Türkei erobert hatte, und auf diese Weise viele seiner Landsleute zu retten und ihr Hab und Gut zu schützen. In Wirklichkeit eroberte Tamerlan Anatolien um 1388.

Die älteste [handschriftliche] Sammlung mit einschlägigen Schwänken stammt aus dem Jahre 1571.

---

[244] PIERRE DANINOS: Worüber die Welt lacht. S. 167-169.
[245] Tamerlan oder Timur (1336-1405). Er erlangte um 1370 die Herrschaft in Transoxanien und versuchte, das Reich Dschingis Khans zu erneuern.

Als einmal seine Schwiegermutter von der Brücke in den Fluss gestürzt war, suchten die Nachbarn alle unterhalb der Unglücksstelle, Nasreddin aber flussaufwärts. „He, Nasreddin!", riefen die anderen. „hier muss sie sein!" Der Hodscha winkte ab: „Ich kenne sie besser!"[246]

Nils Holgersson

Die schwedische Schriftstellerin Selma Lagerlöf (1858-1940) hat den Roman über die Reise des Nils Holgersson mit den Wildgänsen als Lesebuch für Schulen geschrieben, und seither dürfen alle Völker der Welt die Schweden um dieses Schulbuch beneiden, weil es auf 500 Seiten fesselnd über die Geografie, über das Leben der Menschen, die Tierwelt, die Geschichte und die Folklore berichtet. Es hatte durchschlagenden Erfolg, denn bereits im ersten Jahr nach seinem Erscheinen 1907 wurden neben den für die Schulen bestimmten Ausgaben 100.000 (!) Exemplare verkauft.

Der Kätnersohn Nils, ein Taugenichts und Tunichtgut, vor dem sich die Tiere fürchten, ist vierzehn Jahre alt, als er für eine Frechheit in ein Wichtelmännchen verzaubert wird. Urplötzlich ändert sich für ihn die Sicht auf die Welt: Auf einmal gehört er zu den Kleinen, die sich vor Fuchs und Marder, vor Habicht, Krähen und Eulen, vor Ratten und Nattern in Acht nehmen müssen und nur Chancen haben, wenn sie einander helfen. Er wird von den Wildgänsen auf ihre Reise nach Lappland mitgenommen, nachdem es ihm gelungen ist, eine Gans zu retten, die der Fuchs Smirre davongeschleppt hatte.

Die Reise beginnt in Wemmenhög, am südlichsten Rande von Schweden, wo die Wildgänse, aus Deutschland kommend, im Frühjahr eintreffen. Im Buch führt ihre Flugroute durch die östlichen Provinzen Schwedens bis weit in Lappland hinein, und im Herbst durch die westlichen Provinzen Schwedens bis nach Wemmenhög, von wo sie die Reise nach Süden über die Ostsee fortsetzen.

Zur Wandlung des Helden tragen die Lebensgeschichten der Menschen bei, denen er begegnet, das sind: die alte Bauernfrau – das

---

[246] EBERHARD PUNTSCH: Witze, Fabeln, Anekdoten. S. 98.

Gänsemädchen Åsa und ihr Vater – die alte Kerstis vom Moore – die zwei Studenten in Stockholm – der Museumswächter Klement im Freilicht-museum Skansen – die Lehrerin, die am Handarbeits-Seminar teilgenommen hat. Seine Läuterung ist erreicht, als er sich weigert, das Hüttenwerk „Eisenhammer" mit der es umgebenden Siedlung in Brand zu stecken, was der in seiner Waldesruh gestörte Bär fordert. Nils will nichts gegen das Eisen unternehmen, dem reich und arm so viel verdanken, gegen das Eisen, das so vielen Menschen ihr tägliches Brot gibt. Also bleibt er bei seiner Weigerung, obwohl der Bär droht, ihn zu töten. Das Kapitel, in dem dieses Abenteuer erzählt wird, stellt auch formell einen Scheitelpunkt dar, denn es ist gerade das 28. von insgesamt 55 Kapiteln.

Am Kalender gemessen dauert die Romanhandlung nur knapp acht Monate – von März bis November. Dass die Wandlung des Helden vom gewissenslosen Tunichtgut zu einem hilfsbereiten, verantwortungsbewussten jungen Mann glaubhaft ist, liegt an den zahlreichen spannend erzählten Abenteuern, den eingefügten Lebensgeschichten und der Fülle von mitgeteilten Sagen, die insgesamt einen viel längeren Zeitabschnitt vortäuschen.

Nobel

Seit 124 Jahren werden im Dezember die Nobel-Preise verliehen. Sie würdigen hervorragende Leistungen von Wissenschaftlern und mutige Einsätze im Kampf für den Frieden. Zugleich damit erinnern sie uns an die Großtat des schwedischen Chemikers und Industriellen Alfred Nobel (1833-1896). Er hatte das Dynamit und andere kriegswichtige Produkte erfunden, worauf in vielen Ländern Sprengstoff-Fabriken gebaut worden sind. Doch am Ende seines Lebens hinterließ er sein Vermögen einer einzigartigen Stiftung. Mit dem Jahreszins des Vermögens der Nobel-Stiftung werden hervorragende Leistungen auf den Gebieten Physik, Chemie, Physiologie oder Medizin und Literatur geehrt und Verdienste um die Erhaltung des Friedens ausgezeichnet.

Zu diesen Auszeichnungen treten der von der Schwedischen Reichsbank 1969 gestiftete Preis für Wirtschaftswissenschaften und der 1980 vom Publizisten Jakob Carl von Uexküll ins Leben gerufene

„Alternative Nobelpreis". Dieser wird jährlich an Personen bzw. an Organisationen vergeben, „die mit praktischen und exemplarischen Lösungen an den wirklichen Problemen unserer Zeit arbeiten".

Alfred Nobel bestimmte, dass die Preisträger für Physik und Chemie von der Königlichen Schwedischen Akademie der Wissenschaften ausgewählt werden sollen, jene der Physiologie oder Medizin vom Karolinska Medikokirurgiska Institutet in Stockholm, die Literatur-Preisträger von der Königlichen Schwedischen Akademie der schönen Künste in Stockholm und die Friedenspreis-Träger durch einen fünfköpfigen Ausschuss des norwegischen Parlaments. In der Regel wird der Friedens-Nobelpreis vom norwegischen König in Oslo verliehen, die anderen Nobelpreise überreicht der schwedische König in Stockholm am Todestag Nobels, dem 10. Dezember.

Seit 2023 beträgt das Preisgeld je Kategorie elf Millionen schwedische Kronen (zirka 954.000 Euro).

2024 wurde der Friedens-Nobelpreis der Organisation „Nihon Hidankyo" verliehen, die sich aus Überlebenden der Atombomben-Abwürfe bei Hiroshima und Nagasaki im Jahre 1945 zusammensetzt und für die Ächtung der Atomwaffen eintritt.

Odysseus

Der legendäre Krieg um die Stadt, die heute unter dem Namen *Troja* bekannt ist, hat wahrscheinlich am Ende der Bronzezeit stattgefunden, als die mykenischen Griechen nach Kleinasien vorstießen, wo damals die Hethiter herrschten. Aus den Überlieferungen sind Jahrhunderte später zwei Epen entstanden, die „Ilias" und die „Odyssee", die man ursprünglich demselben Dichter namens *Homer* zuschrieb. Heute überwiegt die Meinung, dass die „Odyssee" ein Menschenleben nach der „Ilias" entstanden sei.

Laut Raoul Schrott lebte Homer in Kilikien, d.h. im südöstlichen Kleinasien.[247]

---

[247] RAOUL SCHROTT: Homers Heimat. Frankfurt am Main: Fischer, 2010.

Odysseus, der König von Ithaka, nahm mit der Besatzung von zwölf Schiffen am Krieg teil. Von ihm stammte der Vorschlag, der die Eroberung der Stadt ermöglichte: Die Belagerer zimmerten ein riesiges hölzernes Pferd, in dessen Bauch sich etliche Krieger versteckten, unter ihnen Odysseus. Dann täuschte die griechische Flotte ihre Abreise vor, verbarg sich aber hinter einer nahen Insel. Nachdem die Troer das Pferd in die Stadt gezogen und ihren Triumph gefeiert hatten, öffneten jene Krieger heimlich das Stadttor und ließen die inzwischen zurückgekehrten Belagerer ein.

Nach Trojas Fall und Verwüstung reisten die griechischen Fürsten ab, um in ihre Heimat zurückzukehren, auch Odysseus. Das zweite Epos, die „Odyssee", berichtet von seinen Irrfahrten, die zehn Jahre dauerten. In manchen Episoden haben sich Erfahrungen aus der Zeit niedergeschlagen, als Abgesandte aus griechischen Städten Erkundungsfahrten ins westliche Mittelmeer vornahmen. In den Berg gegrabene Höhlen, so eine, wie sie der Zyklop Polyphem bewohnt, gibt es in Tunesien bis heute.

Odysseus wird vom Pech verfolgt: Widrige Winde treiben die Schiffe ab. – Durch die Blendung des Zyklopen Polyphem zieht er sich die Feindschaft von dessen Vater, dem Meergott Poseidon, zu. – Aus Hunger vergreifen sich seine Gefährten an der heiligen Herde des Sonnengottes. – Die Nymphe Calypso hält ihn jahrelang fest. – Als er schließlich nach zwanzig Jahren Abwesenheit in Ithaka eintrifft, muss er feststellen, dass zahlreiche Gutsbesitzer seine vermeintliche Witwe Penelope bedrängen, damit sie einen von ihnen heirate, und in seinem Hause prassen.

Im Epos wird Odysseus „der herrliche Dulder" genannt. Kennzeichnend für sein Verhalten ist seine Selbstbeherrschung. Als der Zyklop Polyphem betrunken eingeschlafen und damit in seine Hand gegeben ist, tötet er ihn nicht, weil er sich Rechenschaft gibt, dass er und seine Gefährten nicht imstande wären, den Felsblock zu entfernen, der den Höhleneingang versperrt; das vermag nur Polyphem.

Der Literat Johann Heinrich Voß hat die zwei Epen metrisch ins Deutsche übersetzt – 1781 lag die „Odyssee", 1793 die „Ilias" gedruckt vor. Ihr sprachschöpferischer Einfluss auf das Deutsche wird mit Martin

Luthers Bibelübersetzung verglichen. Inzwischen wurden sie auch in deutsche Mundarten übertragen.

Die „Odyssee" gilt als eines der meistbearbeiteten Werke der abendländischen Literatur- und Kunstgeschichte. Seit dem Altertum hat die Gestalt des Odysseus Dichter, Schrift-steller, Bildhauer, Komponisten, Regisseure und Philosophen fasziniert. Sie gilt als literarisches Vorbild für Goethes Faust und Jules Vernes Kapitän Nemo. Im Monumentalfilm „Die Fahrten des Odysseus" von Regisseur Mario Camerini (1954) spielte Kirk Douglas die Titelrolle.

Laut dem Archäologen Prof. Bernard Andreae ist Odysseus … „der erste sich selbst bestimmende, nicht mehr schlechthin dem Schicksal oder dem Willen der Götter unterworfene Mensch der Weltliteratur"[248].

Als der Geschäftsmann und Archäologe Heinrich Schliemann 1868 die Insel Ithaka besuchte, erzählte ihm ein Müller, der Analphabet war, die im Volksmund überlieferte Geschichte von Odysseus. Jener Müller hatte sie von seinem Vater gehört, der Name *Homer* war ihm unbekannt.[249]

Orpheus

Der Überlieferung zufolge war der Thraker Orpheus nicht nur ein begnadeter Sänger, der die Menschen bezauberte, reißende Tiere besänftigte und Gewitter beherrschte, sondern auch ein Gesetzgeber: Er schaffte die Menschenopfer und die Blutrache ab. Zudem machte er die thrakischen Völker mit den Wissenschaften und den Künsten bekannt.

Als Orpheus seine Gattin Eurydike durch einen Schlangenbiss verlor, stieg er mutig in die Unterwelt hinab und rührte ihre Götter durch sein Lied, worauf sie Eurydike die Rückkehr in die Oberwelt erlaubten, allerdings mit der Bedingung, dass Orpheus sich nicht umschauen dürfe,

---

[248]   GERHARD PRAUSE: Der berühmte Laokoon ist kein Original. In: Ders.: Spuren der Geschichte. S. 266-295, hier S. 295.
[249]   HEINRICH ALEXANDER STOLL: Der Traum von Troja. S. 241-242.

bis sie angelangt sind. Weil Orpheus das Verbot übertrat, musste Eurydike in der Unterwelt bleiben.

Diese Sage inspirierte nach und nach annähernd fünfzig Opern. In der von Christoph Willibald Gluck nach einem Libretto von Raniero di Calzabigi komponierten (1762 in Wien und 1774 in Paris aufgeführt), sagt Eurydike sich unterwegs von Orpheus los, weil er sie nicht anblickt, und als er es schließlich tut, hat er sie verloren. Doch die von seiner Treue beeindruckten Götter erwecken sie zum Leben.

Jacques Offenbach verarbeitete den Stoff zu einer Operette (1858), Jean Cocteau und Jean Anouilh jeweils zu einem Drama (1927, 1942), Igor Strawinsky zu einem Ballett (1848).

Peter der Große

Er bestieg den Zarenthron 1689 im Alter von siebzehn Jahren und regierte dann 36 Jahre lang mit eiserner Hand, wobei er „die mittelalterliche Barbarei mit barbarischen Mitteln bekämpfte", wie es in der Rezension eines biografischen Romans heißt. 1697-1698 unternahm Peter eine lange Reise nach Westeuropa, indem er sich inkognito einer großen Gesandtschaft von etwa 250 Personen anschloss. Diese Reise vermittelte ihm das Rüstzeug für seine Reformpolitik. Er arbeitete damals eine Zeitlang als Zimmermann bei der holländischen Ostindien-Kompanie. Bei der Königlichen Marine in England ließ er sich zum Schiffsingenieur ausbilden. In Preußen studierte er den Geschützbau. Er besuchte Fabriken, Schulen, Museen und Arsenale. In England nahm er sogar an einer Parlamentssitzung teil.

Um die Einführung westlicher Technologie zu fördern, holte er viele Ingenieure aus dem Westen nach Russland und schickte viele junge Russen zu Studienzwecken nach Westeuropa.

Peter verordnete zahlreiche Reformen, beginnend mit der Etikette und der Kleiderordnung. Er ließ Gewerbe- und Navigationsschulen einrichten. 1703 gründete er die spätere Hauptstadt Sankt Petersburg, 1724 legte er den Grundstein für die Petersburger Akademie der Wissenschaften. Er bemühte sich um Kontakte zu Fachleuten und Gelehrten, man weiß z.B., dass er dreimal mit dem Philosophen und Mathematiker

Gottfried Wilhelm Leibniz zusammen-getroffen ist. Zwischendurch führte er Krieg: gegen die Türken – gegen die Schweden – gegen die Perser.

Eine Episode der legendären Reise nach Westeuropa hat Albert Lortzing zu einer komischen Oper in drei Akten verarbeitet, die 1837 in Leipzig uraufgeführt (und viel später verfilmt) wurde, ihr Titel: „Zar und Zimmermann". Bei Aufführungen des Werkes in Russland wurde die Handlung unter Umbenennung der männlichen Hauptrolle nach Deutschland verlegt, weil in Russland auf der Bühne kein Zar erscheinen durfte …

Als Peter der Große sich nach der Einnahme ganz Estlands auch Meister von der Stadt Reval gemacht hatte, ließ er nicht nur die Festungswerke um die Stadt und den Hafen in besseren Verteidigungsstand setzen, sondern legte auch in einer dem Hafen gegenüber gelegenen anmutigen Gegend einen großen Lustgarten mit allen dazu erforderlichen Stücken an: Teichen mit Lustinseln, springenden Wassern, Bildsäulen von dasigen Bruchsteinen vom Laagberg etc., nebst einem schönen Lustschloss und Flügelgebäuden nach italienischer Bauart und nannte den Ort der Kaiserin zu Ehren Katharinental. Der Zar wusste wohl, dass er und seine Gemahlin, die ihn nicht leicht auf einer Reise, ja sogar selten in seinen Feldzügen verließ, die wenigste Zeit den Genuss von diesem Lustplatze haben würden, dagegen aber sah dieser Monarch gern, dass sich jedermann desselben zu ehrbarer Belustigung bediente.

Als er nach einigen Jahren wieder einmal nach Reval kam, da das ganze Werk dieser neuen Anlage längst in vollem Stande war und er auch mit der Kaiserin solches bewohnte, nahm es ihn sehr wunder, dass fast niemand in den schönen Laubgängen und anderen vielen Lustplätzen dieses öffentlichen Lustgartens spazieren ging und sich darin belustigte. Er fragte daher im Vorbeigehen die Wache an einem der Eingänge dieses Gartens, wie es käme, dass so wenige Menschen und fast gar niemand aus der Stadt hierher zum Spazieren käme. Der Soldat antwortete: „Weil wir niemand einlassen."

„Was?" sagte der Zar in voller Entrüstung. „Welcher Narr hat euch das befohlen?"

„Unsere Offiziere", antwortete der Soldat.

Darauf versetzte der Zar: „Was sind das für Narren! Sie bilden sich ein, dass ich für mich allein und nicht vielmehr für alle Menschen diesen Lustplatz mit so großen Kosten angelegt habe."

Des anderen Tages wurde sogleich mit Trommelschlag in der Stadt der zarische Befehl kundgemacht, dass allen Menschen erlaubt wäre, Katharinental zu besehen, darin zu spazieren und sich daselbst zu belustigen, die Wachen aber auf ihren dasigen Posten nichts als den ungebührlichen Unfug und die mutwillige Beschädigung der Bäume und der übrigen Teile dieses Lustplatzes abzuhalten Befehl hätten. Und so ist Katharinental noch auf den heutigen Tag die Tuilerie der Stadt Reval.
(Autor: Bürgermeister Gleihils in Reval.)[250]

Eines Tages wollte der Botschafter einer fremden Macht den Zaren besuchen. Er wurde auf ein Schiff geführt, wo Peter gerade auf der Spitze des Mastes hockte.
„Ach, Sie sind es", rief der Zar. „Kommen Sie nur näher!"[251]

Pinocchio

In dieser aus Holz geschnitzten Marionette erkennen sich alle Kinder der Welt wieder, denn er steckt voller guter Vorsätze. Er will lernen und arbeiten, denn er will ein richtiger Junge sein, kann aber den Versuchungen nicht widerstehen. Statt in die Schule zu gehen, läuft er zum Marionettentheater; um den Eintritt bezahlen zu können, verhökert er die Fibel, für die sein Vater den Mantel verkaufte. Fünfmal zieht Pinocchio mit guten Vorsätzen los, fünfmal trifft er eine falsche, folgenschwere Entscheidung und kommt vom rechten Wege ab. Zuletzt folgt er einem Nichtsnutz von Mitschüler ins Spielzeugland, wo die Großen Ferien zu Neujahr beginnen und zu Silvester enden – aber, was die verführten Kinder nicht ahnen, die Bewohner sich in Esel verwandeln und vom Betreiber des Spielzeuglandes auf dem Markt verkauft werden.

[250] RUDOLF WALTER LANG: Zeiten und Menschen im Spiegel der Anekdote. S. 111-112.
[251] DIETER LATTMANN (Hg.): Das Anekdotenbuch. S. 662.

Auch das Missgeschick, das Pinocchio verfolgt, kommt den kleinen Lesern bekannt vor.

Carlo Collodis Erzählung „Pinocchios Abenteuer", zuerst 1883 in einer Zeitschrift veröffentlicht, wurde in fast alle modernen Sprachen übersetzt und ist eines der beliebtesten Bücher der Weltliteratur. In Italien und im Ausland erschienen Fortsetzungen und Nachdichtungen, u.a. „Das goldene Schlüsselchen oder die Abenteuer des Burattino" von Alexei Tolstoi (1936). Die erste Verfilmung, ein Stummfilm, datiert vom Jahre 1911. Walt Disney brachte 1939 einen farbigen Zeichentrickfilm heraus. In einem Spielfilm vom Jahre 1972, das war eine italienisch-französisch-deutsche Koproduktion, spielte Gina Lollobrigida die blaue Fee.

Eine kongeniale Übersetzung ins Deutsche, mit merklich ausgesponnener Handlung und in einer entzückenden barocken Sprache verfasst, ist die von Otto Julius Bierbaum: „Zäpfel Kerns Abenteuer" (1902). Hier gelangt der Held mit seinem Mitschüler Spinnifax von der Insel Goldboden in die Ferienkolonie Spielimmerland, welche dem Eselhändler Schlaumeier gehört. Er steigt für einen Tag zum König auf, Spinnifax wird Reichskanzler. Nach ihrer Vereselung werden beide von Schlaumeier verkauft. Zäpfel Kern gelangt in einen Zirkus, Spinnifax in eine Mühle.

Im Zirkus bringen grausame körperliche Leiden und seelische Erniedrigungen das Kasperle zur Einsicht; Freund Spinnifax erlangt durch harte Arbeit beim Müller Klapperrad das Recht auf seine menschliche Gestalt wieder. Als die zwei nach ihrer Erlösung einander begegnen – Zäpfel Kern verdient seinen Lebensunterhalt als Lastträger und Spinnifax als Bäckerlehrling – äußern sie ihr neues Selbstbewusstsein in folgendem Gespräch:

„Siehst du wohl", sagte Zäpfel Kern zu ihm, „das kommt davon! Wir wollten nicht ins Gimpelnasium gehen und sind dafür Bäckerjungen geworden."

„Aber immer noch besser, als Esel", meinte Spinnifax.

„Sehr richtig", antwortete Zäpfel Kern. „Und überhaupt: Arbeit ist keine Schande, und ein richtiger Bäckerjunge wird ein tüchtiger Bäckergeselle, und ein tüchtiger Bäckergeselle wird mal ein tüchtiger

Bäckermeister, und ein tüchtiger Bäckermeister braucht sich vor keinem König zu schämen."

„Am wenigsten vor einem König der Tagediebe", lachte Spinnifax.

„Schweigen wir davon, Herr Reichskanzler", lachte Zäpfel Kern.[252]

Pippi Langstrumpf

Als das Kinderbuch „Pippi Langstrumpf" 1945 gedruckt wurde, mögen viele Erwachsene geschockt gewesen sein, weil die neunjährige Titelgestalt auf Schritt und Tritt gegen traditionelle Vorstellungen von einem wohlerzogenen Kind verstößt. Inzwischen scheint sich die Aufregung gelegt zu haben. Der kindliche Leser schließt Pippi von der ersten Seite an in sein Herz, weil das Mädchen so lebt und handelt, wie er es sich heimlich auch schon gewünscht hat: Pippi wohnt für sich allein in einer Villa mit Garten und alten Bäumen, mit einem Äffchen als Spielgefährten und mit einem Reitpferd. Sie ist freundlich, selbstlos und hilfsbereit. – Pippi besitzt genug Geld und ist deshalb nicht auf die Fürsorge von anderen angewiesen. – Sie hat einen Vater, der als Schiffskapitän die Meere befährt. – Sie ist so stark, dass sie mit einer Hand ein Pferd in die Luft stemmen kann. – Sie zieht sich an, wie sie möchte. – Sie geht nicht zur Schule. – Sie gibt eine Geburtstagsparty nach eigenen Vorstellungen. – Sie tritt im Zirkus auf und bringt den Zirkusdirektor in Verlegenheit. – Sie nimmt einen Jungen in Schutz, den fünf andere verprügeln. – Sie rettet zwei Kinder aus einer Feuersbrunst. – Sie trotzt Polizisten und Dieben.

Bei Pippis ausgelassenen Spielen geht ab und zu etwas von der Einrichtung kaputt – was soll man machen. Mit der Hygiene nimmt sie es nicht so genau: Als sie Pfefferkuchen backen will, mindestens fünfhundert Stück, reicht der Küchentisch natürlich nicht für die riesige Menge Teig, weshalb Pippi den Teig auf dem Küchenboden ausrollt …

---

[252] OTTO JULIUS BIERBAUM: Zäpfel Kerns Abenteuer. S. 273-274.

Astrid Lindgren (1907-2002) hat in ihrem Buch Erlebnisse aus ihrer eigenen Kindheit verarbeitet. Sie stellt Pippis Abenteuer mit umwerfendem Humor dar und führt die zugrunde liegenden Wünsche wiederholt ad absurdum. Der Erfolg hat sie zu Fortsetzungen ermutigt: „Pippi geht an Bord" (1946) und „Pippi in Taka-Tuka-Land" (1948). Diese Bücher wurden in 77 Sprachen übersetzt.

Die erste Verfilmung fürs Kino entstand schon 1949 in Schweden. 1961 folgten die USA, 1982 die Sowjetunion. Berühmt geworden ist eine Verfilmung Ende der 1960er Jahre mit Inger Nilsson in der Titelrolle, bei der Olle Hellbom Regie führte.

Astrid Lindgren selbst schrieb die Drehbücher für drei Theaterstücke und das Pippi-Langstrumpf-Musical. Sie verfasste auch mehrere Drehbücher für Hörspiele.

Prinz Eugen

Die Bewunderung seiner Soldaten hat sich in einem Lied niedergeschlagen, das bis ins 20. Jahrhundert gern gesungen wurde. Es schildert die Belagerung und Einnahme der Stadt Belgrad im Jahr 1717 während des sechsten österreichischen Türkenkriegs.

Prinz Eugen, der edle Ritter,
wollt' dem Kaiser wied'rum kriegen
Stadt und Festung Belgarad.
Er ließ schlagen eine Brucken,
dass man kunnt' hinüber rucken
mit d'r Armee wohl für die Stadt.

Als der Brucken nun war geschlagen,
dass man kunnt' mit Stuck und Wagen
frei passier'n den Donaufluss,
bei Semlin schlug man das Lager,
alle Türken zu verjagen,
ihn'n zum Spott und zum Verdruss.

Damals befand sich der aus dem europäischen Hochadel stammende Prinz Eugen von Savoyen (1663-1736) auf dem Höhepunkt seiner militärischen und politischen Karriere: Hofkriegsratspräsident – Vorsitzender der Geheimen Konferenz – Statthalter in den österreichischen Niederlanden.

Im fünften Türkenkrieg hatte er 1697 die Hauptmacht der Osmanischen Armee bei einer Flussüberquerung vernichtend geschlagen und Sarajewo eingenommen, worauf Österreich durch den Friedensvertrag von Karlowitz (1699) das Königreich Ungarn mit Siebenbürgen und den Großteil Kroatiens erwarb und so den Status als Großmacht festigte.

Nach der Einnahme Belgrads vergrößerte sich Österreich durch den Friedensvertrag von Passarowitz (1718) um das nördliche Serbien, das Banat und die westliche Walachei.

Als vielseitig interessierter, äußerst belesener Mensch stand Prinz Eugen in Verbindung mit zahlreichen Gelehrten und Künstlern, unter ihnen der Philosoph Gottfried Wilhelm Leibniz. Er ist hervorgetreten als Bauherr (u.a. das Schloss Belvedere im Wiener Park Schönbrunn) sowie als Sammler von erlesenen Kunstwerken und Büchern. Abgesehen davon kaufte er die 48 Kilometer lange Donau-Insel Csepel südlich von Budapest und siedelte dort Kolonisten an.

Sowohl in der Österreichischen Marine als auch in der britischen Royal Navy, in der italienischen Marina Militare, in der United States Navy und in der deutschen Kriegsmarine dienten nach ihm benannte Schiffe.

Rapunzel

Das von den Brüdern Grimm veröffentlichte Märchen (KHM 12, AT 310) ist aus Frankreich über einen Umweg in ihren Besitz gelangt. Diese Überlieferung war – mit mancherlei Abweichungen – vorwiegend im Süden Europas verbreitet.

Die Titelgestalt wird noch vor ihrer Geburt vom Vater einer Hexe versprochen und lebt von ihrem zwölften Lebensjahr an bei der Hexe in einem Turm, der weder Treppe noch Tür hat, nur oben ein Fensterchen. Wenn die Hexe ausgeht, klettert sie an den langen Haaren des Mädchens hinunter und wieder hinauf. In diesem Turm erkennen wir das Große Gebäude der Initiationsstätte, welches keinen Eingang zu ebener Erde besaß, sondern eine Luke, die man über einen angelehnten Balken erreichte. Nachdem ihre Ziehtochter verschwunden ist, muss die Hexe sich in einer neapolitanischen Variante eine Stange, in zwei sizilianischen Varianten eine Leiter holen (Die Taube[253]; Von der schönen Angiola[254]; Weiß-wie-Schnee-rot-wie-Feuer[255]).

Das Mädchen wird eines Tages von einem Prinzen entdeckt und flieht mit ihm. Leider können im Haushalt der Hexe alle Dinge sprechen. In der sizilianischen Variante Laura Gonzenbachs hat das Mädchen vorsorglich allen Dingen zu essen gegeben, damit sie nichts verraten, aber den Besen vergessen. In einer griechischen Variante hat sie allen Dingen den Mund zugebunden, aber den Mörser übersehen (Blümchen-Blondchen-Goldhaar[256]). Zum Glück haben die Flüchtlinge drei magische Knäuel aus dem Zauberkästchen der Hexe mitgehen lassen, und als die Hexe ihnen bei der Verfolgung zu nahe kommt, werfen sie ihr diese der Reihe nach entgegen. Aus den Knäueln entstehen Hindernisse, das letzte erweist sich als unüberwindlich. Das ist die berühmte *magische Flucht.*

Wie es zu der Entstellung kommen konnte, dass die Hexe an den Haaren des Mädchens emporklettert, haben die Märchenforscher nicht geklärt, und vielleicht hat diese Frage sie gar nicht beschäftigt. Den Erzählern hat die Entstellung offenbar gefallen – die Erzähler haben sie weit verbreitet. In einer Variante aus Kalabrien ist ein Tor vorhanden, trotzdem klettert die Drachin am Zopf des Mädchens in die Höhe

---

253   Die Taube (AT 310 + 313). In: GIAMBATTISTA BASILE: Das Pentameron. S. 167-180, hier S. 175.
254   Von der schönen Angiola (AT 310 + 313). In: LAURA GONZENBACH: Sicilianische Märchen. Bd. 1, S. 339-344, hier S. 343.
255   Weiß-wie-Schnee-rot-wie-Feuer (AT 310). In: RUDOLF SCHENDA und DORIS SENN (Hg.): Märchen aus Sizilien. S. 70-76, hier S. 73.
256   Blümchen-Blondchen-Goldhaar (AT 310 + 313). In: GEORGIOS A. MEGAS (Hg.): Griechische Volksmärchen. S. 97-102, hier S. 99.

(Petrusinella[257]). Ähnlich in einer Variante aus Malta (Petersilchen[258]). Angeblich wurde kein anderes Märchenmotiv von Malern und Grafikern so häufig dargestellt.[259]

Robin Hood

Man weiß nichts Sicheres über den *Outlaw*[260] Robin Hood, einen unübertrefflichen Bogenschützen, der mit seinen Getreuen im Wald nahe Nottingham hauste, allwo er die Reichen ausraubte und seine Beute mit den Armen teilte. Dem Sheriff von Nottingham schlug er ein Schnippchen nach dem anderen – er tanzte ihm auf der Nase herum. Offenbar hat der Mangel an unverrückbaren Informationen der Fantasie große Freiheiten eingeräumt, denn es sind aus dem 14. und 15. Jahrhundert 37 Volksballaden über die Abenteuer Robin Hoods bekannt. Im Laufe der Zeit vermischten sie sich und ergaben die heute bekannte Sage. Umdichtungen hatten zur Folge, dass der Held mal ein enteigneter angelsächsischer Adeliger ist, mal in Erscheinung tritt als ein gegen die Normannen kämpfender angelsächsischer Patriot, mal sich für soziale Gerechtigkeit einsetzt.

In die Kunstdichtung gelangte Robin Hood durch das elisabethanische Theater. Er ist der Held von Dramen, Romanen, Opern, Musicals und Filmen.

Heute ist *Robin Hood* eine verbreitete Bezeichnung für uneigennützige Räuber.

Den Treffer beim Bogenschießen und beim Darts, welcher einen bereits in der Scheibe steckenden Pfeil „aufspießt", nennt man *Robin-Hood-Schuss*.

Der *Robin-Hood-Index* dient zur Messung der Einkommens-Ungleichverteilung, basierend auf der Lorenz-Kurve.

---

[257]   Petrusinella (AT 310 + 313). In: HANS-JÖRG UTHER (Hg.): Märchen vom Essen und Trinken. S. 14-17.
[258]   Petersilchen (AT 310 + 313). In: B. ILG: Maltesische Märchen und Schwänke. Erster Teil, S. 184-190, hier S. 185.
[259]   ULF DIEDERICHS: Rapunzel. In: Ders.: Who's who im Märchen. S. 265-267, hier S. 267.
[260]   Outlaw – Gesetzesächter, Verfemter.

Die *Robin-Hood-Steuer* ist eine vorgeschlagene Finanz-Transaktionssteuer.

Der Name der Umweltorganisation „Robin Wood" ist angelehnt an seinen Namen.

Der „Robin Wood e.V." ist eine Ende 1982 gegründete Aktionsgruppe mit Sitz in Bremen, deren Mitglieder durch Öffentlichkeitsarbeit und Informationsarbeit (u.a. Waldführungen) sowie durch spektakuläre Aktionen (z.B. die Besetzung von Kraftwerksschloten) auf die Problematik des Waldsterbens und seine Ursachen hinweisen. Die Mitglieder betrachten sich als „Rächer der Entlaubten". Der „Robin Wood e.V." versteht sich als basisdemokratische, gewaltfreie Aktionsgemeinschaft; er ist Mitglied im „Deutschen Naturschutzring" und als gemeinnützig anerkannt.

Robinson Crusoe

Das ist der Romanheld, der als Einziger einen Schiffbruch überlebt und 26 Jahre allein auf einer unbewohnten Insel verbringt und dann noch zwei Jahre mit seinem Schützling Freitag. Er hält durch, weil er sich nicht aufgibt. Zunächst schwimmt er wiederholt bei Ebbe zum Wrack, baut sich dort ein Floß und birgt Lebensmittel, Kleidung, Werkzeug, Waffen – alles Verwendbare. Dann richtet er sich in einer Höhle ein, die er erweitert und gegen mögliche Angreifer verbarrikadiert. Er muss alle notwendigen handwerklichen Griffe erforschen, probieren und ausführen. Nach und nach erlernt er das Tischlern, Korbflechten, Schneidern, Töpfern sowie den Ackerbau. Robinson baut Hafer an und zähmt die Jungen von wilden Ziegen.

Die Insel Robinsons liegt im Mündungsgebiet des Orinoco. Als Anregung zu dem Roman diente Daniel Defoe (1660-1731) hauptsächlich der Bericht der Kapitäne Wood Rogers und Edward Cook über das Leben des Matrosen Alexander Selkirk, der ausgesetzt worden war und fünf Jahre (1704-1709) auf einer menschenleeren Insel verbracht hatte, die im Stillen Ozean liegt und heute zu Chile gehört.

Defoes Buch (1719-1720) legte den Grundstein für den bürgerlich-realistischen Roman. Eigentlich war das Original ursprünglich eine zweiteilige Gesellschaftskritik, wobei nur der erste Teil von Robinsons Zeit auf der Insel handelt. Doch das Original wurde sehr bald auf einen Abenteuerroman reduziert – auf den Stammvater der Gattung *Robinsonade*. Dieser erste Teil erlebte zahlreiche Übersetzungen und Bearbeitungen. Man weiß von mehr als zwanzig deutschen Ausgaben. Die Handlung wurde wiederholt verfilmt und zu Hörspielen verarbeitet; sie inspirierte Jacques Offenbach zu einer Oper.

Sofort nach seinem Erscheinen wurde „Robinson Crusoe" das Lieblingsbuch der englischen Nation. Manche Literaturforscher halten diesen Roman für das neben der Bibel am meisten verbreitete und meistgelesene Erzeugnis der Weltliteratur. Die Stärke des Werkes, heißt es in einem Lexikon, liegt in der spannenden Erzählweise und der Darlegung der verschiedenen handwerklichen Betätigungen des Helden, die künstlerische Schwäche in unbeholfenen Dialogen sowie in der Überladenheit mit religiös-philosophischen Reflexionen. Goethe nannte den zu seiner Zeit schon weltbekannten Roman „das Entzücken und das Evangelium der Kinder". Um den Erfolg bei der Jugend zu begreifen, muss man in Betracht ziehen, dass die Spiele der Kinder, wenn sie Szenen aus dem Leben der Erwachsenen nachahmen und zu diesem Zweck handliche Gegenstände symbolisch zu Werkzeugen umfunktionieren, weitgehend der Lage Robinsons gleichen, der keinerlei handwerkliche Übung besaß und sich mit viel Mühe die erforderlichen Instrumente anfertigte.

Von Daniel Defoe lässt sich sagen, dass er wie sein Held Robinson ein Hauptkerl war. Er gab die erste politische Zeitschrift heraus, neun Jahre lang. Defoe forderte ärztlich gelenkte Irrenhäuser, Kreditbanken, Sparkassen, Witwenkassen, eine höhere Mädchenschule, volle Pressefreiheit. Er hat in mehr als 250 Schriften über Politik, Ökonomie, Moral, Religion und Geschichte zu Problemen seiner Zeit Stellung genommen. Wegen eines Pamphlets, in dem er die Kirche zu Toleranz aufrief, wurde er in London zu sieben Jahren Gefängnis verurteilt und musste dreimal am Pranger stehen.

Romeo und Julia

Shakespeare hat ein Sujet aufgegriffen und veredelt, welches in Italien schon aus Novellen bekannt war. Seine Tragödie wurde 1595 oder 1597 uraufgeführt. In den Titelgestalten erkennen sich alle Verliebten der Welt wieder, auch wenn sie keine so rabiaten und kampfwütigen Verwandten haben wie Romeo und Julia im mittelalterlichen Verona.

Mehrere Komponisten haben Shakespeares Tragödie zu Opern gestaltet: Vincenzo Bellini (1830) – Charles Gounod (1867) – Heinrich Sutermeister (1940) – Boris Blacher (1950). Sinfonien komponierten Hector Berlioz (1839) und Pjotr Iljitsch Tschaikowsky (1870). Von Sergei Prokofjew stammt ein Ballett (1940).

Im 20. Jahrhundert wurde die Tragödie wiederholt verfilmt: von George Cukor (1936) – von Franco Zeffirelli (1968) – schließlich von Baz Luhrmann (1996) mit Leonardo di Caprio und Claire Danes in den Titelrollen.

In Anlehnung an Shakespeares Tragödie und anknüpfend an einen realen Vorfall verfasste Gottfried Keller die Novelle „Romeo und Julia auf dem Dorfe", veröffentlicht im ersten Band des Novellen-Zyklus „Die Leute von Seldwyla" (1856). Die Novelle wurde zweimal verfilmt (1941, 2023).

Rothschild

Die Erinnerung an die berühmte Bankiers-Familie lebt hauptsächlich in Anekdoten und Witzen fort, aber es gibt auch das Musical „The Rothschilds". Der Gründer des Frankfurter Bankhauses war Meyer Amschel Rothschild (1743-1812). Durch die unter Leitung seiner Söhne stehenden Banken in Frankfurt, London, Paris, Wien und Neapel gewann das Haus Rothschild in der ersten Hälfte des 19. Jahrhunderts großen politischen Einfluss in Europa.

Rothschild ist sehr beschäftigt. Ein Besucher kommt. Rothschild, ohne aufzublicken: „Nehmen Sie einen Stuhl!"

Nach einigen Minuten sagt der ungeduldige Besucher: „Ich bin der Fürst von Thurn und Taxis."
Rothschild: „Nehmen Sie zwei Stühle!"[261]

Dem Wiener Bankier Salomon Meyer Rothschild hatte ein Taschendieb das seidene Tuch entwendet. Als ein Freund die Dreistigkeit rügte, erwiderte er: „Lassen Sie ihn! Wir haben alle klein angefangen."[262]

Ein Geschäftsfreund beklagte sich bei dem Baron James Meyer Rothschild, einer seiner Schuldner wolle ihm ein Darlehen von zehntausend Francs nicht zurückzahlen.
„Klagen Sie doch!" riet Rothschild.
„Ja, wenn ich nur ein Dokument hätte! Aber ich habe nicht einmal eine Quittung verlangt!"
„Die können Sie sich verschaffen. Schreiben Sie ihm einfach, er solle Ihnen die zwanzigtausend Francs zurückzahlen, die Sie ihm geliehen haben."
„Es sind ja aber nur zehntausend!"
„Eben. Das wird er Ihnen auch antworten. Und damit haben Sie eine Quittung."[263]

Die alternde George Sand[264] führte 1863 auf dem Pariser Basar einen Stand zugunsten notleidender polnischer Kinder. James von Rothschild trat heran, musterte und sagte schließlich: „Leider, Madame, sehe ich nichts, was mir gefiele. Aber verkaufen Sie mir Ihr Autogramm!"

---

[261] SALCIA LANDMANN (Hg.): Der jüdische Witz. S. 538. Es wird nicht präzisiert, ob es sich um den Gründer des Bankhauses oder seinen Sohn handelt.

[262] EBERHARD PUNTSCH: Witze, Fabeln, Anekdoten. S. 454.

[263] DIETER LATTMANN (Hg.): Das Anekdotenbuch. S. 680.

[264] George Sand (1804-1876) – französische Romanschriftstellerin. Im Januar 1863 war ein Aufstand, der die Wiederherstellung des polnischen Nationalstaates anstrebte, blutig niedergeschlagen worden.

Sie schrieb: „Von Baron Rothschild empfangen für arme Polen-
kinder tausend Francs. George Sand."
Der Bankier löste die Quittung ein.[265]

Rotkäppchen

Das Grimm'sche Märchen „Rotkäppchen" (KHM 26, AT 333) ist wie
„Dornröschen" ein Import aus Frankreich, denn die Erzählerin, Marie
Hassenpflug, war die Tochter einer Französin. Bei Charles Perrault heißt
es „Le petit Chaperon rouge" [„Das kleine Rotkäppchen"], veröffentlicht
1697.

Der Kern des Märchens ist der entstellte Rest einer viel längeren
Erzählung, die wie im Falle Dornröschens und Schneewittchens vom
Aufenthalt in der Buschschule handelte. Der Wolf entspricht dem Tier-
Ahnen, der angeblich den Zögling verschlang und ausspie, wobei er ihm
eine Fähigkeit übertrug (im Falle der Knaben Geschicklichkeit bei der
Jagd).[266] In mehreren französischen Varianten tötet der Wolf die Großmutter, und Rotkäppchen isst Fleisch, welches als Fleisch der Großmutter bezeichnet wird, und trinkt Blut, welches als Blut der Großmutter bezeichnet wird[267], eine Erinnerung an das rituelle kannibalische Mahl,
welches laut Propp ebenso die Aufnahme in den Stamm markierte[268].

Laut Marianne Rumpf war das Märchen vorwiegend im romani-
schen Raum und hier besonders in Frankreich und Italien bekannt, während es bei den slawisch sprechenden Völkern
fehlte.[269]

---

[265] EBERHARD PUNTSCH: Witze, Fabeln, Anekdoten. S. 515.
[266] VLADIMIR PROPP: Die historischen Wurzeln des Zaubermärchens. S. 63-64, 286.
[267] MARIANNE RUMPF: Rotkäppchen. S. 20-22.
[268] VLADIMIR PROPP: Die historischen Wurzeln des Zaubermärchens. S. 114.
[269] MARIANNE RUMPF: Rotkäppchen. S. 33.

Rübezahl

Schauplatz der Märchen und Sagen vom Berggeist Rübezahl ist das Riesengebirge; sie wurden auf Deutsch, Polnisch und Tschechisch erzählt. Der Kompilator und Polyhistor Johannes Praetorius (1630-1680) hat zwei Bände mit insgesamt 241 Erzählungen über den Berggeist veröffentlicht (1662-1665 und 1672), musste aber zugeben, dass auch von ihm erfundene Geschichten in die Sammlung eingeflossen sind. Einem breiteren Publikum wurde Rübezahl durch das Buch „Volksmärchen der Deutschen" (1783) von Johann Karl August Musäus bekannt. Im 19. Jahrhundert folgten weitere Bücher.

Rübezahl galt als der Wetterherr des Riesengebirges und ließ in dieser Eigenschaft die Wanderer seine Launen fühlen. Wenn er sich den Menschen zeigte, erschien er als Mönch, Bergmann oder Handwerker, aber auch in Tiergestalt oder als Baumstumpf. Arme Leute erhofften sich von ihm Hilfe in ihrer Not. Angeblich besaß er einen Garten mit Wunderkräutern, damit hängt zusammen, dass er gute Menschen über den Gebrauch von Heilkräutern belehrte.

Aus den Überlieferungen haben sich u.a. Joseph Schuster (1789) und Friedrich von Flotow (1853) für eine Oper inspiriert, es gibt auch ein Drama von Wolfgang Menzel (1829).

Ferdinand Freiligrath (1810-1876) schildert in der Ballade „Aus dem schlesischen Gebirge" das hoffnungslose Elend der schlesischen Weber mit den Worten eines 14-jährigen Jungen, der eingesehen hat, dass von Rübezahl keine Hilfe zu erwarten ist, und dessen Vater beim Aufstand in Langenbielau erschossen wurde.

Rübezahl-Geschichten wurden wiederholt verfilmt. Seit 1999 trägt ein Asteroid seinen Namen.

Rumpelstilzchen

Ursprünglich lag den Brüdern Grimm ein Märchen mit anderem Inhalt vor: Dort war von einem Mädchen die Rede, das nur Gold spinnen kann und deshalb von seiner Umgebung verachtet wird, bloß ein Prinz vermag diese Kunst zu schätzen. Aber dann verwarfen die Brüder diesen Text und kombinierten mehrere andere Überlieferungen.[270]

Ihre Fassung (KHM 55, AT 500) hat mit zahlreichen Varianten den Zug gemeinsam, dass sie von den Erzählern entstellt worden sind. Sie beziehen sich mit märchenhaften Übertreibungen auf eine Spätphase der Buschschule. Die Titelgestalt dürfte das Abbild einer traditionellen Maske im Umfeld vom Chef des Männerbundes gewesen sein, der als Stammeszauberer die Buschschule leitete. Die Erzähler stellten diese Gestalt immer wieder als Teufel vor.

In der Regel prahlt die Mutter des Mädchens, es könne wunderbar spinnen, und der König (oder dessen Mutter) wollen es auf die Probe stellen, da bietet sich das Männchen als Helfer an und fordert als Preis für die Hilfe das erste Kind der künftigen Königin. Bei der Grimm'schen Fassung setzt der Erzähler noch eins drauf: Hier heißt es, das Mädchen könne Stroh zu Gold spinnen. Aber es gibt auch Varianten mit einem anderen Eingang.

Als der König bekanntmachen lässt, er wolle das schönste Mädchen heiraten, nimmt ein etwas schieches (hässliches) Mädchen die Hilfe des Teufels in Kauf (Schwarzwalterle[271], deutsch aus Tirol). – Zwar besitzt das Mädchen die vom König geforderten pechschwarzen Haare und Augen, ist aber nur Köhlerstochter und muss die vom Männlein angebotene (magische) Hilfe akzeptieren (Kruzimugeli[272], deutsch aus Niederösterreich). – Ein armes Mädchen übergibt sich dem Teufel, weil der Kaufmann, der es heiraten will, viel Geld als Mitgift erwartet (Jungfer Schön[273], deutsch aus dem Harz).

---

[270]   LUTZ RÖHRICH: Der Name des Unholds (AaTh 500). In: ENZYKLOPÄDIE DES MÄRCHENS. Bd. 9, Spalten 1164-1175, hier Spalte 1170.

[271]   Schwarzwalterle (AT 500). In: LEANDER PETZOLDT (Hg.): Sagen, Märchen und Schwänke aus Südtirol. Bd. 2, S. 128-129.

[272]   Kruzimugeli (AT 500). In: THEODOR VERNALEKEN: Alpenmärchen. S. 15-19.

[273]   Jungfer Schön (AT 500). In: HEINRICH PRÖHLE: Kinder- und Volksmärchen. S. 76.

Wir könnten aus der Titelgestalt nicht klug werden, wenn sie nicht auch in Varianten von anderen Märchentypen vorkommen würde: bei AT 301 „Die drei geraubten Königstöchter" und AT 502 „Der wilde Mann".

Im Falle von AT 301 beobachten wir, wie man die Zöglinge der Buschschule in der Initiationshütte martert. Hier tritt der Gehilfe des Stammeszauberers unter dem Namen *Zwerg Ellenbart* in Erscheinung.

Ellenbart zerkratzt dem Koch das Gesicht (Der Knabe mit dem eisernen Spazierstock[274], deutsch aus der Schweiz). – Er wirft den Koch zu Boden, reißt das siedende Fleisch aus dem Topf und zerlegt es auf dessen bloßer Brust, sodass die heiße Fleischbrühe in die durch Messerschnitte verwundete Brust dringt (Petru Firitschell[275], rumänisch aus dem Banat). – Er würgt den Koch (Der starke Jochen[276], deutsch aus dem Bergischen Land; Die Prinzessinnen in der Unterwelt[277], deutsch aus Westfalen). – Er steckt den Kopf des Kochs in die Aschentonne (Text ohne Titel[278], deutsch aus Schleswig-Holstein). – Er nagelt den Koch mit vier Astgabeln an die Erde, bis er selbst alles aufgegessen hat (Der Säugling der Stute[279], ein Zigeuner-Märchen). – Er

---

[274] Der Bueb mit dem isige Spazierstecke (AT 650 A + 301 B). In: OTTO SUTERMEIS-TER: Kinder- und Hausmärchen aus der Schweiz. S. 16-21, hier S. 18. – Auch enthalten in: ROBERT WILDHABER und LEZA UFFER (Hg.): Schweizer Volksmärchen. S. 13-17, hier S. 14-15.

[275] Petru Firitschell (AT 301 B + 321 + 303). In: ARTHUR und AL-BERT SCHOTT: Rumänische Volkserzählungen aus dem Banat. S. 65-75, hier S. 66-67.

[276] Der starke Jochen (AT 650 A + 301 B). In: GOTTFRIED HENS-SEN: Bergische Märchen und Sagen. S. 25-34, hier S. 27.

[277] Die Prinzessinnen in der Unterwelt (AT 301 A). In: GOTTFRIED HENSSEN: Volksmärchen aus Rheinland und Westfalen. S. 37-47, hier S. 38-39.

[278] Text ohne Titel (AT 650 A + 301 B). In: KURT RANKE (Hg.): Schleswig-Holsteinische Volksmärchen. Bd. 1, S. 76-80, hier S. 78.

[279] Der Säugling der Stute (AT 650 A + 301 B + 321). In: WALTHER AICHELE und MARTIN BLOCK (Hg.): Zigeunermärchen. S. 223-229, hier S. 224-225).

flicht den Koch zwischen die Sprossen einer Leiter (Text ohne Titel[280], deutsch aus Schleswig-Holstein). – Er wirft Asche in die Suppe – Steinchen oder Pferdemist in den Kessel – spuckt in die Pfanne – wie der Koch die Suppe ausschöpfen will, schwimmt eine Menschenhand darin.[281]

In den Märchen vom Wilden Mann (AT 502) werden der Stammeszauberer und sein Gehilfe gefangen und eingesperrt. Es geschieht auf Anweisung des *Königs,* d.h. des Oberhäuptlings und Chefs der mächtigsten Sippe. Dieser Mann lädt alle *Könige* der Umgebung, d.h. die Chefs aller anderen Sippen ein, damit sie an seinem Triumph teilhaben, aber im Märchen kommen sie zu spät, weil der Sohn des Königs den Gefangenen freigelassen hat (was nicht glaubwürdig ist). Wir erfahren nicht, was die Versammlung der Sippenchefs in diesem historischen Moment beschlossen hat. Historisch, weil mit dem Sturz des Stammeszauberers, der die klassenlose Gesellschaft vertreten hatte, in der alle Stammesmitglieder gleichberechtigt waren, nun der Weg in eine andere Form des gesellschaftlichen Lebens frei geworden ist.

Dass Rumpelstilzchen als Entgelt für seine Hilfe als Heiratsvermittler den ersten Sohn der künftigen Königin fordert, dürfte ein Hinweis auf die Spätphase der Buschschule sein, als vornehme Familien nur eben ein Kind für die Buschschule anmeldeten, um formell der Tradition zu genügen. Die Tätigkeit Rumpelstilzchens als Heiratsvermittler hat eine Parallele im Gebaren der Leiterin der Sande-Frauengeheimgesellschaft in Sierra Leone. Durch das selektive Verheiraten der Sande-Initiandinnen aus leitenden Lineages mit mächtigen Männern der Gesellschaft knüpfte die Sande-Leiterin selbst Allianzen mit der Familie des betreffenden Mädchens und der Lineage des Mannes. (Nebenbei war sie an der Auszahlung des Brautpreises beteiligt.)[282]

---

[280] Text ohne Titel (AT 301 B). In: KURT RANKE (Hg.): Schleswig-Holsteinische Volksmärchen. Bd. 1, S. 71-72.

[281] FRIEDRICH PANZER: Beowulf. In: Studien zur germanischen Sagengeschichte. Bd. 1, S. 1-245, hier S. 82.

[282] RITA SCHÄFER: Die Sande-Frauengeheimgesellschaft der Mende in Sierra Leone. S. 42.

Die Resonanz des Märchens wird durch Puppenspiele, Theater-aufführungen, ein Musical und ab 1923 durch eine Reihe von Spielfilmen belegt.

Schliemann

Er verwirklichte den „amerikanischen Traum", indem er durch ungeheuren Fleiß und schreckliche Entbehrungen vom unbemittelten Laufburschen zum Kaufmann und Millionär aufstieg. Heinrich Schliemann (1822-1890) ergänzte diesen Traum durch Bildungsreisen in Europa, Ägypten, Indien, China, Japan und Mittelamerika. Anschließend studierte er in Paris Sprachen, Literatur und Altertumskunde. Und erst dann machte er sich daran, seinen ureigensten, angeblich seit der Kindheit in Ankershagen gehegten Traum durchzuführen, nämlich: Troja zu finden und auszugraben.

Tatsächlich entdeckte Schliemann 1868 aufgrund genauer Studien der homerischen Texte den Hügel Hissarlik, der die Ruinen der Burg von Troja bedeckte. Durch die aufmerksame Lektüre der Aufzeichnungen von Pausanias fand er 1876 die Schachtgräber von Mykene.

Zum Fleiß gehört, dass Schliemann nach und nach zwanzig Sprachen erlernte, von Holländisch bis Hebräisch. Dabei entwickelte er eine eigene Methode: Zwei inhaltsgleiche Texte werden nebeneinandergelegt und Satz für Satz, Wort für Wort, Wendung für Wendung verglichen.

In Wirklichkeit hat es keine Stadt namens *Troja* und den archäologischen Funden zufolge keinen Trojanischen Krieg gegeben. Homer hat Geschichte erfunden. In der „Ilias" heißt die umkämpfte Stadt *Ilios* oder *Ilion,* später wurde der Name der umgebenden Landschaft – *Troas* – auf sie übertragen. Der Hügel von Hissarlik war ein *Tell,* er ist entstanden, indem man mehr als zehnmal eine neue Stadt auf den Ruinen der vorhergehenden errichtete.

Schliemann hatte wiederholt märchenhaftes Glück: Im Dezember 1841 sank das Schiff, mit dem er als Lehrjunge nach Venezuela reisen sollte, doch er wurde mit einem Teil der Mannschaft gerettet. – Als er sich 1852 in der Goldgräberstadt San Franzisko aufhielt, entkam er einer

Feuersbrunst. – Im Oktober 1854 ist die Stadt Memel[283] abgebrannt, nur der Schuppen, in dem seine Waren im Werte von 150.000 Talern gelagert waren, blieb unbeschädigt. – Im Juni 1873, während der Ausgrabungen bei Hissarlik, entdeckte er in der Festungsmauer einen dort verborgenen Schatz, der später als der „Schatz des Priamos" weltberühmt wurde.

Zur Würdigung von Schliemanns Verdiensten vermerkt Heinrich Alexander Stoll Folgendes:

[...] Nicht wenige Zeitgenossen haben Schliemann vorgeworfen, er habe, in seinem Irrtum befangen, den größten Teil der wirklich homerischen Reste Trojas vernichtet, um möglichst schnell zu seiner vermeintlichen Stadt des Priamos zu gelangen. Diesen Vorwurf hört man bisweilen noch heute. Er ist in dieser Form nicht berechtigt. Gewiß, der unglückselige Nordsüdgraben hat manches zerstört. Das soll und muß zugegeben werden. Aber es war längst nicht so viel, wie behauptet wurde – und wird –, denn in der ganzen Mitte der Akropolis waren die Reste von Schicht VI schon durch die Planierung der Römer vernichtet worden. Gewiß, ein heutiger Student der Archäologie bekommt einen Schüttelfrost, wenn er von Schliemanns anfänglichen Grabungsmethoden liest. Mit den heutigen Methoden würde man wahrscheinlich hundert Jahre zu tun haben, bis man zur verbrannten Stadt vordränge. Aber wir dürfen zweierlei nicht vergessen. Erstens war Schliemann ein Pionier. Vor ihm hatte niemand Ausgrabungen dieser Art und dieses Ausmaßes gemacht, und nur durch Lernen aus gemachten Fehlern kann man zur Vollkommenheit gelangen. Zweitens: ohne Schliemanns ungebändigtes Drängen in die Tiefe, in der er sein homerisches Troja vermutete, wäre man vielleicht nie über die römische und griechische Siedlung hinausgekommen, da kaum jemand die Verantwortung für die rücksichtslose Beseitigung dieser Baureste übernommen haben würde.[284]

---

283   Diese Stadt liegt heute in Litauen und heißt *Klaipeda*.

284   HEINRICH ALEXANDER STOLL: Nachbemerkung des Autors. In: Ders.: Der Traum von Troja. S. 540-555, hier S. 547-548.

Schneewittchen

Die Grimm'sche Fassung des Märchens vom schönen Mädchen und seiner eifersüchtigen Stiefmutter, die vor Mord nicht zurückschreckt (KHM 53, AT 709), hat sich aus eigener Kraft weit verbreitet – bis Grönland im Norden[285] und bis Indien im Osten[286]. Auch südlich der Sahara hat man sie erzählt. Dank der zahlreichen Verfilmungen ist das Grimm'sche Schneewittchen heute die wohl bekannteste Märchengestalt der Welt. Hier sei vermerkt, dass es auch Fassungen mit einem anderen Handlungsverlauf gibt. In einigen davon gelangt das Mädchen wie in der Grimm'schen Fassung zu Zwergen, in anderen zu Räubern – Jägern – Drachen – Riesen. Meist handelt es sich um Brüder. In einer griechischen Fassung aus Makedonien gelangt es zu den zwölf Monaten (Myrsina[287]).

Der Kern des Märchens ist 3.000 Jahre alt und in seiner ursprünglichen Form nach dem Verschwinden der Buschschule aus der sozialen Wirklichkeit entstanden. Die Varianten des Typus AT 709 „Schneewittchen" spiegeln mit vielen Entstellungen zwei Abschnitte aus dem Leben einer Frau wider: a) den Aufenthalt in der Buschschule als Initiandin und b) ihren Einsatz als Helferin von Zauberer und Hexe bei der sexuellen Aufklärung der männlichen Zöglinge.

An den ersten Abschnitt erinnern der Auftrag, das Mädchen zu töten, sowie die Finte des Jägers, der als Beweis für die Ausführung des Auftrags Lunge, Leber usw. von einem Frischling oder von einem anderen Tier vorweist. Forschungsreisende haben beobachtet, dass man bei den Naturvölkern den Tod der Initianden durch ähnliche Beweisstücke vortäuschte. An den ersten Abschnitt erinnern ferner die wiederholten Anschläge auf die Heldin. Ihr Urbild wurde bewusstlos gemacht, damit

---

[285] Siehe die Mitteilung von TÉTE-MICHEL KPOMASSIE. In: Ders.: Ein Afrikaner in Grönland. S. 239.

[286] Siehe das Märchen „Pushpamayi". In: HEINZ MODE und ARUN RAY (Hg.): Bengalische Märchen aus Indien und Bangladesh. S. 148-154.

[287] Myrsina (AT 709): In: GEORGIOS A. MEGAS (Hg.): Griechische Volksmärchen. S. 39-46.

der Zauberer oder die Hexe angeblich ihren Unterleib öffnen und Organe ersetzen können. Um den sogenannten *zeitweiligen Tod* herbeizuführen, gab es mehrere Möglichkeiten: Die Helfer von Zauberer und Hexe ließen die Initianden einen vergifteten Saft trinken bzw. eine vergiftete Frucht essen, oder das Gift wurde mit einem Dorn bzw. Holzsplitter ein-gestochen. Dass im Märchen beide Möglichkeiten genannt werden, lässt sich durch seine Entstehung lange nach dem Untergang der Buschschule erklären, als die Erzähler die ihnen noch bekannten Fakten vortrugen. Das Misslingen des Anschlags und seine Wiederholung waren dazu bestimmt, die Spannung zu steigern.

Die vornehme Abkunft Schneewittchens und sein Dienst in der Buschschule passen nicht zusammen, denn dieser Dienst wurde nur von Frauen aus armen Familien geleistet, sei es, dass der Männerbund sie unter Druck setzte, sei es, dass man sie durch die Aussicht auf reichliche Belohnung überzeugte. Aufschlussreich für das letztere Verfahren ist das Zipser Märchen „Marisch bei den Fischen"[288]. Die drei Töchter einer armen Witwe kriegen keinen Mann, weil sie keine Mitgift haben. Da bietet der Goldene Fisch Hilfe an mit der Bedingung, dass die jüngste Tochter einen seiner Söhne heiratet. Tatsächlich halten bald zwei stattliche Burschen um die Hand der ältesten und um die Hand der mittleren Tochter an, die jüngste Tochter aber, Marisch, wird beim Wäschewaschen am Fluss in die Tiefe gezogen. Nach drei Jahren kehrt sie zurück, denn bei den Fischen dauert eine Ehe nur drei Jahre, dann ist die Frau, wenn sie dem Fisch-Sohn treu war, wieder frei und kann gehen, wohin sie will. Die neue Marisch trägt feine Kleider und fährt in einer goldenen Kutsche, alles Geschenke von ihrem Fisch-Mann. Nun besitzt sie die nötige Mitgift und heiratet einen Hirten.

---

[288]   Marisch bei den Fischen (AT ---). In: CLAUS STEPHANI: Zipser Mära und Kasska. S. 46-47.

Die sogenannten Zipser, von denen ein Teil aus der Zips stammte, lebten in den Waldkarpaten Rumäniens, und zwar in Oberwischau (Vișeul-de-Sus) und Umgebung. Sie waren hauptsächlich Waldarbeiter. Nach der politischen Wende 1989 sind viele nach Deutschland ausgewandert.

Die Heirat Schneewittchens mit einem Königssohn entspricht einem Kanon des Märchens.

Schneewittchens Stiefmutter weist sich durch den Besitz des sprechenden Spiegels als Abbild der Stammeshexe aus. Allerdings war ihr Gerät kein an der Wand befestigter gläserner Toilettengegenstand, sondern ein flaches, mit Wasser gefülltes und mit Wassertieren besetztes Gefäß, aus deren Verhalten man auf die Zukunft schloss. Es heißt mit einem Fachwort *Weltenspiegel.* Der Forschungsreisende René Gardi hat beschrieben, wie ein Wahrsager in Kamerun vorging, der im Hauptberuf Schmied war.

In eine zu zwei Dritteln mit Sand gefüllte Tonschale goss der Schmied Wasser, bis es zwei Daumen breit über dem Sandboden stand. In den Sandboden steckte er zum einen Hirsestrohhalme als Symbole für bestimmte Menschen, zum anderen aus zerbrochenen Kürbiskalebassen geschnitzte Symbole für wesentliche Begriffe wie Glück und Krankheit, Reichtum und Armut, Freude und Erfolg, Not und Tod. Dann packte der Schmied eine kinderhandgroße Flusskrabbe, spuckte sie an, streckte sie gen Himmel und rief mit einem Zauberspruch die Gottheit Dzikile an, die sich mit den Menschen abgibt. Diese Krabbe legte er in die Schale und stülpte einen großen Korb darüber. Erst nach einer Stunde wurde das Tierchen entfernt. Aus den frischen Kriechspuren im Sand, die Symbol mit Symbol verbanden, weissagte der Schmied die Zukunft.[289]

Wie man mit dem populären Grimm'schen Märchen punkten kann, hat eine Stammtischrunde in Lohr am Main in den achtziger Jahren des 20. Jahrhunderts bewiesen. Um die Stadt für Touristen attraktiv zu machen, verpflanzte sie das Märchen nach Lohr und erfand für jedes Motiv eine Entsprechung in der Stadt und in ihrer Umgebung. Der Apotheker Karlheinz Bartels, einer der Initiatoren des Projekts, hat die erfolgreiche Posse in die Welt posaunt.[290]

Die Zusammenfassung der „Dokumentation" wurde im Juni 1986 anlässlich der Tagung der bayerischen Heimatpfleger in Lohr (!) in deren

---

[289]   RENÉ GARDI: Alantika. S. 8-10.

[290]   KARLHEINZ BARTELS: Schneewittchen in Lohr – oder die Eskalation eines Scherzes. In: Ders.: Schneewittchen. Zur Fabulologie des Spessarts. S. 67-80.

Publikationsorgan „Schöne Heimat" veröffentlicht. Dieser Beitrag fand Resonanz in der Presse, schließlich wurde die Deutsche Presseagentur auf das Phänomen aufmerksam, und die Würzburger Vertretung bat den Verfasser am 23. April 1987 um ein telefonisches Interview. Dieses Interview erschien am folgenden Tag in nahezu allen [westdeutschen] Zeitungen „von Lübeck bis München, von Trier bis Berlin", auch in so renommierten wie der „Frankfurter Allgemeinen" und der „Süddeutschen". Die Rundfunkanstalten schlossen sich an. Als die Fernsehfritzen in Lohr auftauchten, präsentierte man ihnen ein schwarzhaariges Mädchen in passendem Alter als Schneewittchen, die Zöglinge des städtischen Kindergartens als Zwerge …

Theodor Storm hat das Märchen dramatisiert, und diese Fassung wurde 1908 von Rudolph Ewald Zingel vertont.

Die erste von zahlreichen Verfilmungen stammt aus dem Jahr 1907. Walt Disneys erster abendfüllender Zeichentrickfilm hatte zu Weihnachten 1937 Premiere. Er bewirkte allein in den USA neunzig Grimm-Ausgaben.

Die von Robert Walser komponierte Oper wurde 1998 von Heinz Holliger in Zürich uraufgeführt.

Schwejk

„Melde gehorsamst", kräht Schwejk vorschriftsmäßig, auch wenn es sich um eine Lappalie handelt, aber auch, wenn er wieder etwas ausgefressen hat und in der Tinte sitzt. Eben hat er im Zug leutselig einen kahlköpfigen Mitreisenden angesprochen, der ihm bekannt vorkommt, und eine ungebührliche Bemerkung über Haarausfall gemacht, ohne zu ahnen, dass jener ein rabiater Generalmajor ist, der sich inkognito auf einer Inspektionsreise befindet. Der Generalmajor will Schwejks Vorgesetzten, den Oberleutnant Lukasch, an die Front schicken, kommt aber zu spät, weil Lukasch wegen einer Spitzbüberei Schwejks schon zu der in Budweis stationierten *Marschkompanie* unterwegs ist …

Der Generalmajor wäscht Lukasch den Kopf, und anschließend kriegt Schwejk von Lukasch einen Rüffel. Nun sitzt er auf dem Gang und … zieht probeweise an der Notbremse, worauf der Zug auf offener

Strecke hält. Für sein Vergehen müsste er 20 Kronen Strafe berappen, die er natürlich nicht besitzt. Bevor der Schaffner Schwejk im Bahnhof Tabor abführt, meldet dieser, wie sichs gebührt: „Melde gehorsamst, Herr Oberlajtnant, dass man mich zum Stationsvorstand bringt."

Man muss aber vermerken, dass Schwejk von seinem geistigen Vater zwei Köpfe bekommen hat, weil er in kniffligen Situationen immer seinen Vorteil erkennt.

Der Verfasser des Romans über die Abenteuer des braven Soldaten Schwejk im Weltkrieg, Jaroslav Hašek (1883-1923), war ein weitgereister – genauer: weitgewanderter – Mann und hat den Ersten Weltkrieg selbst erlebt. Aus einem schier unerschöpflichen Gedächtnis zieht er eine Anekdote nach der anderen, er entlarvt die Borniertheit der Offiziere, die Missstände in der österreichisch-ungarischen Armee und schildert eindrucksvoll die Schrecken des Krieges. „Zu diesem Buch", vermerkte Kurt Tucholsky in der „Weltbühne"[291] vom 8. Juni 1926, „ist mir in der gesamten Literatur kein Gegenstück bekannt."

Das Buch wurde nicht vollendet, der Tod nahm dem Autor die Feder aus der Hand.

Während Hašek von der offiziellen Literaturkritik seiner Heimat wegen der radikalen Kritik an staatlicher und kirchlicher Obrigkeit totgeschwiegen wurde, nahmen die einfachen Menschen den von Josef Lada kongenial illustrierten Roman begeistert auf. Bald erschienen Dutzende „Fortsetzungen" aus der Feder anderer Autoren, dann wurden Teile zu Lustspielen verarbeitet und verfilmt. Jiří Trnka baute Episoden aus dem Roman in seine Puppenfilme ein. Eine Opernfassung mit Musik von Robert Kurka und einem Libretto von Abel Meeropol (unter dem Pseudonym *Lewis Allan*) wurde 1958 in New York aufgeführt. Durch zahlreiche Übersetzungen ist der Roman in der ganzen Welt bekannt.

---

[291] „Die Weltbühne" – deutsche Wochenzeitschrift für Politik, Kunst und Wirtschaft (1913-1933). In der Weimarer Republik galt sie als das Forum der radikaldemokratischen bürgerlichen Linken. Im Exil wurde die Zeitschrift bis 1939 unter dem Titel „Die neue Weltbühne" fortgeführt.

„Wüßte man nicht, daß der brave Soldat Schwejk der glückliche Einfall eines Schriftstellers ist", vermerkte Alfred Polgar, *„man würde glauben, die Figur sei entstanden wie ein Volkslied entsteht, das keinen Vater hat oder vielmehr zahllose Väter. Geboren aus den Charakter-Eigenheiten, dem Mutterwitz und der Phantasie des Volks, dessen Sprache sie redet, trägt die Gestalt den Keim der Unsterblichkeit in sich. Und trotz dem scharfen Erdgeruch, der ihr anhaftet, scheint in ihre Wirklichkeit etwas von der überwirklichen Substanz gemischt, aus der das Märchen seine Helden formt. "[292]*

Sherlock Holmes

Der vielseitige britische Arzt Arthur Conan Doyle (1859-1930) hatte 50 Kurzgeschichten und drei Romane über den Privatdetektiv Sherlock Holmes verfasst, als er sich entschloss, das Leben seines Protagonisten zu beenden, weil das Verfassen neuer Holmes-Geschichten zu viel Zeit in Anspruch nahm. Also ließ er ihn ehrenvoll sterben: In der Erzählung „Das letzte Problem" (1893) stürzt Holmes im Kampf mit seinem Widersacher in einen Wasserfall und wird von seinem Gehilfen Dr. Watson für tot erklärt.

Allerdings hatte Doyle nicht mit der Reaktion seiner Leser gerechnet, die vehement protestierten, weil die scharfsinnigen Überlegungen des Helden, sein Gerechtigkeitssinn und seine Kaltblütigkeit sie begeisterten. Also ließ er den Detektiv im Roman „Der Hund von Baskerville" (1901) wieder auftreten.

Die von Doyle beschriebenen Methoden der Kriminalistik waren den Polizeimethoden seiner Zeit voraus. Holmes befolgt die sogenannte *forensische* Arbeitsmethode, die auf detailgenauer Beobachtung und nüchterner Schlussfolgerung beruht.

Um von Doyles Erfolg zu profitieren, haben andere Autoren die Gestalten Holmes und Dr. Watson für ihre eigenen Romane und Geschichten verwendet. Die Zahl der Übersetzungen in andere Sprachen ist

---

[292]   ALFRED POLGAR: Zu diesem Buch. In: JAROSLAV HAŠEK: Die Abenteuer des braven Soldaten Schwejk. S.1-3, hier S. 2.

Legion. Später wurden viele von Doyle verfasste Romane und Kurz-geschichten verfilmt, „Der Hund von Baskerville" sogar mehrere Male. Es gibt Gesellschaften und Klubs, die sich mit Holmes befassen, auch eine deutsche Sherlock-Holmes-Gesellschaft.

Spartacus

Seine Leidensgenossen in der Gladiatorenschule waren größtenteils Gallier und Thraker. Angeblich hat er zu ihnen gesagt: „Man soll das Leben nicht für Schauspiele einsetzen, sondern für die Freiheit!" Den mit ihm geflüchteten Gladiatoren und den Sklaven, die sich ihnen anschlossen, schwebte vor, in ihre Heimat zurückzukehren, aber sie wurden von den Seeräubern betrogen, mit denen Spartacus über den Transport verhandelt hatte.

Die Rebellion des Jahres 73 v.Chr. war die größte in der römischen Geschichte. Zum Unterschied von anderen Aufständen war sie hervorragend organisiert. Von den Historikern wird auch hervorgehoben, dass die Beute der Feldzüge an alle Angehörigen des Sklavenheeres gleichmäßig verteilt wurde (während sonst der Feldherr den größten Teil erhielt). Spartacus starb auf dem Schlachtfeld. Als es dem römischen Heerführer Crassus (zubenannt *Dives,* d.h. „der Reiche") nach zwei Jahren endlich gelungen war, die Aufständischen zu besiegen, ließ er 6.000 überlebende Sklaven entlang der Via Appia kreuzigen.

Die Geschichte des Aufstandes wurde wiederholt verfilmt, im Jahre 1960 von Stanley Kubrick mit Kirk Douglas in der Titelrolle.

Mitten im Ersten Weltkrieg haben Karl Liebknecht, Rosa Luxemburg und Franz Mehring am 1. Januar 1916 am äußersten linken Flügel der SPD eine Gruppe gegründet, die sich *Spartakus-Bund* nannte. Aus ihr ging im Dezember 1918 die Kommunistische Partei Deutschlands hervor.

Tewje, der Milchhändler

Die sogenannten *Ostjuden* gibt es nicht mehr, weil sie teils durch Pogrome dezimiert, teils nach Amerika ausgewandert, teils im Zweiten

Weltkrieg von den Nazis ausgerottet worden sind. An sie erinnern die Erzählungen von Scholem Alechem (1859-1916), allen voran jene über den Milchhändler Tewje (1894), ferner das nach diesen Erzählungen gestaltete Musical „Anatevka" bzw. „Der Fiedler auf dem Dach" (1964) und die von Salcia Landmann gesammelten Witze.

Der tiefgläubige, schriftgelehrte Tewje hält Gottvertrauen für die Hauptsache: „Der Jude muss hoffen und immer hoffen!" Er ist mit sieben Töchtern gesegnet und rackert sich mit seiner Frau Golde von früh bis spät für sie ab. Was würde er nicht für ihr Glück tun! Aber dann verloben sie sich entgegen der Sitte selbst, und ihre Männer sind anders beschaffen, als er es sich wünschte.

Zeitel verlobt sich heimlich mit einem fleißigen, aber armen Schneidergesellen, Hodel mit einem russischen Studenten, der wegen seinen revolutionären Ansichten nach Sibirien verbannt wird. Chawe heiratet den Sohn eines Popen. Sprinze geht ins Wasser, weil sie auf einen reichen Aufschneider und Tunichtgut hereingefallen ist und dessen Verwandten Tewje unterstellen, er wolle sie mit dem Gerücht von einer Verlobung erpressen ... Bejlke schließlich heiratet tatsächlich einen vermögenden jüdischen Geschäftsmann, doch der schämt sich des Schwiegervaters und zwingt Tewje, seinen Beruf aufzugeben. Damit Tewje eine Beschäftigung hat, überredet er ihn zu einer Reise ins Heilige Land.

Das nach Scholem Alechems Erzählungen gestaltete Musical ging auf wie ein Komet und strahlt bis heute. In ihm wird der Überlebenswille der jüdischen Bevölkerung suggeriert. Sein Titel nimmt Bezug auf ein Werk des Malers Marc Chagall. Das Textbuch verfasste Joseph Stein, die Liedtexte Sheldon Harnick, die Musik stammt von Jerry Bock. Die Uraufführung fand im September 1964 im New Yorker „Imperial Theatre" statt.

1966 folgte die Erstaufführung in den Niederlanden, 1967 in London, 1968 in Hamburg, 1969 in Paris. In der DDR wurde das Musical an der Komischen Oper Berlin gespielt und erlebte dort 500 Vorstellungen.

Der kanadische Regisseur Norman Jewison verfilmte das Musical unter dem Titel „Fiddler on the Roof" im Jahre 1971; sein Film gewann im folgenden Jahr drei Oscars.

Theseus und Ariadne

Als der Archäologe Artur Evans (1851-1941) zu Beginn des 20. Jahrhunderts die Ruinen des Palastes von Knossos ausgrub und den Palast zum Teil rekonstruierte, erhielt die Sage von Theseus und dem Minotaurus neue Nahrung. Die Anlage, ein mehrstöckiges Gebäude-Ensemble mit komplexer Architektur, gilt seither als historische Vorlage für das Labyrinth der Sage. Sie ist ein Touristenmagnet.

Dieses Gebäude-Ensemble wurde um 2000 v.Chr. errichtet und durch ein Erdbeben um 1700 v.Chr. zerstört. Laut Überlieferung war der Minotaurus ein im Labyrinth verstecktes Ungeheuer mit Menschenleib und Stierkopf. Ihm wurden Menschen geopfert. Nach einem siegreichen Krieg des Königs Minos gegen Athen sollten die Athener als Tribut alle neun Jahre je sieben Jünglinge und sieben Jungfrauen, die man durch Los ermittelte, nach Kreta schicken, damit man sie dem Minotaurus zum Fraß vorwirft. Als der Tribut zum dritten Mal fällig war, nahm der Sohn des athenischen Königs, Theseus, den Platz eines der Jünglinge ein. Zu seinem Glück schenkte ihm die Tochter des Minos, Ariadne, ein Schwert und ein Fadenknäuel, dessen Ende er am Eingang des Labyrinths befestigte. Nachdem er den Minotaurus getötet hatte, gelang es ihm mit Hilfe des Fadens den Ausgang zu finden.

Was sich hinter dem Minotaurus verbirgt, ist nicht bekannt. Die Schwachpunkte der Sage erkennt auch ein Kind: Wieso kam ausgerechnet die Tochter des Minos mit Theseus in Kontakt? Durch welchen Zufall wurde ausgerechnet Theseus als Erster geopfert? Welche Umstände haben ihm gestattet, nach seiner Rückkehr aus dem Labyrinth den Boden der kretischen Schiffe zu beschädigen, wie Ariadne ihm geraten? Wie konnte er die anderen als Opfer bestimmten Jugendlichen befreien?

Die Erinnerung an den Faden der Ariadne aber hat sich bis heute in einer Redensart erhalten.

Undine

Friedrich de la Motte Fouqué, ein Romantiker und Vielschreiber, wurde durch die Erzählung „Undine" (1811) weltberühmt.[293] Sie sprach Musiker und Schriftsteller an. Zwei große Komponisten haben die Erzählung als Vorlage zu Opern verwendet; die Vertonung von Ernst Theodor Amadeus Hoffmann wurde 1816 im Berliner Schauspielhaus aufgeführt, jene von Albert Lortzing 1845 in Magdeburg. Die Macht der Musik verbindet sich mit einer außer-gewöhnlichen Fabel: Undine, ein Wesen aus der uns fremden Tiefe des Wassers, erwirbt eine Seele, indem sie sich in Liebe mit einem Irdischen verbindet. In Fouqués Erzählung wird Undine von ihrem Ehemann verraten. Lortzing änderte den Ausgang – bei ihm kehrt Undine mit ihrem Geliebten ins Reich der Wassergeister zurück.

Hans Christian Andersen hat Fouqués Erzählung umgedichtet und seine Variante unter dem Titel „Die kleine Meerjungfrau" (1837) veröffentlicht. Hier errettet die Meerjungfrau einen Prinzen vor dem Ertrinken, doch der erfährt nichts davon. Weil er sich nicht in sie verliebt, erhält sie keine unsterbliche Seele, sondern wird zu Schaum auf dem Meer. Ihn zu töten, um sich zu retten, brachte sie nicht übers Herz.

Als Antonín Dvořák sein lyrisches Märchen „Rusalka" verfasste, stützte er sich auf ein Libretto von Jaroslav Kvapil, der von Fouqués Erzählung ausgegangen war, aber auch Einzelheiten aus Andersens Erzählung und aus Gerhart Hauptmanns Drama „Die versunkene Glocke" (1896) übernommen hatte. Die Uraufführung fand 1901 in Prag statt. Neben der „Verkauften Braut" von Bedrich Smetana ist „Rusalka" die Lieblingsoper des tschechischen Volkes.[294]

Fouqués Erzählung wurde wiederholt verfilmt und als Hörspiel gestaltet. Noch berühmter als die Prosatexte, Dramen, Opern und Filme ist die als „Kleine Meerjungfrau" bekannte Bronzefigur von Edvard Eriksen, die sich seit 1913 in Kopenhagen an der Uferpromenade Langelinie befindet.

---

[293] Der Name *Undine* wurde vom lateinischen Wort *unda* mit der Bedeutung „Welle" oder „Gewässer" abgeleitet.

[294] *Rusalka* bedeutet „Nixe".

Werther

Durch den Briefroman „Die Leiden des jungen Werthers" (1774) wurde der damals 25-jährige Goethe zum ersten weltberühmten Dichter der Deutschen. In die Handlung sind Erlebnisse während seines Aufenthalts in Wetzlar (1772) eingeflossen, wo er am Reichskammergericht praktizierte: die platonische Verehrung eines Mädchens, das schon einem anderen zugesagt war, und der Selbstmord seines Bekannten Jerusalem, der sich in eine verheiratete Frau verliebt hatte, die für ihn unerreichbar blieb. Im Roman wird auch der Gegensatz Adel – Bürgertum thematisiert: Man komplimentiert Werther aus einer Gesellschaft von Adeligen hinaus, weil sich viele Gäste von der Anwesenheit eines Bürgerlichen gestört fühlen.

Napoleon hat diesen Roman siebenmal gelesen und sogar nach Ägypten mitgenommen, das gestand er selbst, als er Goethe im Oktober 1808 in Erfurt, wo ein Fürstenkongress stattfand, in Audienz empfing und sich länger als eine Stunde mit ihm unterhielt.[295] In Deutschland löste der Roman eine Selbstmord-Welle und das *Werther-Fieber* aus, womit gemeint ist, dass sich Teile der bürgerlichen Jugend in die sogenannte *Werther-Tracht* kleideten (blauer Frack mit Messingknöpfen, gelbe Weste, Kniehosen aus gelbem Leder, Stulpenstiefel und ein runder grauer Filzhut). Daraufhin wurde die Verbreitung des Romans als vermeintliche Empfehlung zum Selbstmord in mehreren Städten verboten. In Leipzig galt das Verbot bis 1825. Auch das Tragen der Werther-Tracht wurde verboten.

In der literarischen Chronik „Goethes Gespräche mit Eckermann" wird ein Dialog über das Buch mit Meinungen zu seiner Wirkung wiedergegeben (2. Januar 1824):

Ich brachte zur Erwähnung, ob denn die große Wirkung, die der ‚Werther' bei seinem Erscheinen gemacht, wirklich in der Zeit gelegen.

---

[295] EMIL LUDWIG: Goethe. S. 517-520. – LOUIS L. SNYDER und RICHARD B. MORRIS: Goethe begegnet Napoleon. In: Dies.: Hier hielt die Welt den Atem an. S. 37-39.

*„Ich kann mich", sagte ich, „nicht zu dieser allgemein verbreiteten An-
sicht bekennen. Der ‚Werther' hat Epoche gemacht, weil er erschien,
nicht weil er in einer gewissen Zeit erschien. Es liegt in jeder Zeit so viel
unausgesprochenes Leiden, so viel heimliche Unzufriedenheit und Le-
bensüberdruß, und in einzelnen Menschen so viele Mißverhältnisse zur
Welt, so viele Konflikte ihrer Natur mit bürgerlichen Einrichtungen, daß
der ‚Werther' Epoche machen würde und wenn er erst heute erschiene."*

*„Sie haben wohl recht", erwiderte Goethe, „weshalb denn auch
das Buch auf ein gewisses Jünglingsalter noch heute wirkt wie damals.
Auch hätte ich kaum nötig gehabt, meinen eigenen jugendlichen Trübsinn
aus allgemeinen Einflüssen meiner Zeit und aus der Lektüre einzelner
englischer Autoren herzuleiten. Es waren vielmehr individuelle, nahelie-
gende Verhältnisse, die mir auf die Nägel brannten und mir zu schaffen
machten, und die mich in jenen Gemütszustand brachten, aus dem der
‚Werther' hervorging. Ich hatte gelebt, geliebt und sehr viel gelitten! Das
war es.*

*Die vielbesprochene Wertherzeit gehört, wenn man es näher be-
trachtet, freilich nicht dem Gange der Weltkultur an, sondern dem Le-
bensgange jedes einzelnen, der mit angeborenem freien Natursinn sich
in die beschränkenden Formen einer veralteten Welt finden und schicken
lernen soll. Gehindertes Glück, gehemmte Tätigkeit, unbefriedigte Wünsche sind nicht Gebrechen einer besonderen Zeit, sondern jedes einzelnen Menschen, und es müßte schlimm sein, wenn nicht jeder einmal in
seinem Leben eine Epoche haben sollte, wo ihm der ‚Werther' käme, als
wäre er bloß für ihn geschrieben."*[296]

Goethes Briefroman beschäftigte Schriftsteller, Komponisten,
Philosophen und Regisseure bis ins 20. Jahrhundert, wobei die Einschät-
zungen zwischen den Polen Kitsch und Allgemeinbildung schwankten.

Der Drehbuchautor Ulrich Plenzdorf verlegte die Werther-Tragö-
die mit dem Bühnenstück „Die neuen Leiden des jungen W." (gedruckt
1973) in die DDR, wo die Selbstmordrate wie in allen sogenannten *sozialistischen Ländern* sehr hoch (und deshalb geheim) war. Die Selbstmordrate belegt den Widerspruch zwischen der Behauptung, eine gerechte,

---

[296] GOETHES GESPRÄCHE MIT ECKERMANN. S. 96-97.

menschenfreundliche Gesellschaftsordnung zu errichten, und der Diktatur einer neuen Klasse, *Nomenklatura* genannt, die sich aus der Schicht der Parteifunktionäre entwickelt hatte. Plenzdorf kritisierte das dogmatische Erziehungssystem und bewirkte eine breite Diskussion über das Lebensgefühl Jugendlicher in Ostdeutschland. Der ausgeflippte, zeitweilig im Untergrund lebende Held stirbt durch einen Starkstromschlag, als er an einer vermeintlich großartigen Erfindung laboriert.

Wilhelm Tell

Der Jäger Wilhelm Tell und sein Gegenspieler, der habsburgische Landvogt Hermann Geßler, sind die Hauptgestalten der bekanntesten Schweizer Sage, beide erfunden. In der Zentralschweiz tauchte die Sage im 15. Jahrhundert auf. Schiller gestaltete sie zu einem Schauspiel, das 1804 in Weimar uraufgeführt wurde, es bezeichnet den Höhepunkt des klassischen deutschen Dramas. Gioacchino Rossini verarbeitete das Schauspiel zu einer Oper, die 1829 in Paris ihre Uraufführung erlebte. Rossinis „Wilhelm Tell" gehörte schon kurz nach der Uraufführung zum Opern-Repertoire aller Bühnen Europas.

Der Jäger Wilhelm Tell und sein Sohn gehen in Altdorf, ohne sich zu verbeugen, an einem Hut vorbei, den der habsburgische Landvogt Geßler hat aufhängen lassen, damit man ihm Reverenz erweist wie dem Kaiser selbst. Daraufhin befiehlt Geßler, dass Tell versuchen soll, mit der Armbrust einen Apfel vom Kopf des Sohnes zu schießen. Dieses Motiv kommt schon in der altnordischen Thidreks-Saga vor: Hier muss der Meisterschütze Egill, ein Bruder Wielands, einen Apfel vom Kopf seines Sohnes schießen.

Heute wissen die Historiker, dass Schillers Text Ungereimtheiten aufweist, aber diese haben den Erfolg des Schauspiels nicht beeinträchtigt. Die Rütli-Wiese etwa hat mit dem Schwur der Eidgenossen nichts zu tun, sie war für das Abfassen des berühmten Schweizer Bundesbriefes ungeeignet. Jener Brief stammt aus dem Jahre 1291, der Landvogt Geßler aber starb im Jahre 1307.[297]

Etliche Sätze aus Schillers Schauspiel sind zum Sprichwort geworden:

Der brave Mann denkt an sich selbst zuletzt.

Der kluge Mann baut vor.

Dem Mutigen hilft Gott!

Der Starke ist am mächtigsten allein!

Früh übt sich, was ein Meister werden will.

Die Axt im Haus erspart den Zimmermann.

Allzu straff gespannt, zerspringt der Bogen.

Es kann der Frömmste nicht im Frieden bleiben,
wenn es dem bösen Nachbarn nicht gefällt.

An der Spitze aller Zitate steht der Rütli-Schwur, eine Mahnung für künftige Generationen:

Wir wollen sein ein einzig Volk von Brüdern,
in keiner Not uns trennen und Gefahr.
Wir wollen frei sein, wie die Väter waren,
eher den Tod als in der Knechtschaft leben.
Wir wollen trauen auf den höchsten Gott
und uns nicht fürchten vor der Macht der Menschen.

---

[297] WALTER KRÄMER und GÖTZ TRENKLER: Rütli-Schwur bzw. Wilhelm Tell. In: Dies.: Lexikon der populären Irrtümer. S. 271 bzw. 339-341, hier S. 340. Mit Berufung auf: JEAN-FRANÇOIS BERGIER: „Wilhelm Tell: Realität und Mythos". München, 1988.

Märchentypen aus dem Aarne-Thompson-Katalog

Als Antti Aarne die Klassifizierung der Märchen in Angriff nahm, lag Wladimir Propps Abhandlung über die Wurzeln des Zaubermärchens noch nicht auf dem Tisch. Deshalb stehen die Märchentypen mit Motiven, die Momenten der archaischen Jugendweihe entsprechen, im Katalog nicht nebeneinander, sondern verstreut in der Menge der Angaben. Aus Bewunderung für das Sammelwerk der Brüder Grimm benannte der Finne etliche Typen nach bekannten Texten aus den „Kinder- und Hausmärchen".

Aarnes Verzeichnis wurde zweimal von Stith Thompson überarbeitet und ergänzt (1928 und 1961).

AT 222 „Der Krieg der fliegenden und der vierfüßigen Tiere"

AT 300 „Der Drachentöter"

AT 300 A „Der Kampf an der Brücke"

AT 301 „Die drei geraubten Königstöchter", auch bekannt als „Die Prinzessinnen in der Unterwelt". Der Typus umfasst drei Untertypen. (Die verbreitete Bezeichnung *Bärensohn-Märchen* trifft nur auf AT 301 B zu.)

AT 301 A „Die Suche nach den verschwundenen Prinzessinnen". Drei Handwerker oder drei Soldaten oder die Drillinge Abendrot, Mitternacht und Morgenrot machen sich auf die Suche.

AT 301 B „Die außerordentlichen Gesellen". Hier beginnt die Handlung oft mit den Abenteuern eines Kraftmenschen, die auch das Thema eigenständiger Überlieferungen bilden, man hat diese zum Märchentypus AT 650 A „Der starke Hans" zusammengefasst. (In der ENZYKLOPÄDIE DES MÄRCHENS gelten sie als Schwänke.) Zuweilen ist die Geschichte vom Starken Hans auf kurze Mitteilungen zusammengeschrumpft; wir hören etwa, dass der Held von einem Tier geboren bzw. gesäugt wird, wundersam heranwächst und eine Kraftprobe leistet. In der portugiesischen Variante „Sohn einer Eselin"[298] hören wir bloß, dass er ein Findelkind ist und von allen *Sohn einer Eselin* genannt wird.

AT 301 C „Der Apfelbaum des Königs". Ein Unhold stiehlt regelmäßig die goldene Frucht vom Apfelbaum des Königs; endlich gelingt es dem jüngsten Königssohn, den Dieb zu verwunden, und die Blutspuren führen die drei Prinzen zum Eingang der Unterwelt.

AT 302 „Das Herz des Unholdes im Ei"

AT 303 „Die zwei Brüder"

AT 306 Die zertanzten Schuhe"

AT 310 „Die Jungfrau im Turm"

AT 311 „Von der Schwester gerettet"

AT 313 „Der dem Teufel versprochene Königssohn" (zuweilen eingeleitet durch AT 222 „Der Krieg der fliegenden und der vierfüßigen Tiere" und/oder AT 537 „Die magische Schatulle")

AT 314 „Goldener"

AT 321 „Der Held gewinnt die von der Hexe genommenen Augen zurück"

AT 325 „Der Zauberer und sein Schüler"

AT 327 A „Hänsel und Gretel"

AT 327 B „Der Däumling und der Menschenfresser"

AT 328 „Der Knabe stiehlt die Schätze des Unholds"

AT 333 „Rotkäppchen"

AT 400 „Der Mann auf der Suche nach seiner verschwundenen Gattin"

AT 402 „Die Katze als Braut"

AT 403 „Die weiße und die schwarze Braut"

AT 407 „Das Mädchen als Blume"

AT 407 A „Das Lorbeerkind", auch bekannt als „Das Basilikummädchen"

AT 408 „Die drei Orangen"

AT 410 „Dornröschen"

AT 425 A „Amor und Psyche"

AT 425 C „Die Schöne und das Tier"

---

[298] Sohn einer Eselin (AT 301 B). In: HARRI MEIER und DIETER WOLL (Hg.): Portugiesische Märchen. S. 152-155.

AT 440 „Der Froschkönig"
AT 441 „Hans mein Igel"
AT 450 „Brüderchen und Schwesterchen"
AT 451 „Das Mädchen, das seine Brüder sucht"
AT 461 „Drei Haare vom Barte des Teufels"
AT 465 „Der um sein schönes Weib Beneidete"
AT 480 „Das gute und das schlechte Mädchen"
AT 502 „Der wilde Mann"
AT 507 A „Die Braut des Hexenmeisters"
AT 510 A „Aschenputtel"
AT 513 A „Die wunderbaren Helfer"
AT 513 B „Das zu Wasser und zu Lande fahrende Schiff"
AT 530 „Die Prinzessin auf dem Glasberg"
AT 531 „Das kluge Pferd"
AT 537 „Die magische Schatulle"
AT 571 A „Kleb an! Die Königstochter zum Lachen bringen"
AT 650 A „Der starke Hans"
AT 650 C „Das Bad im Drachenblut"
AT 670 „Die Tiersprache"
AT 709 „Schneewittchen"
AT 710 „Marienkind"
AT 850 „Die Körpermale der Prinzessin"
AT 875 „Die kluge Bauerntochter"
AT 930 „Der reiche Mann und sein Schwiegersohn"
AT 981 „Die Abschaffung der Altentötung"

Abweichend vom Schema des Typus wird die Handlung in manchen Texten nicht von einem männlichen, sondern von einem weiblichen Helden getragen und umgekehrt. Ich stelle mir vor, dass man etliche Märchen, ausgehend von der gemischten Gruppe der Zöglinge, wie sie bei AT 301, 311, 313, 400 u.a. greifbar ist, ursprünglich sowohl mit männlichen als auch mit weiblichen Helden erzählt hat und einerseits nach und nach der weibliche Held, andererseits nach und nach der männliche Held verdrängt und ausgebootet wurde. Möglicherweise hat das Erzählen vor ausschließlich männlichem Publikum bzw. vor ausschließlich weiblichen Zuhörern zu der Einseitigkeit geführt. (Männliches Publikum: Jäger,

Hirten, Händler, Matrosen, Holzfäller, Bergarbeiter, Soldaten, Kaffee-
hausbesucher. Weibliche Zuhörer: Erzählgemeinschaften der von der
Außenwelt abgeschotteten Frauen, wie es im alten Athen der Fall war,
Gärtnerinnen, Flachsbrecherinnen, Baumwollpflückerinnen, Spinnstu-
bengemeinschaften.) Zu dieser thematischen Spaltung hat Johannes Merkel anhand orientalischer Frauenmärchen Überlegungen angestellt.[299]

---

[299]   JOHANNES MERKEL: Schehrezad und ihre Schwestern [Nach-
wort]. In: Ders. (Hg.): Löwengleich und mondenschön. S. 123-139, hier
S. 128-136.

Bibliografie

Allgemeine Nachschlagewerke

BERTELSMANN UNIVERSAL LEXIKON. Das Wissen unserer Zeit von A-Z. 170 Tabellen, 70.000 Stichwörter, 2.500 überwiegend farbige Abbildungen. Gütersloh: Bertelsmann Lexikon-Verlag, 1991.

CHRONIK DER DEUTSCHEN. Dortmund: Chronik Verlag der Harenberg Kommunikation Verlags- und Mediengesellschaft, 1983.

CHRONIK DER MENSCHHEIT. Gütersloh/München: Chronik-Verlag im Bertelsmann Lexikon Verlag [1984]. 4. überarbeitete und aktualisierte Aufl. 1995.

DIE CHRONIK DER FRAUEN. Herausgegeben von ANNETTE KUHN. Dortmund: Chronik Verlag in der Harenberg Kommunikation Verlags- und Mediengesellschaft, 1992.

WIKIPEDIA – die Internet-Enzyklopädie.

ZEIT-LEXIKON in 20 Bänden. Hamburg: Zeitverlag Gerd Bucerius, 2005.

Geschichte und Archäologie

ANDERLE, ALFRED u.a.: Weltgeschichte in Daten. Berlin/Ost: Deutscher Verlag der Wissenschaften, 1964.

JUNG, KURT M.: Weltgeschichte in einem Griff. Berlin/West: Safari-Verlag, 1968.

MATEI, HORIA C. u.a.: Istoria lumii în date. [Die Weltgeschichte in Daten.] Bukarest: Editura enciclopedică română, 1969.

OOO

ANNE FRANK TAGEBUCH. Fassung von OTTO H. FRANK und MIRJAM PRESSLER. Frankfurt am Main: Fischer, 1991.

AUSTEN, RALPH A.: Sahara. Tausend Jahre Austausch von Ideen und Waren. [2010.] Berlin: Wagenbach, 2012.

BLENNERHASSETT, CHARLOTTE LADY: Die Jungfrau von Orleans. Bielefeld und Leipzig: Velhagen & Klasing, 1926.

CZERNIN, MONIKA: Der Kaiser reist inkognito. Joseph II. und das Europa der Aufklärung. München: Penguin, 2021.

DELPIERRÉ DE BAYAC, JACQUES: Karl der Große. Ein biographischer Roman. [Paris, 1976.] München: Heyne, 1979.

DURANT, WILL: Das Goldene Zeitalter (Bd. 5 der Reihe „Kulturgeschichte der Menschheit"). Lausanne: Freizeit-Bibliothek, o.J.

EKSCHMITT, WERNER: Die sieben Weltwunder. Ihre Erbauung, Zerstörung und Wiederentdeckung. Mainz am Rhein: von Zabern, 1996. 10., überarbeitete Aufl.

FABER, GUSTAV: Auf den Spuren von Hannibal. München: List, 1983.

FERNAU, JOACHIM: Cäsar lässt grüßen. Die Geschichte der Römer. München und Berlin/West: Herbig, 1971.

FINK, HANS, und GEHL, HANS (Hg.): „Jein, Genossen!" Rumäniendeutsche erzählen. Vom Zweiten Weltkrieg bis zum Fall des Eisernen Vorhangs. München: IKGS, 2014.

FRANCE, ANATOLE: La vie de Jeanne d'Arc. [Das Leben der hl. Johanna.] [1908.] [Paris:] L' Atelier de l' Archer, 1999.

FRIEDELL, EGON: Kulturgeschichte der Neuzeit. Die Krisen der europäischen Seele von der Schwarzen Pest bis zum Ersten Weltkrieg. Ungekürzte Sonderausgabe in einem Band. München: Beck, 1965.

GEO EPOCHE Nr. 76. Die Völkerwanderung. Germanen gegen Rom. Hamburg: Gruner + Jahr, 2015.

GEO EPOCHE Nr. 100. Das Jubiläumsheft. Die Welt seit dem Jahr 1. Eine Reise durch 20 Jahrhunderte – in 20 Geschichten. Hamburg: Gruner + Jahr, 2019.

HAARMANN, HARALD: Das Rätsel der Donauzivilisation. Die Entdeckung der ältesten Hochkultur Europas. München: Beck, 2011.

HART, MICHAEL H.: Die 100 einflußreichsten Persönlichkeiten der Menschheitsgeschichte. [1978.] Wien: Buchgemeinschaft Donauland Kremayr & Scheriau; Gütersloh: Bertelsmann; Stuttgart: Deutscher Bücherbund; 1994.

HAYWOOD, JOHN: Die Zeit der Kelten. Ein Atlas. [London, 2001.] Frankfurt am Main: Zweitausendeins, 2002.

JAMES, SIMON: Das Zeitalter der Kelten. Die Welt eines geheimnisvollen Volkes. [London, 1993.] Augsburg: Weltbild, 1998.

JOCKENHÖVEL, ALBRECHT, und KUBACH, WOLF (Hg.): Bronzezeit in   Deutschland. Sonderheft der Zeitschrift „Archäologie in Deutschland". [Stuttgart, 1994.] Hamburg: Nikol, 2000.

JUTZI, SEBASTIAN: Als ein Virus Napoleon besiegte. Wie Natur Geschichte macht. Stuttgart: Hirzel, 2020. 2., aktualisierte Aufl.

KAISER, MARIA REGINA: Alexander der Große und die Grenzen der Welt. Würzburg: Arena, 2007.

KENEALLY, THOMAS: Schindlers Liste. [London und Sydney, 1982.] München: Bertelsmann, 1994.

KRÖNING, PETER: Auch Genies können irren … Glücksfälle und Fehlurteile der Wissenschaft. München: Langen Müller, 2003.

LEE, CAROL ANN: Otto Franks Geheimnis. Der Vater von Anne Frank und sein verborgenes Leben. [2002.] München und Zürich: Piper, 2005.

LEONHARD, WOLFGANG: Sowjetideologie heute II. Die politischen Lehren. Frankfurt am Main und Hamburg: Fischer Bücherei, 1962.

LIVIUS, TITUS: Hannibal ante portas. Geschichte eines Feldzuges. Übertragen und ausgewählt von Dr. Hans Feix. München: Goldmann, 1958.

MÄRTIN, RALF-PETER: Die Alpen in der Antike. Von Ötzi bis zur Völkerwanderung. Frankfurt am Main: Fischer, 2017.

PRAUSE, GERHARD: Spuren der Geschichte. Mit Archäologen auf großen Grabungen. Stuttgart: Deutsche Verlags-Anstalt, 1988.

PRAWDIN, MICHAEL: Das Erbe Tschingis-Chans. Berlin: Büchergilde Gutenberg, 1935.

RANKE-GRAVES, ROBERT VON: Ich, Claudius, Kaiser und Gott. München: Deutscher Taschenbuch Verlag, 1977.

REICH-RANICKI, MARCEL: Mein Leben. München: Deutscher Taschenbuch Verlag, 2000.

SCHERTLER, OTTO: Die Kelten und ihre Vorfahren. Burgenbauer und Städtegründer. Augsburg: Battenberg, 1999.

SCHIRMER-IMHOFF, RUTH (Hg.): Der Prozess der Jeanne d'Arc 1431-1456. Akten und Protokolle. München: Deutscher Taschenbuch Verlag, 1961.

SCHROTT, RAOUL: Homers Heimat. Der Kampf um Troja und seine realen Hintergründe. [München, 2008.] Frankfurt am Main: Fischer Taschenbuch Verlag, 2010.

SCHURTZ; HEINRICH: Altersklassen und Männerbünde. Eine Darstellung der Grundformen der Gesellschaft. Berlin: Reimer, 1902.

SEMPRÚN, JORGE: Was für ein schöner Sonntag! [Paris, 1980.] Frankfurt am Main: Suhrkamp, 1981.

SNYDER, LOUIS L., und MORRIS, RICHARD B.: Hier hielt die Welt den Atem an. [Stuttgart: Steingrüben, o.J.] Sonderausgabe für die Lesergemeinschaft Freunde der Weltliteratur, o.J.

SPIEGEL GESCHICHTE. Nr. 6/2021. Das Rätsel um Troja. Hat Heinrich Schliemann alles nur erfunden? Hamburg: SPIEGEL-Verlag Rudolf Augstein, November 2021.

STEINZ, PIETER: Typisch Europa. Ein Kulturführer in 100 Stationen. [Nieuw Amsterdam, 2014.] München: Knaus, 2016.

STOLL, HEINRICH ALEXANDER: Der Traum von Troja. Lebensroman Heinrich Schliemanns. Leipzig: List, 1956.

UHLIG, HELMUT: Die Seidenstraße. Antike Weltkultur zwischen China und Rom. Bergisch-Gladbach: Lübbe, 1986.

WEHRENALP, ERWIN BARTH VON: Man sollte es nicht für möglich halten. Unglaubliches aus der Weltgeschichte. München: Piper, 1992.

VEHSE, EDUARD: Maria Theresia und ihr Hof. München und Leipzig: Rösl, 1924.

VOSLENSKY, MICHAEL S.: Nomenklatura. Die herrschende Klasse der Sowjetunion. Wien, München, Zürich, Innsbruck: Molden, 1980.

WEBSTER, HUTTON: Primitive Secret Societies. A Study in Early Politics and Religion. [1908.] Second Edition, revised. New York: Macmillan, 1932.

WITTSTOCK, UWE: Marseille 1940. Die große Flucht der Literatur. München: Beck, 2024.

Volkskunde und Völkerkunde

ERICH, OSWALD ADOLF: Wörterbuch der deutschen Volkskunde. Begründet von OSWALD A. ERICH und RICHARD BEITL. 3. Aufl. 1974. Neu bearbeitet von RICHARD BEITL unter Mitarbeit von KLAUS BEITL. Stuttgart: Kröner, 1981.

HUNGER, HERBERT: Lexikon der griechischen und römischen Mythologie. Reinbek bei Hamburg: Rowohlt Taschenbuch Verlag, 1974.

MAUER, KUNO: Das neue Indianerlexikon. Die Macht und Größe der Indianer bis zu ihrem Untergang. München: Langen Müller, 1994.

PAMFILE, TUDOR: Mitologie românească. [Rumänische Mythologie.] Bukarest: „Grai și suflet – cultura națională", 2000.

OOO

ANDREE-EYSN, MARIE: Volkskundliches aus dem bayrisch-österreichischen Alpen-gebiet. Braunschweig: Vieweg, 1910.

BECKER, ALBERT: Frauenrechtliches in Brauch und Sitte. Ein Beitrag zur vergleichenden Volkskunde. Kaiserslautern: Kayser, 1913.

BERNATZIK, HUGO ADOLF, unter Mitarbeit von BERNATZIK, EMMY: Die Geister der gelben Blätter. Forschungsreisen in Hinterindien. Gütersloh: Bertelsmann, 1951.

BRĂTULESCU, MONICA: Ceata feminină – încercare de reconstituire a unei instituții tradiționale românești. [Die Mädchen-Schar – Versuch der Rekonstruktion einer traditionellen rumänischen Institution.] In: REVISTA DE ETNOGRAFIE ȘI FOLCLOR. Bukarest: Editura Academiei Republicii Socialiste România. Tomul 23. Nr.1/1978. S. 37-60.

BREDNICH, ROLF WILH.: Volkserzählungen und Volksglaube von den Schicksalsfrauen. Helsinki: Suomalainen Tiedeakatemia, 1964. (FF Commuunications No. 193.)

DODWELL, CHRISTINA: Jenseits von Sibirien. Mit Rentier-Nomaden durch die weiße Tundra. [1993.] München: Frederking & Thaler, 1994.

FINK, MARTIN: Pfullinger Sagen. Pfullingen, 1999. 3., erweiterte Aufl.

FRAZER, JAMES GEORGE: Der goldene Zweig. Das Geheimnis von Glauben und Sitten der Völker. Reinbek bei Hamburg: Rowohlt Taschenbuch Verlag, 1989.

FROBENIUS, LEO: Das Zeitalter des Sonnengottes. Bd. 1 [einziger Band]. Berlin: Reimer, 1904.

FUCHS, PETER: Menschen der Wüste. Braunschweig: Westermann, 1991.

GARDI, RENÉ: Alantika. Vergessenes Bergland in Nordkamerun. Bericht über zwei Reisen im Abstand von fünfundzwanzig Jahren. Zürich: Buchklub Ex Libris, 1981.

GUSINDE, MARTIN: Urmenschen im Feuerland. Vom Forscher zum Stammesmitglied. Berlin, Wien, Leipzig: Zsolnay, 1946.

HERSENI, TRAIAN: Forme strǎvechi de culturǎ poporanǎ româneascǎ. Studiu de paleoetnografie a cetelor de feciori din Ţara Oltului. [Uralte Formen der rumänischen Volkskultur. Paläoethnografische Studie über die Schar der Burschen des Alt-Landes.] Cluj-Napoca [Rumänien]: Dacia, 1977.

KNAPPERT, JAN: Lexikon der afrikanischen Mythologie. Mythen, Sagen und Legenden von A – Z. Weyarn: Seehamer, 1997.

KPOMASSIE, TÉTE-MICHEL: Ein Afrikaner in Grönland. [Paris, 1981.] München und Zürich: Piper, 1987.

KRÄMER, WALTER, und TRENKLER, GÖTZ: Lexikon der populären Irrtümer. 500 kapitale Mißverständnisse, Vorurteile und Denkfehler von Abendrot bis Zeppelin. Frankfurt am Main: Eichborn, 1996.

LA FARGE, OLIVER: Die große Jagd. Geschichte der nordamerikanischen Indianer. [New York, 1956.] Olten und Freiburg im Breisgau: Walter, 1961.

LOO, MARIE-JOSÉ VAN DE, und REINHART, MARGARETE (Hg.): Kinder. Ethnologische Forschungen in fünf Kontinenten. München: Trickster, 1993.

MARIAN, S. FL.: Naşterea la români. Studiu etnografic. [Die Geburt bei den Rumänen. Ethnografische Studie.] Bukarest: Saeculum I.O., 2000.

MEIER, JOHN: Der Brautstein. Frauen, Steine und Hochzeitsbräuche. [Halle (Saale), 1944.] Bern: edition amalia, 1996.

MOSER, HANS: Der Drachenkampf in Umzügen und Spielen. In: BAYERISCHER HEIMATSCHUTZ. 30. Jahrgang. München, 1934. S. 45-59.

MYKYTIUK, BOHDAN GEORG: Die ukrainischen Andreasbräuche und verwandtes Brauchtum. Wiesbaden: Harrassowitz, 1979.

RÖSCHENTHALER, UTE: Die Kunst der Frauen. Zur Komplementarität von Nacktheit und Maskierung bei den Ejagham im Südwesten Kameruns. Berlin: VWB – Verlag für Wissenschaft und Bildung, 1993.

SCHÄFER, RITA: Die Sande-Frauengeheimgesellschaft der Mende in Sierra Leone. Ihre Organisation und Masken im zeitlichen, intra- und interethnischen Vergleich. Bonn: Holos, 1990.

SCHNEEWEIS, EDMUND: Serbokroatische Volkskunde. Erster Teil. Volksglaube und Volksbrauch. [Celje (Cilli), 1935.] Berlin/West: de Gruyter, 1961. Erweiterte Neuaufl.

SÉBILLOT, PAUL: Le Folk-Lore de France. 4 Bde. Paris: Librairie orientale & américaine, 1904-1907.

SOKOLOWA, SOJA: Das Land Jugorien. Leipzig: Brockhaus; Moskau: Progress; 1982.

THOMSON, GEORGE: Frühgeschichte Griechenlands und der Ägäis. Berlin/West: Verlag Das Europäische Buch, 1980.

WASCHNITIUS, VIKTOR: Perht, Holda und verwandte Gestalten. Ein Beitrag zur deutschen Religionsgeschichte. Wien: Hölder, 1913.

WESTERMANN, DIEDRICH: Die Kpelle. Ein Negerstamm in Liberia. Dargestellt auf der Grundlage von Eingeborenenberichten. Göttingen: Vandenhoeck & Ruprecht; Leipzig: Hinrichs; 1921.

ZERRIES, OTTO: Das Schwirrholz. Untersuchung über die Verbreitung und Bedeutung der Schwirren im Kult. Stuttgart: Strecker und Schröder, 1942.

Pädagogik

KORCZAK, JANUSZ: Von Kindern und anderen Vorbildern. Gütersloh: Verlagshaus Gerd Mohn, 1985.

KORCZAK, JANUSZ: Wie man ein Kind lieben soll. Herausgegeben von ELISABETH HEIMPEL und HANS ROOS. Göttingen: Vandenhoeck & Ruprecht, 1969. 2., um ein Register vermehrte Aufl.

LIFTON, BETTY JEAN: Der König der Kinder. Das Leben von Janusz Korczak. [New York, 1988.] Stuttgart: Klett-Cotta, 1991.

Erzählforschung

AARNE, ANTTI: The Types oft the Folktale. A Classification and Bibliography. Antti Aarne's Verzeichnis der Märchentypen (FF Communications No. 3). Translated and Enlarged by STITH THOMPSON. Second Revision. Helsinki: Academia Scientiarum Fennica, 1961. (FF Communications No. 184.)

BÎRLEA, OVIDIU: Mică enciclopedie a poveştilor românéşti. [Kleine Enzyklopädie der rumänischen Erzählungen.] Bukarest: Editura ştiinţifică şi enciclpedică, 1976.

BOLTE, JOHANNES, und POLÍVKA, GEORG: Anmerkungen zu den Kinder- und Hausmärchen der Brüder Grimm. Neu bearbeitet von … 5 Bde. Leipzig: Dieterich'sche Verlagsbuchhandlung Theodor Weicher, 1913-1932.

DIEDERICHS, ULF: Who's who im Märchen. München: Deutscher Taschenbuch Verlag, 1995.

EBERHARD, WOLFRAM, und BORATAV, PERTEV NAILI: Typen türkischer Volksmärchen. Wiesbaden. Steiner, 1953.

ENZYKLOPÄDIE DES MÄRCHENS. Handwörterbuch zur historischen und vergleichenden Erzählforschung. 15 Bde. Begründet von KURT RANKE. Berlin/West und New York: de Gruyter, 1977-2015.

MÄRCHENSPIEGEL. Zeitschrift für internationale Märchenforschung und Märchen-pflege. Herausgegeben von der Märchenstiftung Walter Kahn, München. Erscheint ab 1990.

ROBERTS, WARREN E.: The Tale oft the Kind and the Unkind Girls. AA-TH 480 and related Tales. Berlin/West: de Gruyter, 1958.

RÖTH, DIETHER: Kleines Typenverzeichnis der europäischen Zauber- und Novellenmärchen. Hohengehren: Schneider, 1998.

OOO

ARENS, DETLEV: Drachen und Drachentöter im Rheinland. Rheinbach: Regionalia, 2014.

BARTELS, KARLHEINZ: Schneewittchen. Zur Fabulologie des Spessarts. Lohr am Main: Buchhandlung von Törne, 1990.

DETTMERING, PETER: Kinder- und Hausmärchen der Brüder Grimm. Urfassung 1812-1814. Eschborn bei Frankfurt am Main: Klotz, 1997.

DOBBERTIN, HANS: Quellensammlung zur Hamelner Rattenfängersage. Göttingen: Schwartz, 1970.

FINK, HANS: Heinzelmännchen im Heuboden. Halbstarke im Dienste der Dorfgemeinschaft. Norderstedt: Bod – Books on Demand, 2022.

FINK, HANS: Im verwunschenen Schloss, im verbotenen Zimmer. Vorgeschichtliche Bräuche im Spiegel der Folklore. Norderstedt: Bod – Books on Demand, 2022.

FINK, HANS: Meine Ur-Oma in der Buschschule. Hintergründe der Zaubermärchen von den geraubten Königstöchtern. Norderstedt: BoD – Books on Demand, 2022.

FINK, HANS: Salige und Unholde. Frauengestalten der Alpensage. Bozen: Athesia, 1996.

FINK, HANS: Was einmal war. Das Körnchen Wahrheit in Märchen und Sagen. Norderstedt: BoD – Books on Demand, 2022.

FINK, HANS: Wer wen heiratet. Möglich und unmöglich im Märchen. Norderstedt: BoD – Books on Demand, 2023.

HANIKA, JOSEF: „Bercht schlitzt den Bauch auf" – Rest eines Initiationsritus? In: HELMUT PREIDEL (Hg.): STIFTER-JAHRBUCH. 2. Jg. Gräfelfing bei München: Gans, 1951. S. 39-53.

HOLBEK, BENGT: Interpretation of Fairy Tales. Danish Folklore in a European Perspective. (FF Communications No. 239.) Helsinki: Suomalainen Tiedeakatemia/ Academia Scientiarum Fennica, 1987.

KARLINGER, FELIX: Wege der Märchenforschung. Darmstadt: Wissenschaftliche Buchgesellschaft, 1973.

LAMBRECHT, SUSAN, RICHARDT, GERD, SCHMITT, CHRISTOPH (Hg.): Das große WOSSIDLO-Lesebuch. Rostock: Hinstorff, 2009.

LIUNGMAN, WALDEMAR. Die schwedischen Volksmärchen. Herkunft und Geschichte. Berlin/Ost: Akademie-Verlag, 1961.

PANZER, FRIEDRICH: Beowulf In: Ders.: Studien zur germanischen Sagengeschichte. 2 Bde. München: Beck, 1910. Bd. 1, S. 1-245.

PEUCKERT, WILL-ERICH: Sagen. Geburt und Antwort der mythischen Welt. [Einführungsband der Reihe „Europäische Sagen".] Berlin/West: Schmidt, 1965.

PROPP, VLADIMIR: Die historischen Wurzeln des Zaubermärchens. [Leningrad, 1946.] München und Wien: Hanser, 1987.

RÖTH, DIETHER, und KAHN, WALTER: Märchen und Märchenforschung in Europa. Ein Handbuch. Frankfurt am Main: Haag + Herchen, 1993.

RUMPF, MARIANNE: Rotkäppchen: eine vergleichende Märchenuntersuchung. Frankfurt am Main, Bern, New York, Paris: Lang, 1989.

Folklore-Sammlungen

AFANASJEW, ALEXANDER N.: Russische Volksmärchen. 2 Bde. München: Deutscher Taschenbuch Verlag, 1985.

AGRICOLA, CHRISTIANE (Hg.): Schottische Volksmärchen. Frankfurt am Main: Zweitausendeins, 2001.

AICHELE, WALTHER, und BLOCK, MARTIN (Hg.): Zigeunermärchen. Düsseldorf-Köln: Diederichs, 1962.

AMBAINIS, OJĀRS (Hg.): Lettische Volksmärchen. Berlin/Ost: Akademie-Verlag, 1990.

APRILE, RENATO (Hg.): Die Schöne mit den sieben Schleiern. Sizilianische Zaubermärchen. Stuttgart: Urachhaus, 1997.

BARAG, L. G. (Hg.): Belorussische Volksmärchen. Berlin/Ost: Akademie-Verlag, 1970.

BARÜSKE, HEINZ (Hg.): Dänische Märchen. Frankfurt am Main und Leipzig: Insel, 1993.

BASILE, GIAMBATTISTA: Das Pentameron. Leipzig: Philipp Reclam jun., 1968.

BECHSTEIN, LUDWIG: Märchenbuch. München: Winkler, 1967.

BOTEZATU, GRIGORE: Făt-Frumos şi Soarele. Poveşti populare din Basarabia. [Der Märchenheld und die Sonne. Volkserzählungen aus Bessarabien.] Bukarest: Minerva, 1995.

BÖTTCHER, KURT, u.a.: Geflügelte Worte. Zitate, Sentenzen und Begriffe in ihrem geschichtlichen Zusammenhang. Leipzig: VEB Bibliographisches Institut, 1981.

BRUNOLD-BIGLER, URSULA (Hg.): Die drei Winde. Rätoromanische Märchen aus der Surselva. Gesammelt von CASPAR DE-CURTINS. Chur: Desertina, 2002.

BÜCHLI, ARNOLD (Hg.): Schweizer Sagen. Bd. 1. Zweite, erweiterte Aufl. Aarau: Sauerländer, o.J.

BUSCH, WILHELM: Aus alter Zeit. Herausgegeben von OTTO NÖLDEKE und HANS BALZER. Leipzig: Insel, o.J.

CHRISTENSEN, ARTHUR (Hg.): Persische Märchen. Augsburg: Weltbild, 1998.

CIBULA; VÁCLAV: Spanische Volksmärchen. Erzählt von ... Prag: Artia; Hanau: Dausien; 1990.

CREANGĂ, ION: Prinz Stutensohn. Märchen und Geschichten. Berlin/Ost: Aufbau-Verlag, 1955.

DANINOS, PIERRE: Worüber die Welt lacht. Eine kurzweilige Geographie des Humors. Mit vielen Beiträgen bekannter Schriftsteller. Düsseldorf: Droste, 1956.

DALOS, GYÖRGY: Proletarier aller Länder, entschuldigt mich! Das Ende des Ostblockwitzes. Bremen: Edition Temmen, 1993.

DAS FLIEGENDE SCHIFF. Ukrainische Volksmärchen. Kiew: Dnipro, 1983.

DER SCHLANGENKNABE. Georgische Volksmärchen. Moskau: Progress, 1977.

DIEDERICHS, ULF (Hg.): Französische Märchen. Märchen vor 1800. Augsburg: Weltbild, 1998.

DIEDERICHS, ULF, und HINZE, CHRISTA (Hg.): Hessische Sagen. Von der Schwalm und der Rhön bis zum Taunus und Odenwald, Hessen-Kassel, Hessen Darmstadt und die Freie Stadt Frankfurt. Frankfurt am Main und Berlin/West: Ullstein, 1985.

DIEDERICHS, ULF, und HINZE, CHRISTA (Hg.): Sagen aus Niedersachsen. Zwischen Harz, Heide und Meer. Düsseldorf/Köln: Diederichs, 1977.

DOBŠINSKÝ, PAVOL: Der verwunschene Wald. Bratislava: Mladé letá, 1976.

DOBŠINSKÝ, PAVOL: Slowakische Märchen. Prag: Artia, 1963.

DROZDZYNSKI, ALEXANDER: Der politische Witz im Ostblock. Düsseldorf: Droste, 1974.

EHRHARDT, LUDWIG, und FISCHER, GERTRUD: Das Ledermännchen. Sagen und merkwürdige Begebenheiten aus Jena und dem mittleren Saaletal. Jena: Stadtmuseum Jena, 1975.

EISEL, ROBERT: Sagenbuch des Voigtlandes. [Gera, 1871.] Bad Langensalza: Rockstuhl, 2003.

ENDERLE, URSULA (Hg.): Märchen der Völker Jugoslawiens. Leipzig: Insel-Verlag Anton Kippenberg, 1990.

ESCHE, ANNEMARIE (Hg.): Märchen der Völker Burmas. Frankfurt am Main und Leipzig: Insel, 1993.

ESCHKER, WOLFGANG (Hg.): Serbische Märchen. München: Diederichs, 1992.

FISCHER, HELMUT: Sagen des Westerwaldes. Montabaur: Westerwald-Verein, o.J.

FRÜH, SIGRID (Hg.): Das Zauberpferd. Märchen aus Siebenbürgen und den Karpaten. Frankfurt am Main: Fischer Taschenbuch Verlag, 1984.

FRÜH, SIGRID (Hg.): Märchenreise durch Europa. Frankfurt am Main: Fischer Taschenbuch Verlag, 1994.

GAÁL, KÁROLY: Die Volksmärchen der Magyaren im südlichen Burgenland. Berlin/West: Gruyter, 1970.

GAŠPARÍKOVÁ, VIERA: Slowakische Volksmärchen. München: Hugendubel, 2000.

GIAMBATTISTA, BASILE: Das Pentameron. Leipzig: Philipp Reclam jun., 1968.

GONZENBACH, LAURA: Sicilianische Märchen. Zwei Teile in einem Band. Hildesheim und New York: Olms, 1976.

GRÄSSE, JOHANN GEORG THEODOR (Hg.): Sagenbuch des Preußischen Staats. 2 Bde. Glogau: Flemming, 1868-1871.

GRIMM, BRÜDER GRIMM: Deutsche Sagen. [Berlin, 1816-1818.] Zwei Bände (Teile) in einem Band. München: Winkler, 1981.

GRIMM, BRÜDER GRIMM: Kinder und Hausmärchen. Berlin/Ost und Weimar: Aufbau, 1979.

GRIMM, BRÜDER GRIMM: Kinder- und Hausmärchen. [Göttingen, 1857.] 3 Bde. Ausgabe letzter Hand. Mit den Originalanmerkungen der Brüder Grimm. Mit einem Anhang sämtlicher, nicht in allen Auflagen veröffentlichter Märchen und Herkunftsnachweisen herausgegeben von HEINZ RÖLLEKE. Stuttgart: Reclam, 1984.

GROHMANN, JOSEF VIRGIL: Sagen-Buch von Böhmen und Mähren. [Prag, 1863.] Vollständige Neuausgabe. Herausgegeben von KARL-MARIA GUTH. Berlin: Contumax, 2013.

GUTMANN, BRUNO: Volksbuch der Wadschagga-Sagen. Märchen, Fabeln und Schwänke. Den Dschugganegern nacherzählt. Leipzig: Verlag der Evang.-Luth. Mission, 1914.

HALTRICH, JOSEF: Sächsische Volksmärchen aus Siebenbürgen. Herausgegeben von HANNI MARKEL. Bukarest: Kriterion, 1971.

HAŞDEU, B. P.: Literatură populară. Basme populare românești. [Volksdichtung. Rumänische Volksmärchen.] Bukarest: „Grai şi suflet – Cultura naţională", 2000.

HAŞDEU, BOGDAN PETRICEICU: Omul de flori. Basme şi legende populare româneşti. [Der Blumenmann. Rumänische Volksmärchen und -legenden.] Bukarest: Saeculum I.O. und Vestala, 1997.

HENSSEN, GOTTFRIED: Bergische Märchen und Sagen. Volkserzählungen. Münster in Westfalen: Aschendorff, 1961.

HENSSEN, GOTTFRIED: Mecklenburger erzählen. Märchen, Schwänke und Schnurren aus der Sammlung RICHARD WOSSIDLOS, herausgegeben und durch eigene Aufzeichnungen vermehrt von ... Berlin/Ost: Akademie-Verlag, 1965.

HENSSEN, GOTTFRIED: Volksmärchen aus Rheinland und Westfalen. [Wuppertal-Elberfeld, 1932.] Hildesheim und New York: Olms, 1981.

HUBRICH-MESSOW, GUNDULA (Hg.): Sagen und Märchen aus dem Schwarzwald. Husum: Husum, 1995.

ILG, B.: Maltesische Märchen und Schwänke. Zwei Teile in je einem Band. Leipzig: Schönfeld, 1906.

ISPIRESCU, PETRE: Legende sau basmele românilor. [Legenden oder die Märchen der Rumänen.] 2 Bde. Bukarest: Cartea românească, 1988.

JECH, JAROMÍR (Hg.): Tschechische Volksmärchen. [Berlin/Ost, 1961.] 2., vollständig bearbeitete und erweiterte Aufl. Berlin/Ost: Akademie-Verlag, 1984.

KARLINGER, FELIX (Hg.): Italienische Volksmärchen. München: Diederichs, 1973.

KARLINGER, FELIX (Hg.): Märchen griechischer Inseln und Märchen aus Malta. Reinbek bei Hamburg: Rowohlt Taschenbuch Verlag, 1993.

KELLER, WALTER: Tessiner Sagen und Volksmärchen. [Zürich, 1940.] Zürich: Edition Olms, 1981.

KERBELYTE, BRONISLAVA (Hg.): Litauische Volksmärchen. Berlin/Ost: Akademie-Verlag, 1978.

KÖHLER, MICHAEL: Der Hexentaler. Sagen und ausgewählte Begebenheiten aus dem Saale-Holzland-Kreis. Jena: Jenzig-Verlag Gabriele Köhler, 1996.

KONSCHITZKY, WALTHER, und HAUSL, HUGO (Hg.): Banater Volksgut. Erster Band. Märchen, Sagen und Schwänke. Bukarest: Kriterion, 1979.

KRAUSS, FRIEDRICH S.: Sagen und Märchen der Südslawen in ihrem Verhältnis zu den Sagen und Märchen der übrigen indogermanischen Völkergruppen. 2 Bde. Leipzig: Friedrich, 1883-1884.

KRIZA, JÁNOS: A csókalányok. [Die Elsternmädchen.] Budapest: Móra, 1972.

KUHN, ADALBERT: Sagen, Gebräuche und Märchen aus Westfalen und einigen anderen, besonders den angrenzenden Gegenden Norddeutschlands. 2 Bände in einem Band. [Leipzig, 1859.] Hildesheim und New York: Olms. 1973.

KUHN, ADALBERT, und SCHWARTZ, WILHELM: Norddeutsche Sagen, Märchen und Gebräuche aus Mecklenburg, Pommern, der Mark, Sachsen, Thüringen, Braunschweig, Hannover, Oldenburg und Westfalen. [Leipzig, 1848.] Hildesheim und New York: Olms, 1972.

KUHR, UWE (Hg.): Arabische Märchen aus Syrien. Frankfurt am Main und Leipzig: Insel, 1993.

KUKIN, MISCHKA: Humor hinter dem Eisernen Vorhang. Gütersloh: Signum, 1962.

KUNZ, JOHANNES: Der österreichische Witz. Das Standardwerk mit 1200 Witzen und Anekdoten, eingeleitet von FRITZ MULIAR. Wien: Ibera, 1995.

LAMBERTZ, MAXIMILIAN (Hg.): Die geflügelte Schwester und die Dunklen der Erde. Albanische Volksmärchen. Eisenach: Röth, 1952.

LANDMANN, SALCIA (Hg.): Der jüdische Witz. Lexikon des Humors. Lizenzausgabe des Walter Verlages, Olten und Freiburg im Breisgau, für Bertelsmann Reinhard Mohn OHG, Gütersloh, den Europäischen Buch- und Phonoklub, Stuttgart, und die Buchgemeinschaft Donauland, Wien. O.J.

LANDMANN, SALCIA (Hg.): Jüdische Witze. Nachlese 1960-1976. München: Deutscher Taschenbuch Verlag, 1977.

LANG, RUDOLF WALTER: Zeiten und Menschen im Spiegel der Anekdote. München: Südwest Verlag, 1968. Lizenzausgabe für den Deutschen Sparkassenverlag GmbH, Stuttgart.

LATTMANN, DIETER, unter Mitarbeit von SIEGRID RADSZUWEIT (Hg.): Das Anekdotenbuch. Rund 4000 Anekdoten von Adenauer bis Zatopek. Frankfurt am Main: Fischer Taschenbuch Verlag, 1979.

LAZĂR, DUMITRU (Hg.): Fata din dafin. Basme populare româneşt. [Das Mädchen aus dem Lorbeerbaum. Rumänische Volksmärchen.] Bukarest: Editura pentru Literatură, 1967.

LIENERT, MEINRAD: Schweizer Sagen und Heldengeschichten. Wiesbaden: Marix, 2006.

LINTUR, P. V: (Hg.): Ukrainische Volksmärchen. Berlin/Ost: Akademie-Verlag, 1981.

LÖDEL, RENATE, und LÖDEL, HANSHEINRICH (Hg.): Aryo Menak heiratet eine Himmelsfee. Märchen und Volkserzählungen aus Indonesien. Leipzig: Philipp Reclam jun., 1977.

MEGAS, GEORGIOS A. (Hg.): Begegnung der Völker im Märchen. Unveröffentlichte Quellen. Bd. 3. Griechenland – Deutschland. Münster in Westfalen: Aschendorff, 1968.

MEGAS, GEORGIOS A. (Hg.): Griechische Volksmärchen. Augsburg: Weltbild, 1998.

MEIER, HARRI, und WOLL, DIETER (Hg.): Portugiesische Märchen. München: Diederichs, 1993.

MEINHOF, CARL (Hg.): Afrikanische Märchen. Jena: Diederichs, 1917.

MEISSEL, FR.: Sagen und Geschichten aus dem Kreis Hameln-Pyrmont. Gesammelt und herausgegeben von … Hameln: Witte und Schrader, 1924. 3., verbesserte Aufl.

MERKEL, JOHANNES (Hg.): Löwengleich und mondenschön. Orientalische Frauenmärchen. Zürich: Union, 1994.

MODE, HEINZ, unter Mitarbeit von HÜBSCHMANNOVÁ, MILENA (Hg.): Zigeunermärchen aus aller Welt. Leipzig: Insel-Verlag Anton Kippenberg, 1991.

MODE, HEINZ, und RAY, ARUN (Hg.): Bengalische Märchen aus Indien und Bangladesh. Leipzig: Insel, 1972.

MUDRAK, EDMUND (Hg.): Das große Buch der Volkssagen. Reutlingen: Ensslin & Laiblin, o.J.

MÜLLENHOFF, KARL: Sagen, Märchen und Lieder der Herzogthümer Schleswig, Holstein und Lauenburg. Kiel: Schwerssche Buchhandlung, 1845.

NĚMCOVÁ, BOŽENA: Der König der Zeit. Slowakische Märchen. Bratislava: Mladé Letá, 1978.

NEUMANN, SIEGFRIED ARMIN (Hg.): Volksmärchen aus dem historischen Vorpommern. Rostock: Hinstorff, 1984.

OBERT, FRANZ: Rumänische Märchen und Sagen aus Siebenbürgen. In: Archiv des Vereines für Siebenbürgische Landeskunde. Neue Folge. Bd. 42, 2. und 3. Heft. Hermannstadt [Sibiu, Rumänien]: Franz Michaelis Nachf. E. Dück, 1925.

ORTUTAY, GYULA (Hg.): Ungarische Volksmärchen. Budapest: Corvina, 1957. 6., berichtigte Aufl. 1980.

OTMAR [d.i. JOHANN CARL CHRISTOPH NACHTIGAL]: Volcks-Sagen. Bremen: Wilmans, 1800.

PAETOW, KARL: Frau Holle. Volksmärchen und Sagen. Husum: Husum, 1986.

PANZER, FRIEDRICH: Bayerische Sagen und Bräuche. Beiträge zur deutschen Mythologie. [München, 1848-1855.] 2 Bde (Teile). Hg. von WILL-ERICH PEUCKERT. Göttingen: Schwartz, 1954-1956.

PAPP, ÉVA (Hg.): Der Bärenjunge. Volksmärchen aus dem uralischen Sprachraum. Budapest: Corvina, 1985.

PETZOLDT, LEANDER (Hg.): Deutsche Volkssagen. München: Beck, 1970.

PETZOLDT, LEANDER (Hg.): Sagen, Märchen und Schwänke aus Südtirol. Gesammelt von WILLI MAI. 2 Bde. Innsbruck und Wien: Tyrolia, 2000-2002.

PEUCKERT, WILL-ERICH (Hg.): Niedersächsische Sagen. 4 Bde. Göttingen: Schwartz, 1964-1968.

PEUCKERT, WILL-ERICH (Hg.): Ostalpensagen. Berlin/West: Schmidt, 1963.

PEUCKERT, WILL-ERICH: Schlesische Kinder- und Hausmärchen. Stuttgart: Brentano, 1953.

PFEIFER, VALENTIN (Hg.): Spessart-Sagen. Aschaffenburg: Pattloch, 1961.

POMERANZEWA, E. (Hg.): Die Herrin des Feuers. Märchen der Nordvölker. Moskau: Progreß, 1974.

POP RETEGANUL, ION: Poveşti ardeleneşti [Siebenbürgische Erzählungen]. Bukarest: Minerva, 1986.

PRÖHLE, HEINRICH: Harzsagen. Gesammelt auf dem Oberharz und in der übrigen Gegend von Harzeburg und Goslar bis zur Grafschaft Hohenstein und bis Nordhausen. [1852.] Göttingen: Schwartz, 1957.

PRÖHLE, HEINRICH: Kinder- und Volksmärchen. [Leipzig, 1853.] Hildesheim und New York: Olms, 1975.

PRÖHLE, HEINRICH: Unterharzische Sagen. Aschersleben: Fokke, 1856.

PUNTSCH, EBERHARD: Witze, Fabeln, Anekdoten. Handbuch für Politiker, Künstler, Pädagogen, Wissenschaftler, Redner, Journalisten, Schriftsteller, Manager, Korrespondenten. Über 6.500 Witze,

Fabeln, Anekdoten, Bonmots, Wortspiele, Epigramme und Schüttel-reime. Augsburg: Weltbild, 1990.

RANGE, JOCHEN D. (Hg.): Litauische Volksmärchen. Düssel-dorf-Köln: Diederichs, 1981.

RANKE, KURT (Hg.): Schleswig-Holsteinische Volksmärchen. Aus den Sammlungen der Kieler Universitätsbibliothek, der Schleswig-Holsteinischen Landesbibliothek und des Germanistischen Seminars der Universität Kiel. 3 Bde. Kiel: Hirt, 1955-1962.

RÖLLEKE, HEINZ (Hg.): Das große deutsche Sagenbuch. Düs-seldorf und Zürich: Artemis & Winkler, 1996.

RÖLLEKE, HEINZ (Hg.): Sagen aus Westfalen. [München, 1981.] Reinbek bei Hamburg: Rowohlt Taschenbuch Verlag, 1995.

RUNKEL, O.: Aus dem Sagenschatz der Heimat. Westerwaldsa-gen. Gesammelt und erzählt von … I. Teil. Langensalza: Beltz, 1929.

SCHELL, OTTO: Bergische Sagen. Elberfeld: Martini & Grütte-fien, 1922. Zweite, vermehrte Aufl.

SCHENDA, RUDOLF, und SENN, DORIS (Hg.): Märchen aus Sizilien. Gesammelt von GIUSEPPE, PITRÉ. München: Diederichs, 1991.

SCHILD, ULLA (Hg.): Westafrikanische Märchen. Düsseldorf-Köln: Diederichs, 1975.

SCHMÖLDERS, CLAUDIA (Hg.): Die Märchen-Arche. Frank-furt am Main, Olten, Wien: Büchergilde Gutenberg, 1984.

SCHNEIDER, ERICH (Hg.): Sagen der Lausitz. Eine Auswahl. Bautzen: Domowina, 1967.

SCHNEIDER, HERMANN (Hg.): Die deutschen Sagen der Brü-der Grimm. Berlin und Leipzig: Bong, o.J.

SCHNELLER, CHRISTIAN: Märchen und Sagen aus Wälschti-rol. Ein Beitrag zur deutschen Sagenkunde. Hildesheim und New York: Olms, 1976.

SCHNEZLER, AUGUST (Hg.): Badisches Sagenbuch. 2 Bde. [Karlsruhe, 1846.] Wiesbaden: Fourier, 1978.

SCHOTT, ARTHUR, und SCHOTT, ALBERT: Rumänische Volkserzählungen aus dem Banat. Märchen, Schwänke, Sagen. [Stuttgart und Tübingen, 1845.] Bukarest: Kriterion, 1971.

SCHWAB, GUSTAV: Die schönsten Sagen des klassischen Altertums. Bearbeitet und ergänzt von RICHARD CARSTENSEN. München: Deutscher Taschenbuch Verlag, 1978.

SIMROCK, KARL: Die deutschen Sprichwörter. Düsseldorf: Albatros, 2003.

SOUPAULT, RÉ (Hg.): Französische Märchen. Düsseldorf-Köln: Diederichs, 1963.

SPIES, OTTO (Hg.): Türkische Märchen. Augsburg: Weltbild, 1998.

STEPHANI, CLAUS: Zipser Mära und Kasska. Marburg: Elwert, 1989.

STEINER, GERHARD: Ein kurzweilig Lesen von Till Eulenspiegel. Sämtliche Geschichten nach den ältesten Drucken neu erzählt von ... Köln: Anaconda, 2012.

SUTERMEISTER, OTTO: Kinder- und Hausmärchen aus der Schweiz. Aarau: Sauerländer, 1869.

1001 NACHT. Arabische Erzählungen. München: Parkland, 1995.

TEGETHOFF, ERNST (Hg.): Französische Volksmärchen. Aus älteren Quellen. Jena: Diederichs, 1923.

TEGETHOFF, ERNST (Hg.): Französische Volksmärchen. Aus neueren Sammlungen. Jena: Diederichs, 1923.

TURKMENISCHE VOLKSMÄRCHEN. [Aschchabad, 1982.] Moskau: Raduga, 1987.

UFFER, LEZA (Hg.): Rätoromanische Märchen. Lizenzausgabe 1983 mit Genehmigung des Eugen Diederich Verlages Köln, für die Europäische Bildungsgemeinschaft Verlags-GmbH, Stuttgart, die Bertelsmann Club GmbH, Gütersloh, und die Buchgemeinschaft Donauland Kremayr & Scheriau, Wien.

UTHER, HANS-JÖRG (Hg.): Märchen vom Essen und Trinken. Frankfurt am Main: Fischer Taschenbuch Verlag, 1993.

VERNALEKEN, THEODOR: Alpenmärchen. Augsburg: Weltbild, 1992.

WILDHABER, ROBERT, und UFFER, LEZA (Hg.): Schweizer Volksmärchen. Köln: Diederichs, 1971.

WISSER, WILHELM: Plattdeutsche Volksmärchen. 2 Bde. Jena: Diederichs, 1914 und 1927. (Der 1914 veröffentlichte Band trug den Untertitel „Ausgabe für Erwachsene".)

WITTER, ECKHARD: Die Ottermahlzeit. Sagen aus dem oberen Waldgebiet. Hildburghausen: Frankenschwelle Hans J. Salier, 1993.

WLISLOCKI, HEINRICH VON: Märchen und Sagen der Transsilvanischen Zigeuner. Berlin: Nicolaische Verlagsbuchhandlung R. Stricker, 1886.

WOLF, JOHANN WILHELM: Hessische Sagen. [Göttingen: Dieterich; Leipzig: Vogel; 1853.] Beigebunden ist: E. MÜLHAUSE: Die aus der Sagenzeit stammenden Gebräuche der Deutschen, namentlich der Hessen. [Kassel, 1867.] Hildesheim, Zürich, New York: Olms, 1982.

WUNDERBARE NACHBARSCHAFT. Sagen aus der vorindustriellen Zeit. Neu erzählt von HEINZ KÜPPER. Köln: Middelhauve, 1986.

ZAUNERT, PAUL (Hg.): Deutsche Märchen aus dem Donaulande. Jena: Diederichs, 1926.

ZAUNERT, PAUL (Hg.). Deutsche Märchen seit Grimm. 2 Bde. Jena: Diederichs, 1922 – 1923.

Belletristik

ALBRECHT, GUNTER, u.a.: Deutsches Schriftstellerlexikon von den Anfängen bis zur Gegenwart. Weimar: Volksverlag, 1962.

PONGS, HERMANN: Lexikon der Weltliteratur. Salzburg: Andreas & Andreas, o.J.

STEINER, GERHARD (Hg.): Lexikon der Weltliteratur. Fremdsprachliche Schrift-steller und anonyme Werke von den Anfängen bis zur Gegenwart. Leipzig: Bibliographisches Institut, 1965.

VAN RINSUM, ANNEMARIE, und VAN RINSUM, WOLFGANG: Lexikon literarischer Gestalten. Stuttgart: Kröner, 1988.

OOO

ANDERSEN, HANS CHRISTIAN: Märchen. Weinheim und Basel: Beltz & Gelberg, 2004.

BEAUMARCHAIS, PIERRE-AUGUSTIN CARON DE: Figaros Hochzeit oder Der tolle Tag. [1784.] Leipzig: Philipp Reclam jun., 1953.

BIERBAUM, OTTO JULIUS: Zäpfel Kerns Abenteuer. Eine deutsche Kasperle-Geschichte in dreiundvierzig Kapiteln. Frei nach Collodis italienischer Puppenhistorie Pinocchio. Köln (Rhein), 1902.

BREDSDORFF, ELIAS: Hans Christian Andersen. Des Märchendichters Leben und Werk. Frankfurt am Main: Fischer Taschenbuch Verlag, 1983.

BRĚZAN, JURIJ: Die Schwarze Mühle. [Berlin/Ost, 1968.] Stuttgart: Klett Schulbuchverlag, 1995.

CERVANTES SAAVEDRA, MIGUEL DE: Don Quijote. [1605-1615.] Berlin/Ost: Neues Leben, 1985.

DAS NIBELUNGENLIED. Neu erzählt von FRANZ FÜHMANN. Frankfurt am Main: Fischer Taschenbuch Verlag, 1987.

DEFOE, DANIEL: Robinson Crusoe. [1719.] Köln: Anaconda, 2011.

DIE SCHÖNSTEN BALLADEN. Bindlach: Gondrom, 1996.

GOETHE, JOHANN WOLFGANG: Die Leiden des jungen Werthers. [1774.] In: Goethes Werke in zwölf Bänden; fünfter Band. Berlin/Ost und Weimar: Aufbau-Verlag, 1981.

GOETHE, JOHANN WOLFGANG: Faust. I. und II. Teil. [1808-1832.] Bukarest: Kriterion, 1974.

GOETHES GESPRÄCHE MIT ECKERMANN. [1836.] Berlin/Ost: Aufbau-Verlag, 1955.

GOETZ, WOLFGANG: Goethe. Sein Leben in Selbstzeugnissen, Briefen und Berichten. Berlin: Propyläen-Verlag, 1938.

HAŠEK, JAROSLAV: Die Abenteuer des braven Soldaten Schwejk. [1920-1923.] Frankfurt am Main: Büchergilde Gutenberg, 1953.

HEINE, HEINRICH: Aus den Memoiren des Herren von Schnabelewopski. [1834.] Frankfurt am Main: Insel, 1976.

HEINE, HEINRICH: Deutschland. Ein Wintermärchen. [1844.] Leipzig: Philipp Reclam jun., 1976.

HEINE, HEINRICH: Reisebriefe und Reisebilder. Berlin/Ost: Rütten & Loening, 1981.

HEINES Werke in fünf Bänden. Berlin/Ost und Weimar: Aufbau-Verlag, 1976.

KÄSTNER, ERICH: Emil und die Detektive. [1928.] Hamburg: Dressler; Zürich: Atrium; 1935. 144. Aufl.

KORCZAK, JANUSZ: König Hänschen I. [1923.] München: Deutscher Taschenbuch Verlag, 1974.

KORCZAK, JANUSZ: König Hänschen auf der einsamen Insel. [1923.] München: Deutscher Taschenbuch Verlag, 1975.

LADA, JOSEF: Die Abenteuer des braven Soldaten Schwejk in Bildern. Nach dem Roman von Jaroslav Hašek. Prag: Artia; Berlin/Ost: Eulenspiegel-Verlag;1975.

LAGERLÖF, SELMA: Wunderbare Reise des kleinen Nils Holgersson mit den Wildgänsen. [1906-1907.] München: Langen/Müller, o.J.

LINDGREN, ASTRID: Pippi Langstrumpf. [1945.] Hamburg: Oetinger, 1987.

LUDWIG, EMIL: Goethe. Geschichte eines Menschen. Berlin, Wien, Leipzig: Zsolnay, 1931.

MARK TWAIN: Ein Yankee an König Artus' Hof. [1889.] Berlin/Ost: Neues Leben, 1974.

MARK TWAIN: Persönliche Erinnerungen an Jeanne d'Arc. [1896.] München: Deutscher Taschenbuch Verlag, 1970.

ORWELL, GEORGE: 1984. [London, 1949.] Frankfurt am Main – Berlin/West – Wien: Ullstein, 1976.

PLENZDORF, ULRICH: Die neuen Leiden des jungen W. Rostock: Hinstorff, 1973. PREUSSLER, OTFRIED: Krabat. München: Deutscher Taschenbuch Verlag, 1980.

SCHOLEM ALECHEM: Die Geschichte Tewjes des Milchhändlers. [1894.] Berlin/Ost: Volk und Welt, 1955.

SPYRI, JOHANNA: Heidi. Heidis Lehr- und Wanderjahre. [1879-1881.] Würzburg: Arena, 1995.

STOKER, BRAM: Dracula. [1897.] Wien: Ueberreuter, 2007.

SWIFT, JONATHAN: Gullivers Reisen. [1726.] München: Beck, 1999. Lizenzausgabe für die Büchergilde Gutenberg.

TIETZ, ALEXANDER: Wo in den Tälern die Schlote rauchen. Ein Lesebuch. Bukarest: Literaturverlag, 1967.

VERNE, JULES: Das Geheimnis des Wilhelm Storitz. [Original-fassung.] München und Zürich: Piper, 2009.

VERNE, JULES: Die Reise zum Mittelpunkt der Erde. [1864.] Wien: Wiener Verlag, 1976.

VERNE, JULES: Mathias Sandorf. [1885.] Stuttgart und München: Deutscher Bücherbund, 1979.

VERNE, JULES: Reise um die Erde in 80 Tagen. [1872.] Hamburg: Nikol, 2013.

Oper und Operette

CZERNY, PETER: Opernbuch. Berlin/West: Henschel, 1958.

KRAUSE, ERNST: Oper von A-Z. Ein Opernführer. Leipzig: Breitkopf & Härtel, 1969.

LECHNERS OPERNFÜHRER. Die 500 wichtigsten Opern, Operetten und Musicals, von Don Giovanni bis zum Phantom der Oper. Limassol: Lechner Publishing Ltd, 1998.

© 2024 Hans Fink
Verlag: BoD · Books on Demand GmbH, In de Tarpen 42,
22848 Norderstedt, bod@bod.de
Druck: Libri Plureos GmbH, Friedensallee 273,
22763 Hamburg
ISBN: 978-3-7693-5854-4